효 사 상

【 韓思想 】

한사상

발행일	2014년 3월 28일 개정판 1쇄
지은이	김상일
발행처	상생출판
주소	대전시 중구 중앙로79번길 68-6
전화	070-8644-3156
팩스	0505-116-9308
홈페이지	www.sangsaengbooks.co.kr
출판등록	2005년 3월 11일(175호)

ISBN   978-89-94295-79-4

효사상

【 韓思想 】

김상일 지음

『한류의 뿌리를 내리는 한思想으로의 초대』

상생출판

한사상 서문

'한철학'(1983)은 감리교신학대학 재임이전에, '한사상'(1986)은 이후에 출간되었다. 학교는 나를 단군과 연관시켜 탈락을 시켰다. 그래서 한사상 출간이 당시 나에게 갖는 각별한 이유는 신학교의 강압적 횡포에 굴하지 않았다는 것을 의미한다. 당시 몸조심을 이유로 한사상 출판을 보류하라는 주변의 권유가 있었지만 나는 하였다. 학교 권력이 교수로서의 생명을 죽일 수는 있어도 학자로서의 목줄은 끊을 수 없다는 신념 때문이었다. 역사가 언젠가는 학교를 심판하리라는 확신 때문이었다.

'한사상'이 처음 출간되었다는 소식은 내가 학교와의 재임용탈락 무효 소송이 진행되던 때였다. 30여년이 지난 지금 돌이켜 볼 때에 나의 확신과 예측은 적중하였다. 책이 출판사를 옮겨가며 판을 헤아릴 수 없도록 나왔고 드디어 2014년 상생출판사에서 단장을 달리하고 내용을 수정 보완하여 다시 세상에 빛을 보게 해 주었다. 이렇게 회고의 말을 먼저 쓰는 이유는 역사는 고발하여야 하고 인간은 이에 도전하여야 함을 말하기 위해서이다. 이와 아울러 출판사에 감사의 말씀을 전하기 위해서이다.

글을 쓰는 데는 글쓴이의 '저의'라는 것과 시대적 '배경'이 항상 있기 마련이다. 『삼국유사』를 쓴 일연의 저의에는 몽골침입이라는 것이 있었고, 신채호의『조선상고사』는 일제 강점이라는 배경과 이에 도전하려는 저의가 있었다. 이러한 저의와 배경을 무시하고 쓰인 문자만 보고 어느 책을 평가하는 것은 말 그대로 '수박 겉핥기'이다. 10년간의 유학 생활에서 겪고 경험했던 우리 문화, 역사 그리고 사상에 대한 해외의 무시와 멸시 그리고 무지는 나로 하여금 참을 수 없게 만들었다. 그리고 1980년 광주항쟁은 내가 유학 온 미국이란 나라에 대한 환멸 속에 삼키도록 했다.

이런 배경 없이 이 책을 읽는다는 것은 무의미하다. 지금 상황은 더 나빠졌다. 책을 쓸 당시에 없었던 일본의 역사 왜곡과 중국의 동북공정 등은『한사상』과『한철학』을 지금 다시 읽어야 할 절박감을 더해 주고 있다. 아니 30년 전 보다 더 강해지고 절실해 졌다. 2017년부터 역사 교과서 필수라는 말에 거부감을 주는 이유가 무엇인가. 이런 따위의 역사는 안 가르치는 것이 더 낳기 때문이다. 고대사와 현대사 전반에 걸쳐 사대주의에 물들어 있는 이런 역사 교과서는 일본과 중국에 우리 스스로가 나라 가져다 바치는 것 이상도 이하도 아니기 때문이다. 실로 역사 교과서를 쓴 사람들의 매국노적 저의가 의심스럽다. 한사상을 읽는 모든 분들에게 저자의 글 쓴 저의를 읽어주시길 바란다.

책이 후대에 영향을 주는 것은 저의이지 나타난 표현이 아니다. 한 세대 전의 글 쓴 저의는 '한'이란 말이 온 세상에 퍼져 '한류'가 되었음을 믿어 의심치 않는다. 그리고 독자들은 책이 나온 이후 필자의 20여권의 한에 관한 연구가 부단히 이루어졌다는 사실을 상기해 거슬러 후속 연구들에도 관심을 가져 주시면 더 이상 바람이 없겠다. 다시 말해서 이 책 한 권으로 한사상 연구가 끝난 것이 아니라는 사실, 그러나 『한사상』은 샘의 근원과 같다는 사실을 알아주었으면 한다.

책을 쓸 당시에 태어난 아들이 서른이 되었다. 자식들에게 자랑스럽고 역사에 허물을 남기지 않고 살아간다는 것만큼 기쁜 일이 어디 있겠는가. 항상 글을 쓸 때에 읽을 독자들을 그렇게 많이 생각하지 않는다. 나의 글을 쓴 저의를 잘 이해해 주는 분들과 함께 『논어』의 「학이장」 첫 구절을 생각하며 머리말을 대신하려 한다. 거듭 상생출판사의 재출간 결정에 심심한 감사의 말씀을 드린다.

단기 4346(서기 2013) 9월 중추에

김 상 일

머리말

　최근 국내학자들 가운데 '한'에 대한 관심이 많아지고 있다. 최민홍의 『한철학』(1984), 이을호의 『한思想苗脈』(1986) 그리고 필자의 『한철학』(1983)등 단행본으로 책이나온 것 이외에 여러 논문들이 발표되고 있다. 그리고 『환단고기』 같은 민족정통사서들을 무려 여섯 개의 출판사들이 다투어 출판했고, 같은 종류의 사서들이 여러 종류 나왔다. '한'의 문예부흥기를 맞이한 것 같다. 요즘 기독교계 안에서는 민중신학이 전개되면서 '한恨'이 주요 신학적 용어로 나타나자 먼저 말한 '한'과 혼돈을 빚고 있는 것도 사실이다. 민중신학의 '恨'과 한사상의 '한'은 서로 맺히고 푸는 관계가 있기는 하지만 독립된 연구 분야에서 볼 때 아무런 관계가 없는 데 마침 같은 시대에 나타나 사용되다 보니 이따금 혼동을 일으키고 있다.

　한사상의 '한'은 '한국', '한겨레', '한글', '한식', '하느님', '한얼'할 때의 '한'(한문으로는 韓, 漢, 汗, 干, 旱, 寒, 咸, 桓, 丸 등등)으로서 국가, 민족, 사상, 생활 전반에 관한 우리의 정체성Identity을 규정할 때 쓰여진 말이다. 각 민족이 제 나름대로 발견한 고유한 사상이 있는데 반만년 유구한 역사를 가진 우리민족에게 외래 사상이 아닌 우리 것으로서의 사상체계가 있어야 한다는 생각은 지금까지 누구라도 가져왔을 것이다. 필자는 외국에서 학위논문을 쓰다 유교·불교가 아닌 우리 민족의 고유한 철학적 개념이 필요하다는 것을 절감하게 되었고 이에 '한' 개념이야말로 잘 갈고 닦아 발전시키면 남에 못지않을 사상이 될 수 있을 것이라 확신케 되었다. 그래서 논문을 끝낸 다음 전공인 과정철학적 입장에서 본 '한'을 전개시켜 '한철학'이라 출판케 되었다.

지금까지 '한'이 그렇게 중요하게 취급되어지지 않고 버림받아 온 원인은 그것을 보는 눈Perspective을 우리들이 갖지 못했기 때문이다. 한 건축가가 버린 돌이 다른 건축가에게는 주춧돌이 될 수도 있듯이 보는 관점에 따라서 천하게도 귀하게도 된다. '한'의 사전적 의미는 One(一), Many(多), Same(同), Middle(中), About(不定)와 같다. 사실 이런 다섯 개의 의미는 철학적으로 매우 중요한 개념들인데 우리 '한'은 한 말 속에 숱한 의미를 다 포괄하고 있어 우리에게 관심거리가 되지 않을 수 없다. 종래의 철학사상은 제일원인The First Cause이나 충족이유Sufficient Cause를 설정, 거기서 다른 존재들을 유추시켜 내고 시원적Orientable 방법론으로 사상이 전개되어 왔었다. 그러나 '한철학'은 이러한 철학하는 방법론을 배격하고 비시원적Nonorientable으로 사고하고 사물을 생각한다. 그래서 전통철학을 하는 사람들의 시각에서 볼 때 '한'은 별 수용없는 개념이었다.

그러나 '한'은 여기서 우리 한민족의 멋과 힘과 꿈과 사랑이 어우러져 있기 때문에 이 한을 포기한다는 것은 우리의 삶을 포기하는 것이나 마찬가지로서 이 '한'이 강했을 때는 나라도 강했고 '한'이 약

해졌을 때는 나라도 약했었다.[1]

유교, 불교, 기독교도 이 '한'을 포기하고는 한의 땅에 뿌리를 내리기가 매우 어렵다는 것은 이미 경험으로 절감하고 있으리라고 본다. 어떤 외래 종교의 경우에는 '한'과 하나가 되어 잘 구별이 안 되는 경우도 있다. 불교가 그 대표적인 예라 할 수 있다. 기독교의 하느님(혹은 하나님)이 '한'에서 유래했다는 것을 막상 아는 사람은 드물다. 이와 같이 이미 민족의 삶 속에, 생각 속에 깊이 담겨온 '한'이지만 구슬이 서말이라도 실로 꿰어야 쓸모가 있듯이 '한'을 엮어 줄로 매는 작업이 지금까지 없었던 것 같다. 그리고 이 '한'은 일단 유교나 불교 같은 종교에서 분리시켜 분석해 보는 작업도 없었던 것 같다. '한'은 이미 토착화의 과정을 거쳐 다른 종교 속에 용해되어 있기 때문에 일단은 거기서 뽑아내 그 내용을 분석해 보는 작업이 필요하다고 본다. 그리고 '한'의 요소를 그 자체로 세련시켜 다시 용해시키는 작업이 필요하다. 이렇게 '한'을 재조명해보는 도구로서 화이트헤드의 과정철학Process Philosophy이 매우 좋은 역할을 할 수 있다고 본다.

'한'은 다만 학문적으로 학자들의 손에서만 머물 물건이 아니다. '한'은 우리 민족 역사의 좌표, 현재 우리가 어떻게 살아가야 할 것인가? 개인의 매일 생활 속에서 어떻게 판단을 내리며 살아가야 할 것인가? 이와 같은 질문들에 대해 대답하지 못하면 아무 소용 없는 것이 되고 말 것이다. 미국의 수입개방, 일본의 교과서 왜곡 등 당장 우리 앞에 당면한 문제는 심각하다. 양담배 수입, 미국 보험·광

---

1) 윤재근은 『문화전쟁』(한국문학 도서관, 2008)에서 한국사를 관통하여 한이 생동할 때와 그렇지 않을 때를 나누어 검토하고 있다.

고 회사의 국내 진출, 고추장, 된장까지 수입 등 19세기 말에는 통상의 문호를 강압했듯이 20세기 말은 수입개방의 문을 두드리고 있다. 일본은 아무 계획도 없이 자기네 2세들을 가르치는 교과서를 황국신민주의 사관으로 방향을 바꾸었겠는가? 그들에게는 필경 목적이 있을 것이다. 우리에게는 심상치 않은 목적이다. 양담배는 안 피우면 되고 일본에는 강하게 항의하면 될 것이 아니겠는가 쉽게 대답할 수 있지만 사실 그것이 어려운 데에 문제가 있는 것이다.[2]

국민 한 사람 한 사람의 사상무장이 없이 이 위기를 극복할 수 없다고 본다. 일본의 정신력은 신토이즘Shintoism에 기초하고 있다. 모방 민족이라 흉보지만 그들의 무서울 정도의 국수주의는 일본의 또 다른 한면이다. 수출경쟁은 무역적자를 빚을 뿐이다. 우리는 무역경쟁과 함께 신토이즘을 극복할 수 있는 사상을 가져야 한다. 그것이 무엇이겠는가? 신채호 선생은 그것을 낭교와 신교라 했다. 그것이 다름 아닌 '한사상Hanism'이다. 신토이즘과 한니즘(한사상)의 피투성이 나는 결투가 없이는 일본한테 또 당하고 말 것이다. 사상을 투쟁의 도구로 생각하는 발상을 위험시 할 사람들이 있을지 몰라도 우리에게 있어 철학과 사상은 상아탑 안에서 요리조리 분석되어지고 끝낼 수만은 없는 것이다. 이 책을 읽을 때에 저자의 감정과 애정이 역사 자료 속에 뭉개져 있는 것을 발견하게 될 것이다. 흉이라면 흉일 것이다.

그러나 이 책을 통해 민족적 자부심과 긍지를 한 치라도 높이 갖게 되고 담배를 피우되 양담배만은 절대로 안 피우겠다는 결심 하

---

2) 30년이 지난 지금 쇠고기 수입 FTA, 중국의 동북공정, 일본의 독도왜곡 등 그 정도가 심해지고 있다.

나라도 갖게 된다면 필자의 바램은 더 이상 없겠다. 제1부에서 슈메르와 한국 관계를 역사 속의 '한사상'으로 엮은 것은 인류문명의 기원과 한의 문명이 같이 한다는 것을 밝히려는 데 목적이 있었다. 문명과 문명 간의 유기적 관계성, 그리고 세계문명의 시원이 어디인가에 대한 관심을 가지고 인류 초고대문명인 슈메르와 한국을 언어의 비교를 주로하여 연관시켜 보았다. 제2부는 '한'의 개념을 직접 응용하여 썼다기 보다는 '한'의 맥락에서 기독교를 재조명해 본 것이다. 특히 개인주의적이고 민족과 역사의식이 없는 기독교를 '소승적'이라 하고 기독교는 '대승적' 차원에서 앞을 내다보아야 함을 강조하려 했다. 여러 소개되는 서양학문이 한국에 잘못 소개되었듯이 최근의 여성해방신학도 한국에 잘못 받아들여지고 있다. 한사상적 입장에서 본 여성신학 수용 문제를 다루어 보았다. 제3부는 상당히 우리 주변에 가까운 자료들로 평이한 방법으로 씌어졌다. 한철학이 무엇인가를 알고 싶은 초보자에게는 차라리 제3부를 먼저 읽어도 좋다고 추천하고 싶다. 가까운 우리들의 실제 생활 속에서의 한사상을 응용해 보았다. 이는 '한'의 응용 부분이다.

이 책이 서둘러 나오게 된 데에는 필자의 개인적 사정이 있었다.

1985년 봄에 귀국, 감리교 신학대학에서만 두 학기를 끝내자 학교당국은 본인에게 재임용 탈락을 통보하였다. 여러 탈락이유 가운데 두 가지가 본인의 강연 문제에 관한 것이었다. 그 중 하나가 "김교수가 일찍부터 단군교와 깊이 관계되어 있었고 더구나 단군성전 건립에 찬성하여 이를 위해 활동해 왔고… 더우기 그러한 김교수가 감신대 강단에서 학생들을 가르친다는 것을 불안하게 생각합니다. 한국 기독교를 아끼고 사랑하는 목회자들로서 김교수가 감신대를 떠나는 것은 큰 다행이라 할 수 있읍니다."(단군성전 건립을 반대하는 목사일동)으로 1986. 1. 30자로 발표된 유인물의 한 부분이다.

조선왕조 500년 간, 아니 적어도 신라가 삼국을 통일한 이래로 음사淫社로 취급받아온 전통 민족사상이 설 땅이 없다는 것을 절감케 한다. 주위의 몇몇 분들이 자신의 신앙고백서를 작성하여 발표하라고 권했다. 신앙고백서 쓰고 자백문 작성하여 잘못했다고 빌면 기독교계 안에 살아남을 수 있다는 귀뜸인 것 같았다. 이 무슨 중세기 종교재판의 재연이란 말인가? 민족 뿌리 찾던 사람들 제대로 생명부지한 역사가 아닌데 한사상하다 그쯤 당한 것 다행으로 생각해야 하지 않겠는가? 1985년 여름 L.A.에서 있었던 문제의 강연 내용(탈락의 다른 사상적 이유 가운데 하나), 그리고 평소에 강의실에서 가르쳤던 한사상의 내용이 여기에 거의 삭제 없이 실려 있으니(제2부) 읽어 주는 것으로 고맙게 생각할 따름이다.

평소에 여기저기에 발표했던 글들과 새로 쓴 글들이 한데 묶여져 있기 때문에 같은 말이 몇 군데 반복될 수도 있는 점을 독자들께서 이해해 주시면 고맙겠다. 원고를 한 번 읽어 보라고 온누리의 이영호님께 드렸는데 부랴부랴 출판을 계획하는 바람에 제대로 정리되지 못한 내용은 필자의 잘못이라는 것을 밝혀 둔다. 어려운 상황에 있던 나에게 글을 읽고 출판을 계획해 준 이영호님과 온누리사 여러분들의 수고에 감사를 드린다.

1986. 7. 29.

저자

차 례

제2부 '한철학'적 신학

호
사
상
【 韓思想 】

제3부 삶 속의 '한사상'

◎ 부록

'한사상' 어떻게 할 것인가

　한사상이란 한국의 사상을 두고 하는 말이다. 그러나 한사상은 한국의 사상이란 일반적인 이름하고는 또한 다르다. 한사상은 한국이란 지역을 중심하여 나타난 사상일지라도 한사상의 영토적 범위는 한국에 국한되지 않는다. 그러나 한사상은 한국에 살고 있는 한민족의 과거와 현재 그리고 미래를 파악하고 힘과 꿈을 주는 사상을 두고 말하는 사상이다. 한사상은 그러면서도 '한' 이라는 말이 차지하고 있는 넓은 영역과 그 오래된 역사 때문에 한국땅에 국한시켜 한사상의 범위와 자료를 국한시킬 수는 없다. 그러나 사상의 필요성은 분명히 한민족에게 직접적으로 해당되는 부문이다. 한사상은 '한' 이 갖는 철학적 보편성[3]과 심오성 때문에 어느 민족 누구에게나 필요하고 타당한 사상이다.

　'한국사상' 보다는 '한사상'이라고 제목을 바꾸어 놓으면 표제가 주는 느낌맛(뉴앙스)이 달라진다. 우선 간편해서 좋고 늘 말하는 진부한 '한국사상'에 대한 새로운 느낌차이를 가져다 주는 것이 사실이다. 그러나 단순히 편리성을 위해서만 한사상을 새롭게 말하자는

---

3) 국지성Localism과 국제성Globalism이 함께하는 사상이다.

것은 아니다. '한국'은 '한'에 의해 표현된 나라이름에 해당할 뿐, 한은 '한민족', '한글', '한복,' '한식' 등 함수와 같이 많은 변수를 만들 수 있는 말이다.[4] 그래서 '한'을 한국에서 일단 분리시켜 그 보편성을 내세울 필요가 있는 것이다. 그래서 한국사상 대신에 한사상을 사용할 필요가 있는 것이다.

요약하면 한사상은 한민족의 구성인원들에게 삶의 의미, 가치의 표준, 희망, 꿈을 담고 또한 그것을 주기 위한 사상인 것이다. 그러나 프랑스의 격언 가운데 "가장 자세한 것이 가장 중요하다"는 말 그대로 한사상은 한국이란 가장 국지적인데서 생겨 발전한 것이기 때문에 가장 중요하고 국제적으로 공헌할 수 있는 것이다.

우선 한사상을 연구하는 방법론에 있어서 우리는 서양학자들이 지금까지 해놓은 방법론에 대해 많이 고쳐야 할 점은 고쳐서 받아들여야 한다는 것이다.

서양학자들이 범한 제일 큰 과오는 무엇인가?

그것은 학문의 분화이다. 서양의 모든 학문은 너무나도 분화되고 전문화되어 인접학문 간에 전혀 관계를 모르고 옆 분야의 학자가 무엇을 연구하고 있는지를 서로 모르게 되었다. 신학의 경우, 같은 성서신학자 가운데서도 신약학자가 하는 일을 구약학자가 모르고 구약학자가 하는 일을 신약학자가 모르게 되었다. 그리고 같은 구약학자 가운데서도 고고학자는 구약성서 신학자의 이론을 모르고 있으며 그 반대도 그러하다. 서양학문의 과학적이고도 분석적인 방법론을 높이 평가함에도 불구하고 지금 서양학문의 모든 분야가

---

4) 최근에는 '한류'에 이르기까지 '한'은 함수로서 수많은 변수들을 만들어 나갈 것이다.

자기 분야의 미궁에 빠져 그 늪에서 헤어 나오지 못하고 있음은 개탄하지 않을 수 없다. 한사상 연구방법론에 있어서 연구가들은 서양의 이러한 분석적 방법론의 위험성에 빠지지 않도록 경계해야 할 것이다. 우선 한사상 연구자들은 철학을 역사학에서 분리시키지 않는다. 그렇다고 두 분야를 합하여 역사철학을 하자는 것이 아니다. 한사상은 그 연구방향에 있어서 역사적 측면과 철학적 측면을 일단 나누고 또한 함께 보지 않을 수 없다. 이제는 우리도 서양의 분석적 분화작업에 휩쓸려 들어가 자기 분야 밖의 영역을 손대는 것을 경계시한다. 내가 이 분야를 전공하여 밥벌이를 해먹고 있는데 네가 건방지게 남의 분야에 손을 대 내 밥벌이를 방해하느냐는 식이다. 이래가지고는 도저히 학문이 종합적으로 발전할 수가 없다.

오늘날 대학 안의 전문화되어 있는 학과와 학과 안의 전공분야끼리의 묘한 알력 때문에 학문 간의 대화가 제대로 되지 않고 자기 신변안전 보호 때문에 남의 전공을 손대기를 꺼려하고 있다. 한사상을 전개함에 있어서 제일 큰 애로가 여기에 있다고 본다. 왜냐하면 한사상을 하자면 고고학에도 역사학에도 역사학에는 한국역사(특히 상고사) 뿐만 아니라, 중국역사, 일본역사, 근동아시아 역사, 아메리칸 인디언의 역사까지 들먹이지 않을 수 없고, 역사뿐만 아니라 종교학까지도 필수불가결하게 언급되어야 하기 때문이다.[5]

이러한 애로점은 앞으로 이 분야를 전공하는 분들이 니와 각각 임무를 분담함으로써 해설되겠으나 지금 당장은 각 분야에 조금씩 집적거려 놓아야 할 형편이다. '한철학'과 '한사상'이란 말을 처음으로

---

5) 필자의 이러한 주장은 1990년대부터 학제적 연구가 활성화되었으며 계열별 학생 모집이 이의 일환으로 이해될 수 있다.

사용하기 시작한 사람으로서 이 분야의 발전을 위한 방법론상 여기 저기에 건드려 놓지 않을 수 없다. 이는 후학들을 위한 준비작업을 위한 방법론상 어쩔 수 없는 노릇이다. 한사상에 관계된 어느 한 분야도 한 사람의 힘으로 해내기에는 힘겨운 작업임에 틀림없다고 본다.[6)]

이런 전제를 앞세우고 한사상을 전개함에 있어서 어떻게 이 분야를 다루어 나갈 것인가에 대해 가장 일반적인 방법론에 관하여서만 여기서 간단히 요약해 보려고 한다. 먼저 종래에 여러 학자들이 전개해 오던 한국사상 내지 한국역사 연구 방법론과 다른 점부터 지적해 두지 않을 수 없다. 20세기 학문을 하는 사람 치고 자기가 연구하는 학문의 방법론이 비과학적이고 비합리적이라는 소리를 가장 싫어하고 가장 객관적인 연구결과를 내놓는 것이 학자다운 지상의 태도로 여기고 있다. 이러한 태도를 가지고 역사를 연구하던 사학자들을 실증주의 학자들이라고 한다. 주로 랑케의 영향을 받은 사학의 한 학파였으며 일본은 이 실증주의사학을 식민지사관에 적용하여 실증적 자료가 없는 것은 역사가 아니고 실증이 될만한 것이 나타나면 인멸시켜 가면서까지 우리 역사를 말살 내지 왜곡시키려 했다. 불행히도 이런 사학의 흔적들이 현재까지 한국의 사학계에 존속하고 있다는 것은 불행한 일이다.

먼저 무엇이 '과학적'이고 '객관적'이냐의 개념부터 살펴보기로 하자. 이들 실증주의사학자들이 말하는 '과학적'이란 것도 알고 보면 고전 뉴턴 물리학적 개념—데카르트적 세계관으로서의 '과학적'이

---

6) 한사상이 1990년대에는 과학분야에 2000년대에는 논리학과 역학 분야에 적용되었다.

란 것을 쉽게 발견 할 수 있게 된다. 데카르트와 뉴턴을 묶어 뉴턴-데카르트적Newton-Cartesian 사상틀을 그대로 역사학에 적용시킨 것이 랑케사학파이다. 랑케가 이들 사상에 영향을 받았다는 것이 아니라 적어도 한세기전 구라파를 풍미하던 '과학적'이란 개념 속에는 뉴턴-데카르트적인 입자론적 실체 사상과 챨스 다윈적 진보주의사상이 토대가 되었다.

　뉴턴은 철저하게 실재의 세계에는 더 이상 파괴시킬 수 없는 객관적 실체 즉 입자Particle 같은 것이 있다고 믿었다. 물론 데카르트는 이를 자아Self라 했고 칸트는 물자체Thing itself라 했다. 사학자들도 역사 속에 어떤 객관적인 법칙 같은 것이 있다고 믿게 되었고 역사 연구에 있어서 뉴턴 같은 입자를 찾는데 심혈을 기울였다. 이런 고전 물리학자들이 가지고 있던 사고방식으로 역사를 연구하던 사학자들을 소위 실증사학자라고 한다. 그러나 뉴턴 물리학의 입장은 이미 부정되어 버렸다. 아인슈타인과 현대 양자물리학은 뉴턴의 입자설이 더 이상 타당성이 없음을 선언하였다. 그것이 1927년 코펜하겐에서 선언된 코펜하겐 선언이었다.

　코펜하겐 선언이란 보어N.Bohr의 상보성 이론과 하이젠베르크의 불확정성이론에 근거하여 "관찰자의 관찰행위 자체가 관찰결과에 영향을 미친다"는 선언이었다. 이 말은 자연과학에서 마저도 관찰자의 주관적인 사고방식, 의지, 감정, 신앙에 따리 객관적 판찰설과가 변할 수밖에 없다는 것이다. 주관과 객관은 서로 작용하여 하나의 사건Event을 만드는 것이다 그렇기 때문에 과학의 언와와 시詩의 언어는 매우 구별하기가 힘들어지게 된다. 즉, 과학자가 어떤 시를 좋아하고 어떤 종교 신앙체계를 가지고 있느냐에 따라서 과학적 연구결과가 달라질 수밖에 없다는 것이다. 그래서 과학의 언어도 애매한 개념을 사용할 수밖에 없고 결과적으로, 개연성Probability 밖에 얻을 수 없다는 것이다. 이것이 현대 물리학이 도달한 '과학적'이란 것의 결론이다.

만약 이러한 자연과학 연구안에 달라진 방법론을 따른다면 사학 연구방법론 아니 철학 연구방법론도 달라질 수밖에 없다. 이미 과정철학은 뉴턴 물리학적 세계관을 극복하고 현대 양자물리학의 이론을 철학에 응용하여 새롭게 등장하고 있다. 만약 양자물리학적 세계관을 사학 연구방법론에도 도입한다면 결과는 매우 달라질 것이고 그 자료처리 방법도 달라질 것이다. 일본이 한국을 어떻게 보느냐는 그들이 주관에 따라 한국역사의 사실마저 그에 따라 기술될 수밖에 없고 자료처리도 그렇게 될 수밖에 없다. 이것은 의도적 잘못이기도 하지만 역사기술상 피할 수 없는 결과이다. 왜냐하면 코펜하겐 선언에서 보는 바와 같이 관찰자의 주관적 행위 자체가 관찰결과에 영향을 주고 있기 때문이다.

일본이 임나경영설을 고집하고 있는 것은 그들이 아직 한국 지배 야욕을 가지고 있기 때문에 그러한 역사 관찰기록이 나오게 되는 것이다.[7] 그들에게 중요한 것은 한국 정복 야욕이 있느냐 없느냐의 주관의 문제이다. 글들이 이 야욕을 버리지 않는 한 임나경영설에 근거하여 임진왜란도 일제 식민지통치도 합리화시킬 것 뿐하다. 그들의 대륙진출은 꿈이요, 시이다. 그들의 시적 언어를 어떻게 역사

---

7) 동북공정의 경우도 마찬가지로 역사란 역사를 서술하는 주관의 개입없이 불가능하다. 주변국가들은 벌써 이런 탈현대로 넘어가고 있는데 국내의 역사학자들은 실증에 매달리고 있다. 이에는 강단과 재야사학이 같이 범하는 오류이다.

적 언어와 분리시켜 생각할 수 있단 말인가? 허만·칸이 지적한대로 21세기를 지향하는 초강대국 일본Super State Japan은 그들의 과거 역사를 그렇게 기술할 수밖에 없는 것이다. 그래서 역사적 언어만큼 애매한 것은 없다. 과학의 언어도 이젠 그 애매성을 고백한지 오래이거늘 하물며 역사의 언어는 그 도를 더할 수밖에 없다.[8]

　한사상은 철저하게 뉴턴−데카르트적 세계관이 아닌 양자물리학적 세계관을 받아들이고 역사와 철학을 그러한 각도에서 보기로 한다. 역사 관찰자와 관찰대상으로서의 역사적 사실은 분리될 수 없다. 이것은 종래의 사관과 사실의 문제와도 다른 철학적 인식론상의 변화를 의미한다. 화이트헤드는 이러한 주관과 객관의 서로 부여잡음을 파지Prehension라 했고, 주·객관의 파지는 '사건Event'을 만든다고 했다. 이런 의미에서 역사에는 '사건'이 있을 뿐이다. 실증사학자들이 지금까지 '사실Fact'이란 객관적 연구결과라고 내놓은 것도 '사실'이 아니고 '사건'이었던 것이다. 객관적 사실 속에 이미 자기의 시적, 문학적, 신앙적 언어가 포함돼 있었다는 것을 모르고 있었다. 그리고 자기의 사관마저 이미 사건에 의해 형성되어 있었다는 것을 모르고 있었다. 사관 자체로 이미 '사건' (화이트헤드적 의미에서)이었기 때문에 그것도 순수 주관이라고 할 수 없다는 것이다. 사건을 보는 주관을 화이트헤드는 '주관형식Subjective Form'이라 한다. 날 때부터 역사학자가 되기 위해 생리적으로 사관을 타고 난 사람이 누가 있는가? 역사사료와 사건을 배우고 연구한 후에 사관이 생긴 것이다. 그런데 뒤집어 나중에는 마치 자기 사관으로 객관적인 사실을 보는 것처럼 착각하게 된다. 역사적 문헌도 이미 문헌으로 씌어진

---

8) 허만·칸의 예언과는 달리 일본은 나락의 길로 접어들었다.

이상 '사건'이다. 주·객관이 상보작용을 하여 나타난 결과에 불과하다.

　이러한 장황한 논리를 펴보는 이유는 한국사학계 인사들이 걸핏하면 신빙할 수 없는 자료를 자기들 구미에 따라 분류하고, 마치 자기들 스스로가 어떤 객관적 역사적 사실을 결론할 수 있는 것처럼 자처하는 실증주의 사학의 꿈에서 잠을 깨우기 위해서이다. 그러면 현대 양자물리학이 주관에 따라 객관적 진리 자체가 좌지우지된다는 뜻은 아니다. 과학철학이 신비주의나 샤머니즘에 빠질 위험성이 있지 않느냐고 우려하는 이유도 여기에 있다. 그러나 '사건'은 적어도 일관성Consistency, 합리성Rationality, 적용성Applicability을 갖추어야 한다. 화이트헤드는 비행기는 지상을 이륙하여 하늘을 날다가 다시 지상에 착륙해야 한다고 했다. 이 말은 일본이 한국 정복의 야욕이라는 주관성을 가지고 임나경영설을 역사사실화 시키려고 할 때에는 일관성, 합리성, 적용성을 띠어야 한다는 뜻이다. 즉, 그들이 야마다大和 정권이 과연 한반도를 정복할 만큼 그 당시 강했나? 그들이 정복한 흔적이 한반도 남부에 남아 있는가? 등 그들의 주관적 주장이 일관성을 가지고 '사건'으로 나타나야 한다. 그러나 그것은 불가능하다. 그래서 임나경영설은 '사건'이 아니다. 따라서 우리는 같은 문제를 바로 한국상고사 분야 연구에도 적용해 볼 수 있다는 것이다.

　요즘 출판계에 쏟아져 나오는 『환단고기』, 『규원사화』, 『신단민사』같은 역사자료들을 어떻게 처리하느냐이다. 실증학자들은 일언지하에 신빙성 없는 자료들로 취급해 버리고 만다. 재야사학계에서는 이들 자료들이야 말로 한국 정통사학을 대변하는 자료들이라고 맞서고 있다. 한사상적 입장에서 보면 이들 자료들에 대해 한마디 언급해 두지 않을 수 없다. 이들 자료에 의하면 단군시대가 47대 2,916년, 환웅시대가 18대 1,565년, 환인시대가 7대 3,301년으로 기록되어 있고 최근에 번역된 『부도지符都誌』에 의하면 환인시대 이전 역사기록까지 나타나 있다. 현 역사학계에서 받아들일 수 없는 황당한 역사기술임에 분명하다. 그러면 이들 기록은 누가 무슨 목적으로 왜 기록했는가? 그리고 이들 기록들 사이에는 어떤 일관성이 있는가? 지금 현재 우리 역사 영역 속에는 넣을 순 없어도 우리 역사영역을 넘어선 또 다른 역사를 말하는 것이 아닌가? 등등의 질문을 가능케 한다. 그러나 그 어느 하나도 확실하게 지금 얘기할 수는 없다. 이 자료에 대한 처리를 어떻게 할 것인가?

　그러나 이러한 문제는 구약이나 신약을 연구하는 성서신학자들 가운데서도 생기는 문제이다. 지금까지의 고고학적 발굴에 의하면 구약의 역사로서 아브라함 이전까지는 실제역사로 삼을 수 없다. 그러면 아브라함 이전에 있었던 노아홍수나 소돔과 고모라 같은 기록들을 어떻게 받아들일 것인가? 이러한 연구는 결국 성서고고학이 팔레스타인 지역을 넘어서서 근동아시아 일대로 확장되어 질 때 해결 되어진다. 모세 십계명도 그 뿌리가 바빌론 함무라비법전, 또는 그 이전의 슈메르−우르·남무법전까지 올라가 역사적 뿌리를 찾게 되었고, 결국 구약 연구는 근동아시아 전역이 배경이 된다는 것이 밝혀졌다. 이제 성서고고학은 이집트, 몽골, 시베리아까지 확장되어지고 있는 실정이다. 이것은 발굴 가능한 500여 고고학 발굴지역 가운데서 겨우 20여 개에서 이런 결과가 나왔으니 앞으로 더 발굴을 계속할 때에 구약성서의 배경은 훨씬 넓어질 것이다. 다른 한편 아메리칸 인디언을 연구하던 학자들도 1983년 최종 보고서를 내어 놓기를 인디언들은 모두 시베리아, 만주, 몽골 일대에서 베링해를 건너 남·북 대륙에 정착했다고 결론을 내렸다.

이렇게 고고학적 발굴 영역이 확장됨에 따라 구약의 노아홍수같은 것이 신화가 아니라 근동아시아 일대에 사실로 있었던 사건이었음이 밝혀졌다. 그러나 40일 동안의 홍수, 하느님의 인간에 대한 심판, 노아 가족의 구원 같은 것은 이스라엘 민족의 주관이 가미된, 즉 사실로서의 홍수와 홍수에 대한 히브리인들의 신앙이 엮어져 사건화 된 것이 창세기의 노아홍수 사건이다. 같은 홍수설화가 슈메르에서 발견되는데 거기서는 7일 7야 홍수가 계속되고 지아슈드라라는 의인이 있고 큰 배로 인간을 구원하는 기록이 나온다. 매우 창세기와 비슷하면서도 주관적 해석 방법이 다르다. 세계 32개의 홍수설화가 있지만 민족에 따라 다른 사건 해석이 붙어 있다.

이렇게 생각해본다면 『환단고기』, 『규원사화』, 『부도지』 같은 자료를 실증사학자들이 무조건 배척할 것이 아니라 좀 더 시야를 넓혀 아시아문명권 나아가서는 세계문명의 기원적 입장에서 이 자료들을 한 번 재검토해 볼 필요가 있지 않느냐 하는 것이다. 예를 들면 『고기』에 기록되어 유일하게 『삼국유사』에 전사된 단군설화만 하더라도 그 속에는 글자 하나하나가 황금을 달아준다 해도 바꿀 수 없는 값어치가 있는 것들이다. 우선 단군설화를 통해 우리는 우리민족이 산악숭배 민족이라는 것을 알 수 있다는 것이다. 산악숭배 민족은 서양에서 인류문명을 제일 처음 시작한 메소포타미아문명의 주인공인 슈메르와 그 양태를 같이 하고 있으며, 이는 또한 중국민족과도 구분 짓는 근거가 된다는 것이다. 이런 예를 일일이 들자면 한이 없다. 『환단고기』에 나타나는 언어들이며, 종교양식, 정치제도 같은 것을 차츰 발굴되어지고 있는 극동아시아 고고학의 연구결과에도 맞추어 보고 나아가 근동아시아에까지 확장하고 더 나아가 아메리칸 인디언에까지 한국학의 범위권에 넣고 생각해 보아야 할 것이다.[9]

인간들이 콜럼버스나 마젤란을 통해 해상의 길을 뚫어 동서양이 서로 존재했다는 사실을 알게 된 것은 최근의 일이다. 이제 땅 밑에 숨겨진 고고학적 유물을 통해 고대 인류가 결국 하나의 유기체적 관계를 맺고 있었음이 밝혀질 날도 올 것이다. 한사상 연구는 철저하게 인류문명의 유기체설에 근거를 두고 발전시킨다. 마젤란과 콜럼버스를 통해 동·서양 인간들이 서로 만났지만 과히 서로 다르지 않다는 것을 알게 되었다. 앞으로 어떤 외계인과 지구인이 상호 교통할 시기가 온다고 하더라도 별 놀라움 없이 만나게 될 것이다. 왜냐하면 '여기가 저기고 저기가 여기'이기 때문이다. 아무튼, 먼 은하계라 하더라도 이 자그마한 지구와 유기적 관계를 맺고 있다. 유기적 관계 질서가 서로 맺어져 있지 않다면 지구가 지금 없든지 은하계가 없든지 해야 하기 때문이다. 있다는 사실 자체가 이미 같은 질서 속에 있다는 것을 의미하고 같은 질서 속에 있는 한 과히 큰 차이가 없을 것이라는 것이다.

'한사상'은 역사학을 하는 태도에 있어서 이 작은 지구 위에 사는 인종들의 차별이 대동소이한 것으로 보고 그 이유는 같은 우주 질

---

9) 『환단고기』에는 지진과 일식, 월식에 관한 기록들이 여러 곳 나온다. 이는 컴퓨터 모사 작용을 통해 얼마든지 사실인지 아닌지 밝힐 수 있을 것이다. 최근 이런 연구들이 이어지고 있는 것은 다행이다.

서 속에 유기적 관계를 맺고 있기 때문이라고 본다. 그 첫 시도로서 한국고대사와 슈메르문명과의 관계를 관통시켜보는 작업이다. 일본학자들은 이미 『환단고기』를 가지고 이 작업을 시작하였다. 비단길Slik Road을 꿰뚫는 이 작업마저 일본에 그 선취권을 이미 빼앗기고 있으며 한국 신학계는 이런 작업을 이단시하는 경향마저 있으니 안타깝기만 하다. 물론 일본학자들이 이 작업을 할 때 먼저 말한 '사건'이 많이 달라질 수 있다는 사실에 주의를 기울이지 않으면 안 될 것이다. 슈메르에 대한 고고학적 언어학적 작업은 이미 상당히 되어 있으니 한국의 실증학자들은 한반도 안에서만 실증자료를 찾으려 할 것이 아니라, 저 근동아시아까지 나아가서 실증자료를 읽어 한국 상고사를 재건해보라는 것이다. 그래서 한사상을 하는 입장은 기록사학뿐만 아니라 실증사학파에 대해서도 그 눈을 넓게 뜰 때에 충분한 실증자료가 있다는 것이다. 이러한 시도 없이 쪼그라든 식민지사관을 가지고 한국 상고사를 함부로 매도해서는 안될 것이다. 1912년 C.J.Ball의 『Chinese and Sumerian』에 이어 1991년에 R.Yoshiwara는 『Sumerian and Japanese』(chibaijapan)를 통해 일본어와 슈메르어 연구서를 발표하였다.

이러한 고고학적 발굴 결과만이 실증자료가 되는 것은 아니다. 우리들 자신이야 말로 가장 값진 실증자료이다. 우리는 우리들 자신이 역사 연구의 주체인 동시에 대상이다. 우리의 잠재의식 원형 Archetype 속에 이미 환단시대가 형성된 원형을 가지고 있으며 이것이 언어와 행동관습으로 나타난다. 예를 들어 시골에서 밥 먹기 전에 '고시네' 하면서 첫술을 버리는 풍습을 남·북 어디서나 발견할 수 있는데 이런 풍습이 하루아침 사이에 생긴 것이 아닐진대 그 유

래를 연구해보면 우리는 분명히 우리 원시 상고시대 종교 신앙에서
부터 찾을 수밖에 없다는 것이다. 세계 어느 곳에도 없는 무당이 엄
존하고 그 기세가 날로 강해져 가고 있는 현상 같은 것도 고대 종교
현상을 떠나서는 이해 할 수 없다는 것이다.

즉, 문화의 상한선은 엄청나게 올라가는 데 역사 상한선은 한사
군·기자조선으로 잘라버리면 서로 평행선이 길고 짧은 결과가 생
기지 않겠는가? 역사 연구의 실증적 자료란 결국 고고학만 될 수
없고 한국의 존재 구조와 문화가 모두 실증적 자료가 될 것이다. 한
사상 연구는 이러한 범위까지 확장하여 연구의 대상으로 삼아야 한
다. 문화의 뿌리는 깊은데 역사의 길이는 짧게 된 원인은 역사학과
종교학자들 사이에 유기적 관계가 없었던 데서 온 당연한 결과이
다. 무당이 엄연히 존재하는데 단군시대가 없다는 것은 문화와 역
사가 길고 짧아 절름발이 걸음을 하고 있다는 것을 의미하지 않는
가? 종교학, 역사학, 심리학, 철학 간의 균형있는 그리고 유기적 관
계 체계 속에서만 한사상이 전모습이 나타날 것이다. 필자의 이러
한 주장은 학문간의 학제적 연구로 더욱 동력을 받게 된다.

한사상의 철학적 측면은 또하나의 다른 작업이다. 한의 다섯 가
지 사전적 의미 1. 하나(One), 2. 많음(Many), 3. 같음(Same), 4.
가운데(Middle), 5. 얼마(About)와 같다. 이밖에 무려 22가지 의미
가 한이란 어휘 속에 포함되어 있다. '한철학'은 이 다섯 개의 사
전적 의미를 연관시켜 발전시키는 것이다. 'One'과 'Many'의 문제
는 '一'과 '多'의 문제로 불교, 유교, 서양철학에서 풀려고 하는 숙
원의 문제이다. 서양 논리학에서는 'One'과 'Many'의 문제를 특히
'Mereology'라 한다. 서양철학에서는 보편Universal과 특수Particular,

초월Transcendental, 내재Immanence, 神God과 세계World의 문제가 항상 'One'과 'Many'의 문제로 나타났다. 불교에서 삼론종의 경우에는 진제眞諦와 속제俗諦의 문제로 화엄종에서는 理 와 事의 문제가 항상 一과 多 즉 '하나'와 '많음'의 문제를 어떻게 해결하느냐를 그 철학의 과제로 삼았다. 결국 One/Many 문제는 동·서철학의 공통이 해결 과제였다. 이 One/Many 문제는 철학의 문제일 뿐만 아니라 교육, 신학, 경영이론, 수학등 어디에나 부딪히는 문제이다. 그래서 한사상은 모든 분야에 나타나는 One/Many 문제를 적용시켜 본다.[10]

서양사상은 One/Many의 양극화Polarization를 심화시켜 내려온 것이 사실이다. 양쪽면의 변증법적 발전과정이었다 하여도 과언이 아니다. One에 치우친 사상이 Many에 치우친 사상에 대치하고 그 반대가 또한 반복되는 것이 서양 철학사였다고 하여도 과언이 아닐 것이다. 그러나 이 One/Many의 양쪽을 서양철학은 Both/and 나 Either/or 두 관계로 밖에는 다른 관계를 발견하지 못하였다. 동양에서는 Neither/nor의 논리로 발전하여 One과 many가 즉 一과 多가 '같다Same' 혹은 그 양쪽을 다 부정한 '가운데Middle'의 길을 택할 줄 알았다. 중국 불교나 유교는 모두 이를 터득했다. 그러나 한국불교와 유교가 중국이나 인도의 중용사상마저 넘어서는 데에 특징이 있다. 즉, 한사상은 '가운데中' 마저 파괴시키고 비결정적 '어떤About'으로 넘어서는 데 한사상의 극치가 있다. '어떤'이란 불확정성의 이론과 같다. 이는 이미 전체가 완숙하여 그것의 파열됨으로써 개체속

---

10) 특히 필자의 『세계 철학과 한』(1989, 전망사)은 이 문제를 동서철학에 적용해 본 것이다.

에 전체가 전체 속에 개체가 자유자재로 나타나는 현상이다. 최제우의 기연불연其然不然과 같은 사상이다. 그렇다 할 수 있고 그렇지 않다고 할 수 있는 전체가 매 상황마다 달라질 수밖에 없다는 것이다.

한사상은 이러한 다섯 가지 사전적 의미를 하나의 줄로 삼아 모든 분야에 방법론적으로 적용시켜본다. 이 다섯 가지 사전적 의미가 한국불교, 한국유교, 한국 민족종교에서는 어떻게 나타났는가? 그리고 교육학과 신학에는 관리이론, 정치학에는 어떻게 응용할 것인가를 고려해본다. 한의 이 다섯 가지 의미를 통해 어느 사상이 어느 위치에 도달해 있고 그 완성을 위해 어떻게 보완되어져야 할 것인가를 탐구해 본다. 이런 작업들이 한사상이 앞으로 해나가야 될 철학적인 작업이 될 것이다.

제 1부 역사 속의 '한사상'

I. 한의 사관

'한'의 역사관은 '한국'의 역사관과 같으면서 동시에 다르다. 이기
백은 한국사 사관을 민족주의사관, 사회경제사관, 그리고 실증사관
으로 삼분하고 있다. 신채호로 대표되는 민족주의사관은 민족의 고
유성을 지나치게 강조하는 나머지 민족을 세계로부터 고립시켰다
했고, 백남운白南雲으로 대표되는 사회경제사관은 유물사관을 위에
서부터 법칙으로 사실에 적용시켜 내려온데 문제가 있다고 했으며,
진단학회로 대표되는 실증사학은 실증이 역사학의 기초 조건이긴
해도 그것이 큰 역사학 자체일 수는 없다고 이기백은 요약하고 있
다.[11]

필자가 1983년 『한철학』을 쓸 때만 하더라도 '한'이란 개념을 우리
민족의 '고유'한 개념으로만 생각했고 철저한 민족사관에 가까운 정
열을 가지고 있었던 것이 사실이다. 그래서 '한철학'의 후속으로 미
국에 있는 우리 한국 교수들과 '한국적 정신으로서의 한사상Hanism
as Korea Mind'을 편집하게 되었다. 그리고 1986.6.1~6.15 동안 홍
콩에서 열렸던 아시아 종교회의에서 안 사실은 '한'개념이 결코 한

---

11) 車河淳, 『史觀이란 무엇인가』(서울 : 청담, 1986), 260쪽.

국의 고유 개념이 아니고 아시아 각국의 원시종교 속에 뿌리 깊게 박혀있고 넓은 지역에 퍼져있다는 것이었다. 최남선은 '밝' 개념이 전 세계에 퍼져있는 말이라 했다. 자칫 문명과 문명 사이의 유기적 관련성만을 강조하다보면 민족의 고유성을 상실하게 되고, 고유성을 강조하다보면 세계적 보편성 속의 민족의 위치와 문명과 문명 사이의 유기성을 못 보게 된다. 숲을 보면 나무를 못 보고, 나무를 보면 숲은 못 보는 오류라고 할까?

'한사상 어떻게 할 것인가'에서도 밝힌 바와 같이 사관은 주관과 객관적 사실의 상호작용에 의해 결정되는 만큼 어떤 사학자가 어떤 역사를 쓰는가는 그 역사학자마다 다를 수밖에 없다는 것과 그 사관이 얼마나 일관성, 합리성, 적용성을 갖느냐만 문제시 된다는 것이다.

신채호의 민족주의사관을 무뇌적인 역사학자의 '사관'을 가지고 신채호의 사관을 평가해서는 안 될 것이다. 일제가 이미 내선일치라는 일본문화와 한국문화의 유기적 관계성을 내세워 조선을 집어먹고 있는 상황에서 잃은 조국을 찾겠다는 정열을 가지고 역사를 쓴 신채호에게 민족의 고유성을 강조한 나머지 민족을 세계로부터 고립시키는 잘못을 범했다느니 그의 사관에 발전에 대한 개념이 결여되어 있다고 비판하는 것은 역사가 현실 상황에 적용Applicable되어져야 한다는 관점에서 볼 때 잘못이라고 볼 수 있다. 해방과 독립이란 상황에 적용될 수 있는 사관은 당연히 신채호의 민족주의 사관이 옳은 것이다. 그리고 상고사를 집중적으로 연구함으로 외세에 영향 받지 않은 민족 고유사상을 발굴하려 했던 것—신채호는 그것을 낭교라 함—도 당연하고 옳았다고 본다. 그리고 신채호의 평가는 여기서 끝나야 한다고 본다. 과정철학에서는 모든 주관과 객관이 만나 이루어지는 사건을 사실체Actual Entity라 하는데 모든 사실체는 유기적이면서 자기 독립적이다. 이와 마찬가지로 신채호의 사관은 신채호의 시대적 상황에 가장 알맞은 사관을 가지고 있었던 것이다. 가장 고유한 것이 가장 세계적이고, 가장 세계적인 것은 가장 고유한 것이어야 한다. 사실상 신채호 같은 민족주의사관을 제외하고 국제시장에 내놓을 만한 우리 역사가 어디 있는가?

다른 것들은 역사 박람회장에 출품시켜 보았자, 그런 류는 미국에도 영국에도 있다고 눈여겨보지도 않을 것이다. 그런 의미에서 신채호의 민족주의사관은 아직도 계승·발전 되어져야 한다. 왜냐하면 이유는 간단하다. 우리는 신채호가 살던 상황과 별다를 바 없는 상황 속에 살고 있기 때문이다. 아니 신채호 때보다 더욱 심각한 분단 조국의 상태에 우리가 살고 있으며, 상실된 우리 역사는 아직 찾아지지 않고 있기 때문이다. 그런 의미에서 민족주의사관은 가장 우리 현실에 적응성을 가질 수밖에 없는 사관이다. 우리가 통일 되고 잃었던 만주땅을 다시 찾고 다시 한 번 아시아의 강대국으로 등장하기까지는 즉, 우리들 자신이 홍익인간 하기 위해 이웃에게 사랑을 베풀 관용을 가질 때까지는 민족주의사관만이 우리가 살 길이다.

서양에서 아무리 좋은 사관을 가지고 와서 우리 역사 위에 관을 씌워도 소용이 없다. 우리는 핵전쟁의 위험 속에 민족 생존 가능성 여부가 의심스러운 시점에 처해 있다. 수입개방과 일본의 교과서 왜곡 등 심상치 않은 한반도 주변의 정세 속에서 우리는 생존Survival 이상도 이하도 아닌 사관이 필요하다고 본다. 그런 의미에서 신채호의 사관은 이상 없다고 본다.

　신채호의 역사관을 '我'와 '非我'의 '투쟁'만을 강조한 것으로 보아 그의 사관이 국수적 외곬수에 빠진 사관으로 평가하기 쉬우나, 역사를 '시간에서 발전하여 공간으로 확대하는 심적활동의 상태'로 본 것은 망각하기 쉽다. 사실 신채호 만큼 조선상고사의 상한선과 옛 조선의 강역을 시간으로 공간으로 확대시켜 놓은 사학자도 없다. 실증사학자들이야말로 움츠러드는 사관이었고 신채호의 민족주의 사관이야말로 확대되는 사관이었다. 사실상 만주 땅과 요동·산동을 만약 중국에 내어맡긴다면 우리 민족문명을 세계문명에 연관시킬 아무 근거가 없어져버리고 만다. 고대문명에 있어서 한민족의 공헌을 얘기할 길이 없어져 버린다. 그래서 마한·진한·변한의 삼한을 중국땅에 배정하고 상고사의 상한선을 단군과 그 이전까지 올려 잡아 놓은 선생의 덕으로 인류문명의 기원에서부터 한국역사를 내다볼 수 있게 되었다는 것이다. 신채호를 마치 실증학자가 아닌 것처럼 처리할 수도 있지만 신채호만큼 직접 발로 걸어 자료를 수집하고 확인한 후 역사를 쓴 분도 없다고 본다. 마치 『규원사화』를 쓴 북애자를 연상케 한다.

　이런 의미에서 '한'의 사관은 신채호의 민족주의사관을 어떤 사관보다 높이 평가하며 구태여 규정지으라면 한의 사관은 민족주의사관이라 해도 좋다. 그러나 '한'을 '한국'에서 분리하여 한번 초월하여 생각하고 싶다. '한'은 '한국'의 정수리이다. 그러나 '한'이 함축하고 있는 철학적 의미와 역사적 유구성은 '한국'을 위한 것 만이어서는 안 된다. '한'은 '한국'이 소유할 수도 없고 그래서는 안 된다. 우리가 그렇게 민족주의자가 되어 우리의 고유성을 찾으려 함은 남을 침략하려는 것이 목적이 아니다. 우리는 우리에게 '홍익인간 재세이화'의 즉 이웃을 자신같이 사랑할 그리고 세상을 이치로 다스릴 천부의 긍지를 가지고 있기 때문에 세계를 전쟁의 와중으로 이끌어가는 국가들에게 맡겨 놓았다가는 온 인류가 핵불더미 속에 죽을 수밖에 없는 것을 보고 그냥 있을 수 없어 한울님께 우리에게 한번 이 세계의 평화를 위해 기회를 달라는 것이다. 그래서 우리의 민족주의는 이 세계의 평화를 위한 간절한 기도이다.

역사가 불과 얼마 되지 않는 나라들이 인류가 한 뿌리라는 의식을 망각하고 세계 질서를 어지럽히는 것을 보고 한울님도 가만히 있지는 않을 것이다. 여기서 슈메르를 찾고 한국 상고사를 찾는 근본 목적은 인류문명의 유기적 관계의식을 찾자는 것이다. 그래서 우리의 고유한 것을 시간적 공간적으로 확대하여 '홍익인간 재세이화'의 꽃을 만개 시키자는 것이다. 이러한 생각은 교육학자 D.브라멜드가 『文化의 危機와 교육』에서 주장한 재건주의Reconstructionism 교육과 비슷하다.[12] 브라멜드는 세계 모든 민족이 가지고 있는 신화나 문화의 공동성을 찾아 인류가 처하여 있는 위기를 극복해야 하고 교육이란 인류의 유기체성과 공동목표를 가르쳐야 한다고 했다. 토인비의 국가사관을 초월한 문명사관을 찬성한다. 즉 문명과 문명 간의 유기적 관계를 규명하는 것이 역사의 사명이라는 것이다. '한'의 사관은 토인비의 문명사관에 찬사를 보낸다. 문명사관에 문제가 되는 것은 어떻게 한 역사가가 모든 문명을 다 섭렵하고 그 문명의 자료를 다 파악할 수 있느냐이다. 토인비 자신도 이런 자기 한계성을 인정했었다. 서양의 두 근원인 히브리·헬라가 슈메르에서 만나고

---

12) D.브라멜드, 황종건 역, 『文化의 危機와 교육』.

슈메르가 극동에 와 '한'문명과 만나고, 아메리칸 인디언이 다시 '한'에 와서 만나지게 되면 이 태양계의 한 별인 지구 위에 생긴 문명의 윤곽은 거의 파악되는 셈이나 마찬가지이다. 이 방대한 작업을 혼자 다 해내겠다는 것은 역사의 돈키호테적 무모한 시도일지도 모른다. 서양에서는 성서학자들이 이쪽을 향해 맥을 찾아 다가오고 있다.[13] 이쪽에서는 저쪽을 향해 같은 작업을 하면 일이 한결 쉬워질 것이다. 서양에서는 성서학자들이 성서 연구의 목적에서 하고 있는 시도이고, 이쪽 역사학자들은 우리 상고사를 찾기 위해서이다. 한국의 신학자들은 양쪽을 다 볼 수 있는 잇점이 있다. 그들의 신학의 주제는 이런 작업이어야 하지 않겠는가? 그래야 자기의 현실적 상황에 적용될 수 있는 학문을 하게 되는 것이다. '한철학'적 신학은 이런 좌표설정에서 출발되어져야 할 것이다.

여기서 우리는 토인비의 문명사관적 이해를 충분히 납득하면서도 그의 동북아에 대한 역사인식의 무지에 대해서는 집고 넘어가지 않을 수 없다. 토인비는 원시사회문명에서 지금까지 28개가 있었다고 본다. 그중 지금까지 성숙한 문명은 21개이고 그 가운데서도 원시사회에서 문명으로 비약한 '선행문명 없는 문명'Unrelated Civilizations(=제1대 문명)과 '父子關係'Apparentation - and - Affiliation에 의하여 선행문명의 핏줄을 이어받은 아들문명들과의 두 종류가 있다고 했다. 토인비는 인도와 중국에 있어서 처음에는 인도문명Indic Civilization과 중국(고대)문명Chinic Civilization을 제1대문명으로 설정하였으나, 뒤에 가서 인더스문명Indus Civilization과 商文明Shang Civilization을 새로 제1대 문명으로 설정하였다. 따라서 다음의 표에

13) 이에 대한 연구는 『인류문명의 기원과 한』(1987, 가나출판사)에서 다루었다.

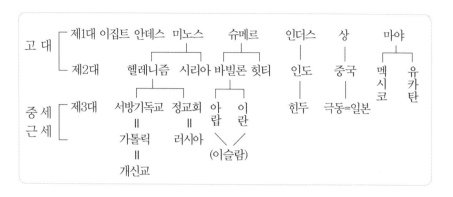

서 보는 바와 같이 완전히 성숙한 문명의 수효가 23개이다.'[14]

　여기서 우리는 토인비가 한국문명을 처리하는 방법에 대하여 놀라움을 금할 수 없다. 토인비는 아무 서슴없이 중국문명과 한국문명의 관계를 부자관계로 본 제3대에 나타난 '주류 중국문명에 접붙여진 문명Affiliated to the Main Chinic Culture'로 분류하고 있다. 여기서 우리는 토인비의 동북아문명에 대한 무지를 발견하게 된다. 오히려 한 개인사가로부터 그것도 언어와 풍습의 장애가 있는 서양사가로부터 극동아시아에 대한 너무 많은 요구를 하는 것이 무리일지도 모른다. 그러나 그가 아시아문명을 이해함에 있어서 인도문명을 인더스문명으로, 중국문명을 상문명에서 제2대와 제1대로 분리시켜 낸 것은 큰 다행이다. 그리고 토인비가 부자 간의 종적인 관계로 문명의 비교를 한 업적은 인정되나 문명의 횡적인 관계를 즉 제1대의 슈메르-인더스-상-마야-이집트의 내적 구조를 비교하는 데는 얼마마한 노력을 기울였는지 의심스럽다. 슈메르-인더스 관계는 명확하게 그 유기적 관계가 자리잡혀져 가고 있다. 그리고 아메리칸

---

14) 차하순, 157쪽.

인디언(마야문명)의 아시아 기원까지 확실시되고 있다. 여기서 시도되고 있는 것은 슈메르와 고대 극동아시아 즉, 한국과의 관계를 밝혀보자는 데 있다. 그러자면 슈메르는 제1대에 속하고 한국은 제3대에 가서나 나타나는데 토인비의 문명사관으로는 도저히 불가능하다.

그런데 중국의 고고학자들은 중국의 동북부 요녕성遼寧省에서 중국 왕조사를 1천 년 앞당기는 원시국가의 유적지로 추정되는 묘지와 사원을 발굴해 냈다고 중국 신문이 1986.7.25일에 발표하였다. 중국「光明日報」는 고고학자들이 측정한 결과 5천 년 전의 것으로 보이는 6개의 적석총군과 여신묘를 발견했다고 한다. 이 유적은 중국의 최초의 왕조인 하왕조(BCE 2205~1766)보다 약 1,000년 앞서 등장한 것으로 추정하고 있다.[15] 토인비가 얘기하고 있는 상왕조는 하왕조에 잇달아 일어났다 주왕조에 망한다(BCE 1766~1122). 그러면「光明日報」가 발표한 요녕성 유적을 창조한 문명의 주인공은 도대체 누구인가? 유적지에서 발굴된 것으로는 부숴진 여자 나체상과 옥으로 된 눈을 가진 대형 여신 두상인데 고고학자의 말을 빌리면 이 유적지는 대형건축물을 축조할 줄 알았고 단순한 부족 집단의 중심지가 아니라 초기국가의 사회 · 정치 활동이 이루어졌던 흔적이 나타난다고 한다.

우리에게 더욱 놀라움을 던져주는 것은 바로 국내 윤내현이『韓國古代史新論』에서 바로 이 지역을 고조선의 중심 활동지역으로 발표했던 바 유적이 발굴된 곳은 고조선의 수도였던 평양—아사달—장당경에 위치했던 곳과 가까워 앞으로 우리 상고사 연구에 큰 관심

---

15)「韓國日報」, 1980.7.26 제1편.

사를 가져다주고 있다. 그리고 더욱 관심을 끄는 것은 유적지에서 여신 두상이 발굴되었다는 것은 고대 모계중심사회의 흔적과 함께 고대 슈메르문명의 도시신들이 거의 여신들이었다는 사실은 한국의 모계중심사회가 청동기 신석기말까지 계속되었던 만큼 이 유적지는 앞으로 슈메르·한국 관계사를 밝히는 중요한 역할을 하게 될 것 같다.

만약 토인비가 극동아시아문명에 조금만 눈이 밝았더라면 상(혹은 은)왕조를 세운 종족과 하·주를 세운 종족이 달랐다는, 그리고 그들 사이의 문명에 차이점이 있었다는 사실에 착안을 했었어야 할 것이다. 전자는 혹자들 사이에 의견이 있을 수 있으나 서쪽의 화하계가 아닌 동쪽의 동이계가 세운 왕국임이 밝혀지고 있다. 토인비가 정확하게 지적한대로 상왕조 때에 중국문명의 모체가 형성되었다. 문자의 기원은 적어도 이때부터 소위 갑골문이라는 것을 통해 발전되었다. 그러나 동이족이 출발시킨 문명이 차축시대에 들어와 (주·한왕조) 그 주도권을 서쪽 화하계에 빼앗기게 된다. 이 기간이 토인비의 제2기에 해당한다고 할 수 있다. 이것이 엄격히 말해 중국문명이다.

그 중심 인물들은 공자이며 노자와 맹자같은 인물들이다. 이들 인물들은 모두 BCE 4세기에서 5세기 사이에 활동이던 인물들로 중국을 빛낸 인물들이다. 그들이 남긴 문헌이 지금까지 전해지고 있기 때문에 동북아문명은 중국의 것으로 독식된 것이 사실이다. 서양에서 동양을 전공하는 학자들은 당연히 이들을 통해 아시아문화는 창조되었다고 보게 되고 그 이상을 생각하지 않을 것이다. 그러나 공자 자신이 고백한 대로 자기는 요·순의 사상을 서술했지 창조해 낸 것이 아니라고 했다. 그리고 맹자는 순은 동이 사람이라고 했다. 공자 자신도 그 6대 조상이 은나라에서 송나라로 그리고 노나라로 이주했다고 했다. 공자는 엄격히 말해 코리안—챠이니스Korea-Chinese이다. 그러나 공자에게서 한국적 정체성Identity을 찾기란 기대하기 어렵다. 사람이 2세만 지나가면 자기가 태어난 풍토에 귀화Naturalization 되어버리고 만다. 그러나 인류문명이 한꺼번에 발흥하던 차축시대에 공자같은 인물을 중국에 빼앗긴 것은 동이족으로서는 큰 손실이다. 공자는 끝내 중화민족의 영광을 위해 글을 썼다. 그야말로 우리 역사를 왜곡시킨 장본인이라고도 할 수 있다.

차축시대에 중국은 발흥할 때이고(한무제 같은 인물을 통해) 우리 고조선은 그 영광이 쇠퇴할 때이다. 그러나 분명히 해둘 것은 중국문명(제2기)이 그 선행 문명인 상에서 계승 발전된 문명이라면 차축시대 이전의 전 차축시대Pre-Axial Age의 주인공은 당연히 동이족이었다는 것이다. 필자는 이 전 차축시대를 환단시대(桓檀時代, Hwandan Age)라 말하고 싶다. 이시대가 단군·환웅·환인시대라 본다. 보통차축시대 이전을 원시시대Primitive Age로 분류하여 합리적 이성이나 정의·사랑 같은 윤리가 아직 발달되지 못한 시대로 보고 있으나 이것은 잘못 본 사관이며 위의 요녕성 유물이나 슈메르·인더스·마야·잉카문명에서 보듯이 BCE 4~5천 년경에 초고대문명을 이들 문명의 주인공들은 건설했던 것이다.

이는 나중 차축시대를 가능케 한 원형이다. 차축시대는 전 차축시대를 발전시킨 것이 아니다. 아니 전 차축시대의 통전적 비이원성을 차축시대에 들어와 파괴시키고 인간의 합리성이란 이성으로 난도질 내고 말았다. 여성 대신 남성이 주도권을 잡게 되었고 육체와 정신, 초월과 내재, 주관과 객관 같은 분리 현상이 생겨났다. 우리 시대의 탈현대철학은 도리어 차축시대 철학의 병폐를 극복하고 그 치유책을 전 차축시대에서 찾으려 하고 그래서 여성해방운동가들이나 생태학자들은 슈메르문명 연구에 더 정력을 쏟고 있다.

전 차축시대의 주인공은 동쪽의 동이계였고 차축시대의 주인공은 서쪽의 화하계였음을 시인해 두자. 그리고 토인비가 중국Sino을 상 Shang에서 분리시킨 것도 이런 점에서 높이 평가해 두면서 동시에 그 종족적 주인공이 달랐음까지 지적 못해 전 차축시대에 공헌한 한국 고대문명을 알아보지 못한 것은 그의 실책으로 남겨두고 넘어가기로 한다.[16]

차축시대 이후 2,500여 년이 지난 후 금세기와 19세기의 극동아시아의 주도권은 일본으로 넘어간다. 청일전쟁에서 일본이 이기고 일본이 한국을 식민지화하고 일본의 강세는 한동안 지속되었다. 극동아시아 역사에도 약 2,000~3,000 단위로 주도권의 회전기간이 Cycle이 있었던 같다. 금세기를 필자는 말 차축시대Last-Axial Age로 보고 싶다. 이제는 차축시대의 가치관과 기본 인간의 존재 구조 자체를 벗어날 시기이다. 이를 용거는 우주적 시대Planetany Age라 했다.[17] 전 차축시대에는 한국이 차축시대에는 중국이, 말 차축시대는 모두가 전 차축시대의 정신적 유산을 자기 환경에 알맞게 창조적 변화를 시켰다. 전 차축시대의 유산을 발전도 시켰지만 퇴화도 시켰나. 중국은 상나라까지도 예배의 대상이 되었던 상제上帝같은 인격신을 자기 역사 속에서 쇠퇴시킨 것은 큰 손실이지만, 그래도

---

16) R.Yoshwara, 『*Sumerian and Japanese*』(chibaijapan, 1991)

17) Yonker, 107쪽.

천天개념을 내면화 시켜 실천윤리화 시킨 것은 공헌이다. 일본의 경우는 인격신을 세속화시켜 천황숭배와 일치시켜 그것을 나쁜 군국주의로 발전시킨 것은 전 차축시대 유산의 퇴화임에 분명하다. 일본의 신토이즘Shintoism이 우리나라의 고신도古神道에서 연원했으나 우리나라의 하느님 신앙같은 고차원적 요소는 상실하고 그것이 세속화되어지고 만다. 그렇지만 일본을 지금 지탱시키고 있는 힘은 바로 여기에 있다.

그들을 모방 민족이라고 흉보지만 그 뒤에 일본을 흔들리지 않게 붙잡고 있는 것은 그들의 신토이즘이다. 우리가 극일克日을 하자면 그들의 사상적 뿌리를 찾아 그들을 정신적으로 능가할 수 있는 사상체계를 하루속히 수립해야 한다. 일본의 명치유신이래 일본이 신토이즘을 통해 천황숭배를 강화시키면서 서양의 문물을 모방해 나간 것은 토인비의 도전과 응전에 나름대로 성공한 경우라 할 수 있다. 도전해 오는 서양 문물 앞에 가진 것을 잃지 않으면서 그것을 수용할만한 응전할 자세를 우리는 어떻게 갖추었던가 한번 반성해 보아야 할 것이다.

그리스도교가 수천 년 외래종교에 짓눌려 뒷전에 있던 인격신 '하나님'을 전면에 다시 찾아 우리의 본래적 믿음을 회생시킨 것은 큰 공헌이다. 그 하느님에게서 정의와 사랑의 근원을 찾은 것은 하나님을 한갓 기복·주술 신앙으로부터 믿음체계를 일신시켰다. 그러나 서양 선교사들의 잘못된 선교태도와, 신학자들의 한국문화에 대한 몰이해로 인하여 버렸어야 할 기복·주술 신앙이 더 강세를 보이고 있다.

앞으로 다가올 21세기는 탈 차축시대로 본다. 탈 차축시대에서는 차축시대를 전면부정하자는 것이 아니고 말 차축시대에 나타난 국제질서의 부조리, 인간성의 상실, 자연의 파괴, 남·여성의 양극화 같은 이 지구의 생존과 인간의 생존에 직결되는 문제를 극복하기 위해서는 차축시대의 말기적 현상을 벗어나야 한다는 것이다. 여기서 벗어난다는 것은 원시로 반본 된다는 것을 의미한다. 인류문명이 시작될 때 즉, 에덴동산에서 인간이 타락하기 이전에 인간이 어떻게 생존했는가의 원모습을 다시 찾는 것이다. 그리스도신학과 서양의 역사는 에덴동산 이후After-Eden의 문제에만 관심을 쏟아왔다. 에덴동산 이후란 인간의 타락과 구속의 역사 제2 아담의 역사였다. 그러나 동양의 종교나 철학은 인간의 원 모습이 어떠했던가를, 즉 그 원상태의 모습을 상세하게 발전시켰다. 즉, 제1 아담의 모습을 더 발전시켰다. 그러나 이러한 회복은 제3의 인간 창조를 위한 한 과정이다.

전 차축시대의 개발이 시급하다. 여기에 유대—그리스도교 이전의 뿌리인 슈메르 연구의 시급성이 있고 그리고 그 슈메르의 기원을 찾으려는 급함이 있는 것이다. 그래서 이것은 단순히 상고주의적 복고의식 때문만도 그리고 좁은 민족의식의 발로만도 아닌 이렇게 되어야 우리가 살고 인류가 오직 살아남을 이유이기 때문이다. '한'의 사관이 지향하는 목표는 종교 간의 화해, 국제질서와 평화, 남·여성의 양극화의 극복, 개인 구원괴 사회 구원의 소화 능 차축시대에 들어와 벌려놓은 양극화의 간격을 좁히고 그것을 초월하여 어디에도 매임이 없는 자유인상을 성취하는 데 있다.

2. 예속사관의 극복

　인류는 과연 어디에서 제일 처음 시작되었는가? 이 질문에 대하여 기독교인들은 의심할 여지없이 태초에 에덴동산에서 출발했다고 대답할 것이다. 그러나 이 대답은 신앙고백적인 대답이지 고고학적인 대답은 못된다. 왜냐하면 구약성서 창세기 자체가 이러한 대답에 대한 모순을 제기하고 있기 때문이다. 만약 에덴동산을 역사적으로 실존한 장소로 생각한다면 창세기는 에덴동산 밖의 또 다른 창조세계가 있었음을 기술하고 있기 때문이다. 예를 들면 에덴동산에는 최초의 인간들 아담과 이브가 있었고 아담과 이브의 사이에서 카인과 아벨이 나온다. 아벨은 카인에 의해 죽임을 당하고 카인은 에덴 동산에서 추방을 당한다. 여기에서 이상한 현상은 카인이 추방당하여 간 딴 세계에는 이미 큰 무리의 인간들이 살고 있었다.

　하느님이 지으신 세계는 에덴동산 뿐이요, 최초의 인간은 아담과 이브, 그리고 그 밑의 두 아들뿐인데, 카인이 도망쳐 간 땅과 거기에서 만난 인간들은 도대체 누구인가? 그렇다면 그 땅에 산 인간들은 누가 창조했단 말인가?

　이러한 추리는 추리 그 자체를 더 전개할 필요는 없다. 다만 이러한 간단한 추리를 통해 얻을 수 있는 결론은 창세기의 창조 기사는 인류의 역사 기원을 역사적으로 밝히자는 것이 아니고 그것을 기록한 민족의 민족 나름대로의 즉, 그 민족사관에서 볼 때 자기들에게 요청된 특별한 입장에서 쓰여진 것이라는 사실을 아는 것이 중요하다. 그 이상을 넘어서 생각하게 되면 끝없는 말의 논쟁과 독단적 고백을 가져올 뿐이다.

에덴 중심의 창조 역사가 주는 의미는 실로 크다. 에덴 중심의 역사 이해가 유대—그리스도교 역사 이해의 중심이 되었으며 지중해 연안을 중심으로 한 문화 즉, 오늘날 서구문화 혹은 구라파문화를 형성시키는 모체가 되기 때문이다. 이 지중해 연안을 중시한 문화권에서 볼 때 에덴동산은 인류 창조의 중심지가 되어지지 않을 수가 없다. 그것은 유대—기독교가 서구문화의 중심이 된다는 말과 같다. 이러한 지중해문화는 17세기부터 시작된 구라파인들의 북미대륙으로의 이주 즉, 대서양을 건너 미국땅에 옴으로써 현재의 대서양문화 인 영미문화를 형성시켜 오늘의 세계를 석권하게 된 것이다. 대서양문화는 결국 지중해문화의 연장 즉, 유대—그리스도교문화의 연장에 불과하니 에덴동산 중심적 역사 이해는 원형대로 계속되고 있다고 볼 수 있다.

소위 이러한 지중해 그리고 대서양으로 연결되는 문화권은 오늘날 선진국을 만들었다. 그러면 도대체 에덴동신 밖에 있던 세계인 카인이 도망하여 가 만난 세계의 인간들은 누구였으며 에덴동산 쪽과 그 바깥 쪽의 세계 가운데 어느 것이 먼저 되어졌는가? 이러한 주일학교 학생 같은 질문은 그렇게 어리석은 질문만은 아니다. 왜냐하면 이러한 질문이 단편적인 인류의 기원을 밝히는데 전체적인 조망에서 문제를 볼 수 있게 만들어주는 계기를 만들어주기 때문이다.

에덴동산 밖의 또 다른 세계를 우리는 창세기 10장~11장에서 '시나르Shinar광야'로 읽을 수 있다. '시나르'란 '슈메르Sumer'를 의미한다. BCE 3500년경에 슈메르라는 큰 종족집단이 '티그리스', '유프라테스'강 유역에 나타난다. 이들은 그 일대에 내려오기 전에 그들의 고유한 설형문자를 사용하고 있었으며 크래머가『역사는 슈메르에서 시작되었다History Begins at Sumer』에서 지적한 바와 같이 교육제도, 법률제도, 농사짓는 법, 60진법, 역법 등 39가지의 역사가 모두 슈메르에서 제일 처음 시작되었다고 한다. 이스라엘 민족이 문자를 제일 처음 사용한 것은 BCE 1000년경이고 성서가 씌어진 것은 BCE 850년경이다. 그렇다면 히브리문화와 슈메르문화는 서로 비교가 안 될 문화적인 차이가 있는 것이다. 에덴동산 설화, 시편의 시, 욥의 비극, 노아홍수 얘기 등이 모두 슈메르 문헌 속에 거의 같은 모습대로 기록되어 있다. 모세오경이 그보다 450년 전에 있었던 바빌론함무라비 법전에서 나왔음이 밝혀져 세상을 놀라게 했는데 이제는 함무라비법이 슈메르의 우르왕조 즉, 남무 · 우르법에서 나왔음이 알려졌다.

그런데 도대체 슈메르족이 유프라테스 강 유역에 내려오기 이전에 어디에 거주했느냐가 풀리지 않는 숙제거리이다. 서양학자들은 이 슈메르인들의 두 가지 특징인, 그들이 높은 산에서 신을 예배하는 것으로 보아 산악지대에 산 민족이라는 것과, 그들의 언어가 우랄 · 알타이어 계통의 접착밀어Aggulutinative인 것으로 보아 중앙아시아 산악지대에서 내려온 것으로 추측한다. 슈메르의 이 두 가지 특징은 우리를 당혹케 한다. 왜냐하면 세계어 가운데 주어나 목적어 다음은 '은' '는' '이' '가' '을' 같은 토씨가 붙는 언어인 접착밀어는 한국어와 알타이어계이기 때문이다. 슈메르어를 연구하는 한국학자들의 연구보고에 의하면 슈메르 말의 어순이 우리말과 거의 같으며 말의 단어 자체가 같은 것이 100가지나 된다고 한다(예, 사람, 북, 빌다, 벌어지다, 아우, 아버지, 우르, 딩그르(당굴애) 등등). 이는 학자들의 연구로 앞으로 더 밝혀져야 할 사실이지만 다른 한 가지 특징인 그들의 고산숭배사상은 단군설화에 나타난 그것과 유사성을 보인다.

이는 우리 한국의 한사상이 직접·간접으로 유대—그리스도교와 연관이 되어 있음을 암시하지 않는가 하는 전제에서 이 글을 엮게 되었다. 만약 좀 더 뚜렷한 증거가 이 글을 통해 밝혀진다면 인류문화는 같은 근원을 찾게 되고, 지중해—대서양문화권의 제일세계적 역사관에서 탈피 태평양을 중심으로 한 범세계적 그리고 제 삼세계적 역사 이해를 하게 될 것이다.[18] 서구문화의 빛에 가려 퇴색된 아시아—아프리카 문화의 영광을 다시 찾을 때 세계는 갈등없는 한문화의 유산의 근원을 알게 될 것이며, 그 때에 그리스도교도 지금과 같은 편견과 오만의 그리스도교가 아니라 아량과 포용을 갖는 그리스도교가 될 것이다. 바로 이러할 때 그리스도교는 더 풍요하고 살찐 그리스도교가 되어 인류의 앞에 새 빛을 던져 줄 것이다. 이러한 작업은 그리스도교에 연결될 한국사상 그리고 그 사이에 있었다고 추측되어지는 슈메르의 문화를 규명하는 작업에서부터 출발되어질 것 같아서 이에 대해 앞으로 몇 번 더 기술해 보려고 한다.

한국역사(혹은 문학)를 하나의 살아 있는 나무에 비유한다면 이 나

---

18) 이 분야에 관해서는 고 조철수 박사가 집중적으로 연구해 두었음.

무는 세 번의 큰 수난을 당했다고 할 수 있다. 그 첫 번은 유교로부터의 수난이다. 고려 중엽 유교 사학자 김부식은 『삼국사기』를 저술할 때에 나무의 줄기를 무자비하게 잘라 버리고 말았다. 여기서 나무의 줄기를 잘라버렸다 함은 우리 역사의 상한선을 그 중간에서 잘라 중국역사에 붙여 버리고 말았다는 것을 의미한다. 그는 기자조선에서부터 한국역사를 기술함으로써 기자이전의 역사를 말살하려 했다. 현대 한국 사학자들의 연구에 의하면 기자가 건너 왔다는 사실도 분명하지 않고, 기자가 왔다 하더라도 그렇게 과장된 만큼 영향을 미치지 못하였다고 한다. 그런즉, 시급한 우리의 과제는 김부식이 잘라버린 줄기를 다시 이어 그 맥이 뿌리에 닿게 하는 것이라 할 수 있다. 자료는 말살당하고 있는 자료마저 우리 손에 없으니 어려운 작업이지만 기필코 이 일이 이루어져야 한다.

한국사의 두 번째 수난은 불교사학자 일연에 의해 가해진 것이다. 이 두 번째 수난은 첫 번째 것에 비해 훨씬 피해가 덜한 것이다. 승일연은 『삼국유사』에서 한국역사의 상한선을 단군에서부터 출발시킴으로써 김부식이 잘라버린 나무의 줄기를 접속시켜 놓았다 할 수 있다. 일연은 그 당시에 있었던 『고기古記』라는 책을 인용하여 환인, 환웅, 단군에 관한 옛 역사를 간단히 기술해 놓고 있다. 그렇게 짧게 지나가는 얘기 정도로 기술하고 있는 것을 보면 일연이 얼마나 생명의 위협마저 느끼며 역사를 서술하고 있었는가를 짐작할 수 있다. 잃어버린 역사의 줄기를 뿌리에 와 닿게 하는 데까지 일연이 성공시킨 것은 사실이지만 일연 역시 찾은 역사를 불교의 색연필로 채색시켜 놓았다. 즉, 우리 역사를 그대로 기술하는 것이 아니라 자신의 입장 즉 불교시각에 의해 물들게 했던 것이다. 그래서 우리는 이것도 일단은 한국역사의 수난이라 보게 되는 것이다.

이제 세 번째로 유교의 사관 그것에 비교할 수 없을 정도로 한국역사의 위기가 있으니 그것은 그리스도교로부터 온 것이다. 그리스도교는 유교가 줄기를 자르고, 불교가 물감칠을 한 것에 비유가 안 될 정도로 나무 그 자체의 뿌리를 송두리째 뽑아버리려고 하고 있다. 뿌리를 뽑은 자리에다 심지어는 유대민족의 역사라는 나무를 가져다 심으려고 하고 있으니 유구한 한국역사 전통 속에 이만큼 위험할 때는 없다고 본다. 이제 조선 민족사는 그리스도교의 도래와 함께 그 말살의 직전에 처해 있는 것이다. 여기에 유교도 불교도 기독교도 아닌 우리 고유문화의 시각인 선도문화의 시각으로 씌여진 사서들이 있으니 그것이 『환단고기』이다. 그러나 주객이 전도되어 유불기 같은 외래 종교가 우리 고유의 것을 이단시 배타시하고 있다. 여기서 우리는 종교간의 이단시와 배타시의 역사를 고찰할 필요가 있다.

유대인의 조상이 우리 조상이 되어 버렸고 아브라함과 다윗 같은 인물들이 역사의 주인공이 되어 버렸다. 이제 수천 년 간 사용돼 오던 단기연호도 없어져 가고 있으니 이 무슨 착각인가? 과연 예수께서 이 세상에 오신 것이 각 민족의 역사를 뿌리채 뽑아 폐하려 오셨는가? 예수 당시에 어떤 자들은 유대민족의 전통 즉, 모세의 율법을 폐하여야 예수의 제자가 될 수 있다고 했었다. 그 때 예수는 '내가 율법을 없애려고 온 것이 아니라 완성하러 왔다'고 말하지 않았던가? 마찬가지 논리로 그리스도교가 한국에 온 것은 한국역사를 말살시키러 온 것이 아니라 완성시키러 온 것이라 말할 수 있지 않을까? 하느님은 저 은하계까지 미치고 과거와 현재와 미래의 하느님이라 고백한다면 어떻게 그 하느님이 유대 땅에 역사하던 그 순간에 한국과 또 다른 민족 속에서는 일하지 않았다고 말할 수 있을까?

그런데 선교사들은 한국 땅에 그리스도교를 파종시키는 순간부터 우리 역사와 문화를 악마 사탄의 것이라고까지 하면서 뿌리를 뽑아 버리고 그리스도교의 씨앗을 심으려 했으니 그것은 되지도 않을 작업이려니와 실로 어리석은 시도라 아니할 수 없다. 이제 예수그리스도께서는 선교사들의 등에 업혀 오시지 않고 친히 직접 찾아오시어 그의 사이비 제자들이 저질러 놓은 잘못을 꾸짖고 그리스도교인들이 한국역사 앞에 범한 과오를 회개시킨 다음에 그 옛날 팔레스타인 땅에서 모세의 말을 인용하여 가르치셨으나 그러나 그것을 자기의 것으로 창조적으로 변혁Creative Transformation 시킴으로써 뭇 인간들의 심금을 울리게 하는 날이 오리라 본다. 이제 한국의 역사를 재해석하고 문화를 다시 풀이함으로써 그것들을 완성시킬 것이다.

그래서 그 분은 한국 땅에 금관을 쓰러 온 것이 아니라 섬기는 종으로 왔다는 것을 선포할 것이다. 마치 인간을 자기에게 예속시키려 하지 않고 자유인이 되게 하려 했던 바와 같이 한국역사를 그리스도교에 예속시킴이 아니라 그것을 풀어 자유롭게 할 것이다. 그 때에 한국의 크리스챤들은 참으로 한국인이 된 것을 자랑스럽게 생각하고 구태여 선교사들의 말을 앵무새같이 따라 하지도 않고 그들의 것을 부러워하지도 않을 것이다.

한국에 전달된 그리스도교는 한국문화를 이해함에 있어서 크게 과오를 범하였음을 아무리 강조해도 지나치지 않을 것이다. 초대교회가 형성될 단계에 생겨난 이단시비는 매우 심각한 문제였다. 초대교회가 이단을 규정함에 있어서 가장 큰 문제가 유다와 헬라의 문화를 이해하는 견해의 차이에서 생겨났다 해도 과언이 아니다.

몬타니스트, 도나더스트 같은 교파들은 극단적으로 그리스도교의 순수성만 강조한 나머지 교회 안의 문화적인 요소들을 모조리 배제시켜 버리려 했던 것이다. 말시온은 그리스도 교회 안의 유대교적 요소를 모두 배척한 나머지 네 복음서 가운데 유대교 색채가 짙은 마태복음서를 제거하려고까지 하다가 이단으로 정죄 받고 말았다.

초대 교회는 주변의 유대교, 헬라문화, 로마문화를 받아들임에 있어서 두 가지 역설적인 태도로 받아들였다는 것이다. 그 첫째는 배척하는 것과 둘째는 받아들이는 것이다. 초대 교회는 로마제국의 태양숭배, 황제숭배를 배격했으며 헬라문화 속에 젖어 있던 스토이즘이나 영지주의 같은 것도 배격했었다. 그리고 유대교의 율법주의도 배격했었다. 초대 교회 교인들이 순교를 당한 대부분의 이유가 바로 문화에 대해 배격하는 태도 때문에 온 것이었다. 그러나 우리가 분명히 혼동하지 말고 알아야 할 사실은 초대 교회가 주변의 문화를 또한 상당한 분량에 흡수했다는 사실이다.

즉, 헬라철학의 로고스 관념을 받아들여 그들의 기독론을 전개시켰으며, 로마의 법률이해와 똑같은 방법으로 그들의 구속론을 이해했다는 사실이다. 만약 초대 교회가 헬라의 철학과 로마의 법률 이해를 그리스도교 이해에 적용시키지 않았더라면 결코 오늘날과 같은 교회로 발선하지는 못했을 것이다. 오늘날에 와서는 너무나도 문화적 요소가 그리스도교의 원형Kerygma을 덮고 있기 때문에 그 덮개를 벗겨 그 원형을 다시 찾으려 비신화화란 작업을 하고 있지만, 여하튼 초대 교회는 우상숭배, 율법주의 미신 같은 형태의 요소는 배격했지만 고차원의 철학과 윤리적인 요소를 받아들였다는 것이다.

안타깝게도 한국에 복음을 가지고 온 선교사들은 중국이나 일본에 온 사람들과 달리 이 양자를 구별 짓지 못했다는 것이다. 즉, 그들은 한국문화 전체를 버려야 될 우상숭배와 미신으로만 몰아버리고 말았다는 것이다. 그래서 한국문화 가운데서 무엇을 흡수해야 할 것인가의 구별을 만드는 데 있어서 큰 실수를 범하고 말았다. 이런 구별을 하지 않았기 때문에 버렸어야 할 기복·주술같은 요소들이 아직 버려지지 않은 채 그리스도교 신앙 속에 남아 기승을 부리고 있어서 이제는 그리스도교의 원형이 이것들에 의해 가리워져 보이지 않는 상태에 있다. 이제 선교 백주년을 맞이하는 한국교회가 해야 할 과제는 뒤늦은 구별작업을 서둘러야 한다는 것이다.

이제 한국사상의 원형Korean Kerygma이 된다고 할 수 있는 단군설화만 하더라도 그것이 민간신앙 속에서 정령숭배와 기복주술신앙으로 흐를 요소가 있는가 하면, 다른 한편에서는 홍익인간弘益人間·재세이화在世理化 같은 고차원의 철학적 윤리적 요소가 있는 것이 사실이다. 그리스도교가 이를 볼때에 전자의 요소는 버려야 했고, 후자는 택했어야 할 것이다. 그러나 지금은 그 반대로 되어 있다고 해도 과언이 아니다.

이제 그리스도교가 과거 2천여 년 동안 지중해 연안에서 형성된 헬라철학, 유대교의 율법, 로마의 법에 의존해 전달되는 시대는 지났다. 이들은 그리스도교를 꽃피게 한 줄기 역할밖에 하지 못하였다. 이들 세 문화가 나온 근본뿌리가 있으니 그것은 슈메르이다. 즉, 슈메르가 발굴되면서부터 오늘날 서구 그리스도교문명이 그 근원을 찾게 된 것이다. 그리고 이 슈메르는 동방문화 즉 한문화와 같은 뿌리에서 출발했음이 밝혀질 것이다. 서양역사는 슈메르에서 시작하였고 슈메르는 어디서 시작되었나?

이제 이렇게 이해를 시켜 나가면, 온 인류의 문화는 바벨탑 이전의 '온 땅의 구음이 하나요 언어가 하나였다'(창 11:1)는 그 '하나'에로 복귀하게 될 것이다. 그렇게 되면 그리스도교는 줄기만 가지고 있던 상태에서 뿌리를 찾는 상태로 변하게 될 것이다. 그래서 종교로서의 전체적인 모습을 찾게 될 것이다.

뿌리는 하나이지만 줄기는 여러 개로 나뉘어진다. 그리스도교 신앙도 줄기에만 달려 있을 때는 자연과 역사, 은총과 의지, 이성과 신앙 현재와 미래 등의 이원론적 범주에서 벗어나지 못해 모순과 갈등 속에 지내왔지만 이제 그 뿌리를 찾을 때 이러한 이원론의 갈등이 극복되어질 것이다. 과정철학이 기독교의 비이원성을 회복하고 있으며 한철학이 과정철학과 동궤인 원인도 바로 여기에 있다.

3. 슈메르와 그리스도교

1) 슈메르문화의 공헌

칼 야스퍼스는 인류문화를 원시시대, 문명시대, 차축시대, 그리스도교시대로 나눠어 설명했다. 차축시대라 함은 BCE 2세기에서 8세기 사이인데 이 때에 인류문명의 주축이 형성되었다고 했다. 신기할 정도로 BCE 5~6세기 경에 동양에는 공자, 노자, 부다같은 인물들이 그리고 서양에는 소크라테스, 플라톤, 아리스토텔레스 같은 성인들과 철인들이 태어났다. 구약성서를 기록한 예레미아, 이사야, 아모스 같은 인물들도 모두 차축시대에 태어났다. 차축시대에 들어와 합리적인 사고방식과 이성, 그리고 정의와 사랑같은 것들이 발달하게 되었다고 한다. 도덕적으로는 정의·사랑같은 가치관이 이 때에 생겨나기 시작했다고 한다. 그리고 차축시대 이전에는 이상과 합리성보다는 신비와 신화적인 것이 더 지배적이었다고 한다. 이러한 원시시대가 BCE 3~4천 년경이라고 한다.

야스퍼스의 이러한 역사이해 방법을 학자들이 일반적으로 따르고 있다. 그러나 인류 역사가 이런 도식에 의해 발전해 오지 않았음은 동양에로 눈을 돌려보면 즉시 나타나고 서양에서도 슈메르문명이 발굴됨에 따라 더욱 분명하게 그 수정이 불가피하게 되었다.

즉, 슈메르 유적발굴에 의하면 슈메르족은 BCE 3500년경에 이미 문자를 사용하고 있었으며, 지금 우리의 것과 방불한 교육제도, 법률제도를 가지고 있었다. 그리고 지금의 고등종교로 자처하는 유대기독교, 이슬람교 그리고 희랍의 철학사상까지 그 결정적인 영향을 슈메르문화에서 받고 있었다. 그들은 그 때 이미 도시국가를 가지고 있었고-서구 역사에서 도시국가는 청동기시대(BCE 2000년)에 나타남-높은 수준의 도덕과 윤리관을 가지고 있었다. 슈메르 인들은 차축시대에나 있을 만한 이성으로 조정하고Moderation 균형 잡는 Balance 방법을 알고 있었다. 그들은 이미 이성과 환상, 자유와 권위, 지식과 신비의 조화를 어떻게 이룰 것인가를 알고 있었다.

사회는 개방사회Open였으며 그들이 '선택받은 백성Chosen People'으로서 자처했음에도 불구하고 결코 지역감정에 사로 잡히지는 않았다. 그들은 자기들 밖에 다른 여러 민족들이 있다는 것을 알았으며 외부와의 접촉에서 자신들을 결코 단절시키지도 않았던 것이다. 슈메르족은 그들의 적인 이웃을 멸시했음에도 불구하고 서쪽에 있는 애굽인들 그리고 동쪽에 있는 인두스 계곡에 있는 사람들에 대해 매우 우호적이었다. 사실상 슈메르족은 이 두 문명이 흥기하는 데 매우 중요한 역할을 했다.

슈메르가 애굽에 미친 문화적 영향은 지대하다. 예를 들어 원기둥 모양으로 된 도장 사용법 등 애굽예술에 나타난 양상의 근본적인 동기가 슈메르에서 시작되었던 것이다. 애굽의 건축술 가운데

받침대를 받치는 것을 비롯한 상당한 부분이 슈메르에서 영향을 받은 것들이다. 애굽은 문자에 있어서도 슈메르의 영향을 강하게 받았다. 동쪽으로는 인두스 계곡의 문화가 슈메르와 밀접한 관계를 맺고 있었다. 인두스 사람들은 메소포타미아와 애굽을 합친 것보다 더 큰 지역에 살았으며 BCE 2500년~1500년경에 많이 번창했다. 이들은 벽돌로 집을 지울 줄 알았고 문자를 쓰고 있었다. 추측컨대 더 오래된 슈메르문화가 인더스문화에 영향을 미쳤을 것으로 짐작된다.

인도와 메소포타미아 사이에 다른 문화 즉 이란 혹은 페르시아문화가 메소포타미아와 인접해 있었는데 이란의 아라타Aratta란 도시는 슈메르와 꼭 같은 정치적 조직과 종교적 신앙체계를 가지고 있었다. 고대 엘람Elam이란 이란의 왕족은 슈메르와 치열한 싸움을 서로 했음에도 불구하고 슈메르로부터 깊은 영향을 받았었다. 엘람의 법률, 문학, 종교 등 자세한 부분에 이르기까지 슈메르의 그것과 같다. 엘람은 슈메르와 같은 설형문자를 사용했고 슈메르와 같은 교육제도와 교육 교과과정을 가지고 있었다.

그러나 슈메르의 영향이 그들의 이웃인 애굽, 이란 그리고 인도에 강한 영향을 미쳤음에도 불구하고 오래 지속될 수는 없었다. 흥미로운 사실은 그 문화의 씨앗이 그 이웃들이 아닌 서양에 뿌려졌다. 즉, 서양의 적극적이고, 실용적이고, 합리적 사고방식이 슈메르의 세계관과 같다. 유일신관은 히브리민족에 의해 형상화되었고 철학적인 희랍사람들에 의해 전달된 슈메르의 개념들이 서양역사의 정신 속에 침투해 들어와 서양역사 속에서 끊임없는 긴장을 불러 일으킨 이성과 신앙, 희망과 절망, 자유와 권위, 진보와 퇴보의 갈등의 역사에 대한 책임을 슈메르가 마땅히 져야 할 것이다. 그러나 슈메르에서는 아직 양가간의 균열의 조짐은 없었다. 분열과 균열은 히브리와 헬라의 책임이었다.

히브리문화에 미친 슈메르의 영향은 직접적 그리고 간접적 둘 다이다. 만약 성서가 얘기하는 대로 아브라함이 믿음의 조상이라면 그리고 함무라비 당시에 히브리 조상들이 우르에 산 것이 확실하다면 아브라함과 그의 가족들은 유대인들이 독자적인 자기 국가를 형성할 때 까지 슈메르 문화에 동화되어 있었을 것으로 추측한다. 그 아주 오랜 초기에 있어서 히브리 조상들이 슈메르의 고장 메소포타미아에 살았던 것은 분명한 사실이기 때문이다.

설형문자의 문서에 '히브리Hebrew'와 동일시 될 수 있는 하비루 Hiviru란 종족이름이 BCE 1700년~BCE 1300년 사이에 끊임없이 나타난다. 이들 슈메르 자료에 의하면 히브리인들은 떠돌아 다니는 유목민이나 무법의 산적들로서 바빌론, 앗시리아, 힛티, 허리안 들에게 용병으로 팔려다니곤 했다. BCE 1500년대 초기가 되어서야 떠돌이 유대인들이 팔레스타인을 정복하고 거기에 정착하기 시작한다. 그리고 히브리인들은 슈메르사람들로부터 덕을 입고 살던 가나안족과 접촉을 하기 시작한다. 가나안족은 설형문자를 가지고 있었으며 그들의 학교는 슈메르의 교과과정을 그대로 따르고 있었으며 그들이 문화는 슈메르의 사상과 신앙에 깊이 젖어 있었다.

히브리인들이 슈메르문화와 가장 중요한 접촉을 한 것은 BCE 586년, 즉 바빌론의 느붓가넷살왕이 예루살렘을 멸망시키고 히브리 백성들이 바빌론의 포로로 잡혀 갔을 때부터이다. 그때 바빌론의 문자와 학문이 히브리인들의 마음과 사상 속에 깊이 침투해 들어가기 시작했었다. 나중에 그들이 바빌론에서 돌아왔을 때 그들은 여러 종류의 슈메르 예배의식, 교육 그리고 법조문을 가지고 왔던 것이다. 이 중 어떤 것은 그리스도교 안에까지 들어와 유대기독교 전통을 여과하여 서양문명 전체에까지 미치게 되었다. 그런즉, 지금 우리가 알고 있는 유대기독교문명의 원형이 슈메르의 그것이었다는 사실이다.

　슈메르문화를 흡수하여 서쪽으로 통풍구를 만들어 준 사람들은 그리스인들이다. 히브리인들과 달리 그리스인들은 슈메르와 직접적인 접촉은 없었다. 그러나 미케니안Mycenaean시대에 속하는 BCE 1600년~BCE 1100년 사이에 그들은 슈메르의 이웃인 힛타라든지 가나안족과 정치적 상업적 유대관계를 밀접하게 맺고 있었다. 남쪽 해안 도시들인 아나톨리아, 가나안, 사이프러스, 그레테를 통해서 상업적 상품뿐만 아니라 사상과 이념들이 흘러들어와 그리스토양에 뿌리를 내리게 되었다. 불과 몇 년 전에 그리스의 테베에서 바빌론의 원기둥 도장이 발굴되었으니 이런 종류의 고고학적 유물이 그리스에서 앞으로 얼마든지 발굴될 가능성이 있는 것이다.

　이러한 그리스와 근동지방과의 초기 접촉은 미케네안문화가 붕괴되자마자 막을 내리고 말았다. 그리스가 BCE 8세기에 들어와 그들의 암흑시대로부터 잠을 깨기 시작하자 그들은 근방에 있었던 그들의 이웃들로부터 다시금 자극받고 고무되기 시작했다. 이 기간 동안에 가나안 페니키아인들이 희랍인들에게 나중에 서양세계의 알파벳이 된 문자를 주었다. 또한 이 기간 동안에 소크라테스 이전 아나톨리아에 있었던 희랍 철학자들이 바빌론 점성술을 발견할 수 있었고 아테네의 위대한 철학파에 들어와 승화된 우주론이 연구되기 시작했다. 희랍이 그들의 황금시기인 BCE 5세기에 들어올 때까지는 예술, 건축, 철학, 문학 등의 적지 않은 분야에서 슈메르문화의 영향을 나타내고 있었다.

헬레니즘, 유다이즘, 기독교의 통로를 통해 서쪽으로 움직여 나감에 따라 슈메르가 인류에 끼친 그 영향은 바퀴달린 수레와 씨뿌리는 기계까지를 포함하고 있다. 과학적인 면에서는 천문학의 시작과 오늘날까지도 초, 분, 시로 나누는 데 있어서 사용하고 있는 60진법 같은 것을 포함하고 있다. 슈메르의 천문관측술은 추분, 춘분을 나누고 달의 운행 규칙성을 발견할 경지까지 이르렀던 것이다. 점성술도 이미 이때 성행했었다. 황소, 쌍둥이, 사자, 전갈 등 성좌에다 이름을 붙인 것도 물론 슈메르족이 제일 먼저 시작했었다.

슈메르인들은 서양문명에다 가장 중요한 두 가지 정치제도 즉, 도시국가와 신권 부여 왕권 개념을 실시한 사람들이다. 도시국가 개념은 지중해 연안 국가들에 널리 퍼져 있었으며, 왕권이 신에 의해 부여되었으며, 왕은 그의 청지기에 불과하다는 사상은 그 후 계속 서양의 정치질서를 형성시키는 근간이 되었다. 오늘날 영국 황실제도가 슈메르의 황실제도의 모방에 불과하다는 것은 쉽게 받아들여지는 것이다. '엘리자벳'은 슈메르 60진법의 '60'이란 뜻이다. 서양의 초기 황실제도에 나타나는 황실제도의 여러 면모 즉, 서류 정리하는 법, 회계장부 체계 같은 것을 통해서 슈메르의 통지사들은 건물을 관리하고, 길을 수리하고, 여행자들을 위해 여관시설을 만들었고, 정치 분쟁과 국제적인 거래에 있어서 모든 계약문서를 만들어 두었던 것이다.

슈메르의 가장 정교한 정치현상은 모든 것을 법문서에 의해 결정했다는 사실이다. 개인의 권리를 최대한 존중한 슈메르법은 곧 모든 사회의 공익을 위하는 바, 실로 신에 의해 감동되어 씌어진 법전이었다. 바빌론과 슈메르 법전에서 유래된 많은 법조문이 바빌론 탈무드로 알려진 히브리 법문 속에 여실히 나타난다. 고대 법률제도 연구의 권위자인 E.A.스파이저는 "정통 유대인들은 그들이 이혼에 관해서 말할 때에 슈메르법 용어를 사용했었다. 그리고 성전 안에서 유대인들이 토라를 읽을 때 경전의 끝에다 손을 대는 풍습이 옛날 슈메르의 풍습에서 기원했다는 사실을 모르고 지금도 실행하고 있다"고 했다.

슈메르문화가 세계문명에 지대한 공헌을 했음에 대해서는 아무리 여기서 강조해도 부족함이 없을 것이다. 그리스와 로마는 근동아시아를 통해 슈메르의 영향을 직접 받았으며 이슬람은 지금의 이라크와 슈메르의 옛 땅을 정복한 후에야 비로소 공식적인 법조문을 얻을 수 있었다. 현대법이 슈메르법에서 그 근원을 얼마나 찾아야 될지는 모르지만 영국사학자 H.W.F.Saggs는 『The Greatness that was Babylon』에서 "땅 거래하는 법은 궁극적으로 슈메르법에서 나온 것이 분명하다"고 했다.

마찬가지로, 의식과 신화의 복합현상은 서양종교 특히 유대교와 기독교에 지대한 영향을 미쳤다. 물은 우주창조의 근원이고 인간은 흙으로 만들어진 이후에 '생명Breath of Life'을 불어 넣어 만들어졌다는 설화는 궁극적으로 슈메르에서 그 근원을 찾지 않으면 안 된다. 인간은 하느님을 섬기도록 지음 받았으며 하느님의 창조적 힘은 그의 '말씀His Word'안에 있다는 사상도 모두 슈메르에 그 근원을 두고 있다. 마지막 날에 하느님의 심판이 악한 자에게 임하고, 고난과 고

통이 따를 것이라는 사상도 슈메르에 그 사상적 근원을 두고 있다.

슈메르의 지하세계인 암흑의 '불귀의 땅Land of No Return' 개념도 히브리의 '쉐올Sheol'과 같고 그리스의 '하데스Hades'와도 같다. 오늘날에 와서까지 유대교 예배의식은 바빌론에서 빌려온 것으로 가득 차 있다. 유대인들이 속죄일 전야에 읊는 콜·나이드르Kol Nidre는 슈메르의 신년 때 읽는 예식문과 같다. 바빌론 포로 때 히브리인들은 악마와 악마를 내쫓는 법을 배워 왔는데 이것은 틀림없이 신약성서 안에서 악마 내쫓는 행위로서 나타나 있다. 바빌론 포로 때부터 유대교는 인간의 미래에 관한 묵시적 환상으로 된 종교적 신비에 의해 꽉 차 살았었다.

근동아시아 연구의 전문가인 올브라이트W.F.Albright는 '이방종교적 환상과 신화가 유대 그리스도교의 문헌 속에 흘러 들어왔다'고 했다. 세례를 비롯한 수많은 예수의 행적이 거의 슈메르에서 나온 것이다. 그 중 대표적인 것은 처녀 탄생, 별의 나타남과 애굽으로의 피난, 땅 밑으로 내려감, 삼일 간 사라짐, 승천 같은 것이 모두 슈메르의 영향이라고 했다. 슈메르의 종교는 물론 이교적이고 다신론적이었다. 그래서 유대·그리스도교의 유일신관 하고는 거리가 있는 것이 사실이다. 구약과 신약은 윤리적 감수성과 도덕적 열정을 가지고 씌어졌다. 슈메르에는 이런 것이 별로 없다. 슈메르, 바빌론, 그리고 앗시리아는 '순수한 마음Pure Heart'과 '깨끗한 손Clean Hand'이 희생이나 어떤 의식보다 위대하다는 사상이 없다.

인간과 신을 강하게 하나로 묶는 사상이 슈메르 종교에 없는 것은 아니지만 유대·그리스도교보다는 약하다. 그러나 초기 슈메르는 인격신을 발전시켰으며, '아브라함의 하느님, 이삭의 하느님'같은 가족신 관념도 발전시켰다. 보호자 하느님과 경배하는 하느님 중간쯤에서 여호와와 그 족장들 사이에 있을 법한 분으로 비교될 만한 부드럽고도 밀접하게 신뢰를 쏟을 수 있는 신개념을 발전시켰던 것이다.

슈메르 법률과 종교에 관한 문학들이 전 서양세계 문학에 영향을 미쳤다. 창세기의 낙원, 홍수, 카인과 아벨의 싸움, 바벨탑 같은 얘기들도 모두 슈메르 문학에 그 기원을 두고 있다. 시편에 있는 시 문들은 슈메르의 예배의식 때 쓰여진 의식문이며, 유대교의 아가서는 슈메르 마지막 왕조가 멸망할 때 읊던 바로 그것이다. 잠언은 슈메르의 교훈, 속담, 전설을 편집한 것이다. 솔로몬의 노래 같은 것은 유대교 문헌답지 않은 것인데 이는 슈메르의 연가에서 나온 것이다.

그리스문학 역시 슈메르의 영향을 받고 있다. 슈메르의 홍수설화는 그리스 신화의 듀카리온Deucalion이 배를 만들어 인류를 멸망시키는 홍수를 피했다는 신화의 복사판이다. 그리스의 재슨Jason과 헤라클레스Heracles가 괴물을 죽이는 신화도 모두 슈메르의 것과 상관된다. 하느님이 재앙을 내려 징벌했다는 설화도 그리스와 슈메르 신화에 모두 나타난다. 그리스와 슈메르 모두 저승을 이해하는 방식에 있어서 저승을 어두운 곳으로 보았고 강을 건너야 갈 수 있는 피안이라고 한 점에 있어서도 같다고 할 수 있다. 그리스의 죽은 사람을 위한 연가와 비창은 최근에 모스크바 푸쉬킨 박물관에 있는 석판에 번역됨으로서 두 개의 슈메르 문헌과 아주 흡사하다는 것이 입증되었다. 이 슈메르의 죽음에 대한 비창은 그리스의 『일리야드와 오딧세이』의 그것과 비슷했다.

그리스의 '지혜' 문학 분야에 있어서 학자들은 슈메르의 수많은 문헌과의 유사점을 지적했다. 이솝우화도 모두 슈메르에서 기원했으며 BCE 18세기의 슈메르 농부들이 사용하던 연감은 10세기 이후 그리스의 시인 헤시오드Hesiod가 만든 'Works and Days'와 일치한다. 수많은 슈메르의 대화체가 플라톤의 대화Dialogue와 같았다.

슈메르의 음악과 음악 이론에 관한 것은 지금 겨우 몇 개 발견되고 있다. 학자들은 슈메르가 하프나 수금같은 악기를 가지고 있었음을 인정하고 있다. 울리Leonard Woolley 경은 우르에서 9개의 수금과 2개의 하프를 발굴해 내었다. 우르의 슬기Shulgi 왕에게 바친 찬송에서 왕이 수금을 켜는 방법을 알고 있었다고 기록하고 있다. 그리고 10개 정도의 악기 종류는 아직 밝혀지지 않고 있다. 음악가는 학교에서 훈련을 받고 슈메르 사회에서 매우 높은 관직을 가질 수 있었던 것 같다. 버클리대학의 설형문자 전문가인 킬너Anne Darblkorn Kilner와 벨지움의 Liege대학의 Duchesne-Guillemin이 팀을 이루어 석판을 해독할 때까지는 슈메르 음악의 구체적인 내용이 무엇인지를 잘 몰랐었다.

이 석판에 의하면 악기가 모두 아홉 개의 줄로 되어 있다. 이 악기 줄은 음계에 따라 정돈되어 있었다. 이 악기가 BCE 1500년경의 것으로 추정되는데 그렇다면 그리스의 악기보다 무려 1,000여 년 앞서는 것이기 때문에 실로 인류 최초의 악기일 수도 있는데 이것은 기록에 나타난 인류 최초의 악기이다.

슈메르 문화가 인류에 미친 영향이 밝혀진 것은 아직도 빙산의 일각에 불과하나 앞으로의 발굴 결과가 점점 새로운 사실을 첨가시켜줄 것이며 새로운 놀라움을 안겨줄 것이다. 미래의 또 다른 새로운 사실이 발굴되어진다 하더라도 슈메르 문화가 전례 없는 문화를 티그리스와 유프라테스 강 유역에서 창조해 냈다는 사실만은 숨길 수 없을 것이다. 그리고 그 기원이 어딜것인가는 '슈메르문제거리 Sumerian problem'로 남는다.

다시 말해서 문제가 되는 것은 슈메르가 메소포타미아 유역의 원주민이 아니라는 사실이다. 그들이 BCE 3500년경에 양강 유역에 내려왔을 당시에는 이미 그들은 자기들의 고유한 문자와 종교의식 등 독자적 문명을 가지고 내려왔다. 그리고 메소포타미아의 원주민이 어떤 문화적 유적을 남긴 흔적은 없기 때문에 결국 슈메르가 공헌을 한 것이 사실이라면 도대체 슈메르의 원거주지는 어디이고 그들이 어떤 경로를 거쳐 근동아시아 유역에 도착했는가? 의 질문은 인류문명의 기원을 캐는 매우 중요한 관심사라 할 수 있다. 그들의 언어와 그들의 종교의식 가운데 하나였던 고산숭배사상은 그들의 기원을 캐는 하나의 단서가 될 수 있다. 슈메르 문제거리를 찾는 단서와 열쇠는 누가 쥐고 있는가?

2) 에덴동산의 유래

에덴동산 밖에 딴 세계가 있었음은 창세기 자체가 증언하고 있다고 위에서 지적했다. 그 첫 증언이 창세기 1장 28절이라 할 수 있다. 『The Totempole Indians』를 쓴 조지 웰리는 이 구절을 인용하여 에덴동산 밖의 세계의 사람들을 아메리칸 인디언이었다고 했다. 웰리는 창세기 1장 28절에서 "땅에 충만하라Replenish Earth"고 할 때 이 말은 에덴 밖의 세계를 전제하고 하는 말이라고 했다. 우리말 번역으로 '충만하라'는 정확하지 않다. 'Replenish'는 '다시 채우다' '보충한다'는 뜻이다. 즉, 이미 있던 곳에 다시 넣는다는 뜻이다. 이 말은 창조주께서 이미 있는 땅 그리고 이미 있는 사람들 속에 자기가 만든 새 인간을 채워 넣는다는 것을 의미한다.

그러면 에덴 이전에 있던 땅과 거기에 살던 인종들은 누구였던가? 이 대답에 대한 확실한 대답은 아마도 창세기 10장에서 찾을 수 있을 것이다. 10장은 거의가 종족들의 이름들을 나열하고 있다. 그러면서 11장에 와서는 '온 땅의 구음이 하나요, 언어가 하나였더라.(1절) 이에 그들이 동방으로 옮기다가 '시날Shinar' 평지를 만나 거기 거하고'(2절)라 했다. 여기서 학자들의 공통된 견해는 시날이란 슈메르와 같은 어원이라는데 모아지고 있다.(참고 : Samuel Kramer, The sumerians) 그리고 히브리어의 셈Shem이라는 말도 모두 슈메르와 그 어원에 있어서 같다는 것이다. (C.J.Ball, Sumer and Shem 참고) 여기서 시날 광야는 인류의 4대 문명 발생지 가운데 하나인 유프라테스와 티그리스 강 유역이다. 허버트 슈나이더는 이들 시나르 광야에서 형성된 슈메르문화를 고등문화The Higher Culture라 했다. 그리고 크래머는 역사는 제일 처음 여기서 시작되었다고 했다. 히브리는 이에 대해 저급문화였다.

BCE 3000~4000년경에 이들은 이미 도시국가를 가지고 있었고, 오늘 우리의 법을 방불케 하는 법률 제도를 가지고 있었다는 것이다. 이 무렵 히브리인들은 슈메르 문헌 속에 하비루Habiru로 등장하며 그 의미는 산적Bandit이란 뜻이다. 슈메르에 비해 너무나도 저급한 문화를 가지고 있었다. 옷은 짐승들과 가죽옷을 입고 남의 나라에 용병으로 끌려다니는 것을 면할 수 없었다. 슈메르 사람들은 이미 그 당시에 직조기술을 발달시켜 여호수아 7장 21절에 '내가 노략한 물건 중에 시날산의 아름다운 외투 한벌과……'라고까지 했다.

이러한 역사적 배경, 그리고 구약성서와 슈메르 간의 관계는 성서 이해 방법에 있어서 새로운 시도를 가능케 한다는 것이다. 그러면 구약성서 제일 처음에 나오는 가장 잘 알려진 에덴동산 얘기를 위에서 전제한 방법론에 따라 이해해 보기로 하자. H.N. 슈나이더는 『Sacred Discontent』에서 종교를 '숲의 종교Forest Religion'와 '사막의 종교Desert Religion'로 나누고 있다. 그는 대부분의 동양 종교는 산 그리고, 숲을 배경으로 하여 생겨났다는 것이다. 즉, 불교, 유교, 도교가 다 그러하다. 이들 숲을 배경으로 생겨난 종교는 인간과 자연의 조화 그리고 자연보호 사상이 강하다는 것이다. 이와는 반대로 사막을 배경으로 생겨난 종교 즉, 유대교와 마호메트교는 메마르고 삭막한 사막 속에서 인간의 실존적 절규 속에서 형성되어졌기 때문에 계시와 인격신관이 발달되어졌다고 했다. 그래서 전자가 자연신관적이라면 후자는 인격신관적이라는 것이다. 이런 구별은 종교형성 기원을 전부 설명하는 것은 아니지만 상당한 타당성을 가지고 있는 것이 사실이다.

그런데 이러한 구별을 전제해 놓고 볼 때 유대교의 배경은 분명히 사막인데 이에 걸맞지 않게 에덴동산은 숲이 우거지고, 신선한 냇물이 흐르고, 온갖 실과가 무성하고 새와 동물들이 함께 거하는 가운데 인간이 아무 갈등 없이 그 속에 살고 있는 곳이다. 이와 같이 에덴 모델Eden Model은 숲을 배경으로 하고 있다. 이 숲 속에 있는 이상향은 유대교 역사 속에 끊임없이 지속되어지고 있다. 이사야도 자기 예언의 완성을 사자와 토끼가, 어린아이와 뱀이 함께 거하는 에덴 모델에서 찾고 있다. 그리고 모세도 엘리야도 예수도 자기들이 신을 만나는 처소로서 산을 찾고 있다.

그러면 이러한 에덴 모델이 필경 유대인들 자신의 것이 아닌 것은 분명한데 어디서 이 모델을 가져 왔느냐가 문제의 핵심이 된다. 슈나이더는 구약성서의 에덴 모델은 틀림없이 슈메르의 딜문신화 Dilmun Myth에서 나왔다고 결론하고 있다.(162쪽) 이 딜문신화에 대해서는 다음에 소개하겠거니와 그러면 슈메르의 에덴 모델은 어디서 왔느냐가 연계적으로 묻게 되어진다. 이 질문은 슈메르의 종족 기원과 원거주지 문제와 함께 동시에 밝혀져야 대답이 주어질 수 있다.

슈메르의 종족 기원을 밝히는 데 두 가지 중요한 단서는 그들의 언어적 특징과 그들의 고산숭배사상이라고 할 수 있는데, 이 두 가지 특징이 밝혀져야만 에덴 모델의 역사적 기원이 뚜렷이 밝혀질 수 있다. 다음으로 이 슈메르의 두 가지 특징에 대해 언급해 보려고 한다.

3) 삼위일체 신관의 기원

한사상과 그리스도교의 역사적 관계에 관해서 1960년대에 고 윤성범이 제기한 바 있다. 그 때 윤성범온 토착화의 토론과정에서 한국의 단군신화는 그리스도교 교리 가운데 삼위일체의 영향에 의해 이루어졌다는 주장을 한다. 윤성범의 주장에 의하면 그리스도교는 7세기경에 이미 당을 통해 신라까지 전해졌다는 것과 단군신화는 아무리 빨라도 그 이전에는 쓰여지지 않았을 것이라고 주장했었다.

그래서 단군신화의 환인, 환웅, 환검의 삼신사상을 그리스도교 삼위일체 교리의 흔적Vestigium이라고 했던 것이다.

그의 학설은 박봉랑 같은 다른 신학자들에 의해 비판을 받았지만 동시에 신학계에 많은 암시를 던져 주었다. 단군이 백성들을 교화하기 위해 쓰여졌다는 삼일신고三一神誥는 불과 366자 밖에 안되는 짧은 글이지만 그 속에 담고 있는 내용으로 보아 너무나도 그리스도교 사상에 접근하고 있다. 이 삼일신고는 주로 발해를 통해 우리에게 전해지고 있다.

여기서 잠깐 발해와 터키와의 교섭을 살펴보면 다음과 같다. 즉 발해 고왕의 동생 대야발은 수차 터키에 가서 문헌을 가져왔고 또한 이쪽 문헌을 그 쪽에 전달하기도 했다. 이 때가 8세기경이다. 그 당시 터키에는 그리스도교 가운데 경교라는 종파가 있었다. 윤성범도 발해와 터키 간의 문화 교류때 단군신화와 삼일신고 같은 글들이 형성되었다고 본다. 이것을 그리스도교와 한국문화의 역사적 접촉점을 찾는 최초의 신학적 노력이라고 할 수 있다.

윤성범의 이러한 논조는 한국 신학계에 별로 토론을 지속시키지 못하고 끝나고 말았었다. 여기서 윤성범의 주장을 한사상적 입장에서 재검토해보면 다음과 같다. 먼저 발해와 터키 간에 문화교류가 있었던 것은 사실이다. 이 점은 윤성범의 소론이 옳다고 할 수 있다. 그러나 삼위일체의 사상이 터키에서 발해로 즉, 그리스도교의 영향 하에 단군신화의 삼신신앙이 생겼다 함은 순서가 잘못된 생각이다. 왜냐하면 삼위일체 사상의 흔적이라고 하는 삼일신고가 이미 기원전부터 민간 속에 유포되어 읽혀졌으며 BCE 37년 고주몽과 고구려의 재상 을파소가 이 삼일신고의 독법(읽는 법)을 서술해 놓고 있기 때문이다. 이 말은 삼일신고가 상당히 오래된 문헌임을 뜻하는 고대로부터 우리 한국에는 외래의 영향을 받지 않고 형성돼 내려온 삼위일체신관이 있었음을 의미하게 된다.

이러한 재검토는 그리스도교의 삼위일체교회 형성과정도 거꾸로 생각할 수 있게 한다. 즉, 터키와 발해 간에 문화교류가 있었다면 윤성범의 주장같이 그리스도교가 영향을 준 것이 아니라 도리어 영향을 받았을 가능성이 역사적 맥락의 선후로 보아 옳지 않겠는가 하는 것이다.

아무튼 단군신화와 단군이 전했다는 천부경, 삼일신고는 인류의 가장 오래된 종교적 문헌일지도 모른다. 기록상에는 이들 문헌들이 처음에는 구전으로 전해 내려오다가 다시 사슴글자[鹿圖文字]로 쓰여졌다가 다시 전자로 쓰여진 것을 신라 최치원이 한자로 옮겨 지금까지 전해져 내려왔다는 것이다. 환인, 환웅, 환검의 삼신사상은 항상 유일신 하느님을 전제하고 있는 것이 그리스도교의 삼위일체 사상과 유사성을 보여주고 있어서 이것은 세계 여러 민족의 신관에서 그 유래를 찾을 수 없는 신관이다. 한국의 유일신관은 인격성과 비인격성을 겸비하는 특징을 갖는다. 그리고 유일신의 아들이 세상에 내려온다는 사상은 그리스도교 기록들을 이해하는데 한결 쉽게 만들어 준다. 단군설화를 보면 환인 하느님의 아들 환웅은 스스로 세상에 내려가기를 간구 해 무리들과 힘께 삼위 태백산 정정에 임한다.

요한복음 1장에 아들은 말씀Logos으로 태초부터 하느님과 있었으며 이 말씀이 육신으로 나타났으니 이는 어둠에 빛과 같다고 했다. 그리고 하느님이 이 세상을 이처럼 사랑하사 독생자를 주셨다고 했다. 이러한 인간을 사랑하는 규범은 '홍익인간'으로 단군신화 속에 나타나 있다.

이런 점에서 볼 때 한사상과 그리스도교는 몇 가지 중요한 범주에서 일치하고 있다. 즉,

1. 양쪽 다 유일신과 삼위일체신관을 가지고 있다.
2. 유일신의 아들이 지상에 내려온다.
3. 유일신의 속성은 인간을 사랑하는 것이다.

이러한 일치성은 철학적으로나 신학적으로 보아도 큰 의미를 지니고 있는 것이 사실이다. 이러한 원칙적인 범주 안에서 본 일치성이 좀 더 구체적인 차원에서도 일치되도록 더 체계화시키는 작업이 필요하다고 본다.

그러면 양자 간에 이와 같이 유사한 종교사상이 나타날진대 역사적 연관성은 없는 것일까 하는 의구심을 자아내게 한다. 역사적 연관성, 즉 그리스도교와 한국사상 사이의 실제적 연관성은 윤성범같이 발해와 터키 사이에서 찾을 것이 아니라 그보다 훨씬 상한선을 올려 잡으면 가능해진다. 즉, 그리스도교(유대교) 이전에 그 배경을 이루고 있는 바빌론 그리고 슈메르, 그대로 더 거슬러 올라가면 중앙아시아 부근에서 슈메르와 한문화는 같이 출발했다는 것이다. 그리스도교와 한문화 사이에 매개해 주던 어쩌면 매개가 아닌 연속상태에 있던 중간점이 사라져 버림으로써 양자 간에 관계가 끊어지고 만다. 그 중간 연속점이 바로 슈메르라는 것이다. 그러면 중간에 있었던 슈메르는 셈(그리스도교 유대교의모체)과도 한문화와도 관련돼

있었다는 것을 의미하며 만약 이 가정이 풀려지면 인류문화 기원은 하나의 맥이 형성되는 셈이 된다.

요즘 성서고고학의 영역은 시베리아 몽골지역까지 넓혀지고 있고, 한국 고조선의 강역이 만주·내몽골 일대까지 확장되고 있는 만큼 앞으로 한국 상고사와 지중해 연안은 막혔던 굴이 뚫리듯이 확 터질 것 같다. 벌써 일본학자들은 비단길Silk Road 흥망사를 탐색하고 있으며 중·근동아시아의 역사를 자기들의 역사에 결부시키고 있다. 역사의 연구란 항상 기선을 잡는 것이 중요하다. 누가 먼저 역사자료를 발굴하여 해석을 하여 버리면 그것을 다시 고치기란 배의 시간이 걸리는 법이다. 일본과의 무역적자 만큼이나 위험한 역사 적자를 어떻게 극복할 것인가?

4. 슈메르와 한국

1) 동이와 슈메르족의 기원과 고산숭배

슈메르족의 본고향을 추적함에 있어서 그들의 언어가 교착어 Agglutinative Language라는 것과, 그들이 고산족High Hill People이었다는 것은 결정적으로 중요한 단서가 되고 있다. Albert A. 트레버는 『History of Ancient Civilization』에서 슈메르의 초기 문명의 특징이 많은 점에서 인도의 그것과 유사하여 중앙아시아의 어느 고원지대에서 내려온 종족A Highland People으로 보고 있으며 슈메르가 인도 문명에 영향을 미쳤지 그 반대는 아니라고 했다.[19] 크래머도 『The Sumerians』에서 슈메르의 서사시 등을 살펴볼 때에 슈메르족은 카스피안해 근처에서는 아라타로 알려진 도시국가에서 내려온 것 같다고 했다.[20] 울리도 『The sumerians』에서 슈메르의 기원은 자세히

---

19) Albert A. Trover, 『History of Ancient Civilization』(New York : Harcourt, Brace and Company, 1936), 20쪽.

20) Samuel N. Kramer, 『The Sumerian』(Chicago and London : The University of Chicago Press, 1763), 42쪽. 크래머는 "슈메르의 본향이 어디인지 정확히 모르지만 그들이 높은 산꼭대기에서 그들의 신들을 예배한 것으로 보아 그들이 산악고원지대

알 수는 없지만 슈메르의 신들이 항상 높은 산 위에 내리는 것으로 보아 슈메르족이 그들의 본 고장에서는 그들의 신들을 '높은 장소 혹은 모든 높은 고원On High Places and On Every High Hill'에서 예배했음이 분명하다고 하면서[21] 그들의 고향은 산이 많은 곳이었다고 결론짓고 있다.[22] 슈메르족은 원래 높은 고산지대에 살다가 높은 지대에서 신들에게 제사하던 풍습을 그대로 가지고서 남쪽 메소포타미아지역 같은 충적평야지대Alluvial Plain로 내려왔기 때문에 가장 시급하게 부닥친 어려운 문제는 그들이 그들의 신들을 예배 할 만한 높은 곳이 메소포타미아 유역에는 없었다. 그래서 그들은 홍수가 한번 지나가고 나면 강 연안에 쌓인 진흙을 빚어 그것을 구어 인조산Artificial Mountain을 만들었는데 이를 '지구라트Ziggurat'라 했으며 곧 그들의 언덕성전Hill-Temple이었던 것이다.[23] 이 지구라트는 '하느님의 산The Mountain of God' 혹은 '하늘의 언덕The Hill of Heaven'이라 했다. 지구라트의 모든 부분 그리고 모든 선들이 정교하게 장식되어 의미를 지니고 슈메르인들의 신앙을 상징화하고 있었다. 가장 유명한 지구라트가 바빌론의 '바벨탑Tower of Babel'이었다. 구약성서 안의 바벨탑 얘기는 그 당시 슈메르인들의 건축 기술과 예술성이 얼마나 탁월했는가를 역설적으로 대변해 주고 있다. 지금 우르-남무Ur-Nammu[24]가 세운 지구라트가 보존돼 있는데 길이가 200, 넓

에서 내려온 것 같다"고 했다.

21) C.Leonard Woolley, 『The Sumerians』(New York : W.W. Norton and Company, 1965), 141쪽.

22) 위의 책, 7쪽.

23) Wolley, 『The Sumerians』, 142쪽.

24) 제3우르왕조와 처음 왕의 이름.

이가 150, 그리고 높이가 70피트이다.

지구라트는 슈메르족의 원 고장이 높은 고원지대였기 때문에 그들의 향수적인 동기에 의해 만들어진 인조산이라 할 수 있다. 그리고 구약성서에서는 바벨탑을 마치 인간이 하늘끝까지 닿으려는 교만의 상징으로 묘사하고 있지만 슈메르인의 종교 신앙적 입장에서 볼 때에, 그들이 항상 산 위에 올라가서 신에게 예배했기 때문에 바벨탑은 곧 이러한 산악민족으로서 슈메르인의 강한 신을 추구하려는 종교적 정열의 발로로서 세워진 탑이라 할 수 있다. 이와 같이 신을 추구하는 방법, 환경의 차이에 따라 다른 종교를 보는 편견의 눈이 생기는 것 같다.

그러면 슈메르족이 밑에서 올라온 것이 아니라 위에서 내려온 것이고 그리고 그들이 산악지대에서 먼저 살았다면 메소포타미아를 중심하여 보았을 때 북쪽 지방 산맥의 분포를 먼저 고찰해 보기로 한다. 최남선에 의하면 "중앙아시아의 파미르 고지는 세계의 용마름 이름이 라고 할 수 있다. 이 파미르 고지에서 보면 손가락을 편 것처럼 산맥이 사방으로 찢겨나간 중에 웅대하고 기찬 것은 그 동방으로 갈라진 가지이니, 북쪽으로 치우쳐 나간 것은 천산계요, 남으로 치우친 것은 히말라야 산계요, 그 중간에 타고 나간 것은 곤륜산계이다. 여기서 다시 허다한 산맥이 곁가지로 찢겨 나간 것이 있다."[25]

이 파미르산맥을 중심하여 퍼져나간 산맥의 계통에 따라 퍼져나간 인종 분포를 보면,

---

25) 최남선, 「아시조선」, 『최남선전집』 2 (서울 : 현암사), 157쪽.

이 산계와 산계와의 사이는 실로 몽골계 인종의 대분파를 지은 한계이니 히말라야 쪽으로 붙어 나간 것은 '인도네시아' '말레이인' 등 남부 종족을 이루고 곤륜산 쪽으로 붙어 나간 것은 '지나인'의 근간을 이루고 북방 천산 쪽으로 붙어 나간 것은 동북아시아의 몽골 정통 모든 종족을 이루었으며…[26]

히말라야, 곤륜, 천산 세 큰 산맥에 따른 작은 산맥의 분포에 의해 또 소부족으로 나뉘어 흩어져 살게 되었다. 그리고 같은 근원에서 나와서 같은 경로를 따랐다 하더라도 이주시대의 선후와, 문화 발달의 높고 낮음에 따라 즉시 여기저기에 인종분포를 이루었을 것으로 본다. 이러한 사실은 고대 페르시아어가 바빌론어, 엘람어가 합쳐져서 이루어졌다는 사실에서 입증된다. 이집트, 메소포타미아, 슈메르, 바빌론, 페니키아 아랍족, 히브리족 등… 이들이 원래는 하나의 산맥에서 시작하여 산맥의 가지가 여러 개로 갈라지면서 흩어지고 그래서 언어가 서로 다르게 되었다는 것을 증명하고 있다. 그런즉, 이들 민족들 간에는 빙하기쯤 하여 공통 언어가 있었는데 산줄기에 따라 이동하다 보니 우랄·알타이어계, 이집트·셈어계, 인도·아리안어계, 그 후 인도·유럽어계로 나뉘어졌을 것으로 본다.

산맥의 흐름과 언어학적인 관계에서 볼 때에 슈메르족은 천산계 쪽으로 붙어 나간 동북아시아의 우랄-알타이 몽골 정통계인 것 같다. 그러나 그들도 고대 이십트족이나 바빌로니아족, 페니키아족, 아랍족, 히브리족… 등등과 모두 처음에는 우랄·알타이어족이 살던 이란 지역이나 어느 곳에 흩어져 살다가 중앙아시아 쪽으로 올

---

26) 위의 책.

라갔다가, 그 후 다시 후퇴하여 카스피아해 서쪽에 이르렀던 것이다. 그래서 이들은 빙하기적 언어로 우랄알타이어계, 그 후에 다시 이집트·셈어계, 인도·아리아어계, 그 후 다시 인도·유럽어계로 분리되기 이전의 원시공통잡어를 가지고 있었던 것으로 여겨진다.[27]

이렇게 볼 때 슈메르족은 아득한 빙하시대에는 카스피아해 부근에서 힌두쿠슈산맥을 넘어 중앙아시아 고원으로 들어섰던 원시중근동 잡종의 하나로 남하한 종족이라고 이정기는 결론짓고 있다.[28] 즉, 다음과 같이 이정기는 다시 헌팅턴의 말을 빌어 그의 논증을 굳히고 있다.

몇 번이고 몇 번이고 이 중앙아시아의 유목민들과 건조한 저지대의 초원에서 메소포타미아의 동북쪽 높은 장벽을 형성하는(자그로스) 산맥 속으로 말려들어 왔다. 때로는 티그리스와 유프라테스강 안의 평원까지 꿰뚫고 들어왔다… 중앙아시아에서 부족인들 사이에 심한 소동이 벌어질 때마다 파도처럼 그들은 메소포타미아로 밀고 들어섰다. 게다가 페르시아 서쪽 대자그로스산계는 너무도 높아서, 가장 좋은 목초지가 있었지만 그 고지대들은 눈이 덮여 고통을 주었다. 그래서… 반유목인들은 산으로부터 쫓겨나야 했다.
이러한 조건으로 메소포타미아는…유목민이 침입해 들어오는 것에 대해서 옴싹달싹을 할 수가 없었다…BCE 3000년엔…슈메르족 문명이…이룩되었다. 다음 BCE 2500년경엔 서쪽 사막지대로부터 온 셈족의 유목민

---

27) 이정기, 「ᄋ리ᄅ 原形文化와 檀君神話」, 『民族正統思想과 硏究』(서울 :주간시민사, 1978), 46쪽.
28) 위의 책, 50쪽.

이…아카드의 사르곤Sargon 왕 아래에서 그 세력의 절정에 이르렀다. BCE 2370년경 자그로스산맥에서 북서쪽으로 구티Guti 유목민족이 내려와… 근 1세기 가량 티그리스와 유프라테스 하류의 비옥한 땅을 지배했다가, 다시 슈메르족의 새 왕조에 의하여 격퇴 당했다…[29]

이러한 결론을 종합하여 볼 때에 R.G.볼은 슈메르가 혈통적으로나 언어적으로 고산지대에서 온 듯한 특징이 많다고 했고[30] J.R. 스트레이어, H.W.가츠케 및 E.H.하아비슨은 메소포타미아의 북쪽에서 내려온 듯 하다고 했으며[31] E. M.번즈는 이들이 중앙아시아 고원지대에서 내려와 BCE 5~4000 사이에 티그리스—유프라테스 하류계곡에 정착했는데, 그들의 문화 양식은 원시인들 문명과 비슷한 점이 있다고 했다.[32] 이들 학자들은 모두 슈메르족이 메소포타미아의 북쪽 고산계 또는 그 너머 중앙아시아고원의 인종이었음에 의견을 일치하고 있다.

맥킨더Halford V.Mackinder (1861~1947)는 영국의 지리학자로서 1904년 심장지역이론을 발표하였다. 즉, 바다로부터 고립되어 있는 유라시아 대륙의 내부지역을 '심장지역Heart Land'이라고 부르고 대서양, 지중해, 인도양, 태평양을 따라 바다를 접하는 지역을 해안지역Maritime Land이라고 구분하였다. 이 심장지역은 해안지역으로부터 큰 산맥 등으로 담같이 막혀 있다. 맥킨더는 "……심장지역을 지배하는 사람은 유라시아를 지배한다"라고 하였다. 또한 역사이

---

29) 위의 책, 51쪽.
30) 위의 책, 44-49쪽.
31) 위의 책.
32) 위의 책.

전의 인류의 이동을 본다면 이 심장지역으로부터 세 방향으로 인류가 퍼져 나갔다. 첫째는 동남쪽으로 몬순기후대의 해안 쪽으로 퍼져 나가서 오스트레일리아까지 갔으며, 둘째는 동북쪽으로 퍼져 나가서 시베리아·알라스카를 거처서 아메리카 대륙으로까지 이주했다. 셋째는 서쪽으로 나가서 유럽의 해안지대와 아프리카 중심부까지 내려간 것이다.

최남선은 세계의 인류를 세 부류로 나누고 황인으로 부르는 몽골계, 백인으로 부르는 코카사계, 흑인으로 부르는 아프리카계가 그 것이라 했다. 그 가운데 특히 황인종인 몽골계는 지금부터 한 1만년 전까지 심장지대인 파미르고원을 중심한 중앙아시아를 중심하여 그 사방의 계곡 혹은 냇가에 각각 무리지어 살았다 한다. 그런데 이 몽골계 안에는 한 가지 공통된 현상으로 산악숭배 사상이 있어서 산악과 하늘은 둘이 아닌 하나인 관계에 있으며, 하늘과 인간이 왕래하는 곳이 산이었다. 즉,

> 그네들은 일찍부터 하늘을 무서워 섬기고 날마다 한 바퀴씩 하늘을 막질러 건너가는 해를 세계의 임자로 믿고, 고산의 꼭대기는 하늘로 통해 다니는 발판인 동시에 하느님이 인간에 와 계시는 대궐로 생각하여 하늘과 해와 고산을 한 끈에 묶은 듯한 굳은 신앙을 가졌었다. 넓은 하늘과 빛난 해와 높은 묏부리를 우러러 보고는 지극히 크고 먼 기상을 기르는 사람의 씨앗이었다.[33]

그리고 이 몽골계 안에 있는 산악에는 이름에 있어서 한 가지 공

---

33) 최남선, 「아시조선」, 156쪽. 구약성서의 '바벨'은 '하늘의 문'이란 뜻으로서 산을 의미한다. 그러나 그 음이 '혼동'과 유사하여 원래 의미가 훼손되고 말았다.

통되는 점이 있었는데 산의 이름들이 거의 '박白'자로 구성되어 있다는 것이다. 심장지역의 용마루되는 파미르를 중심하여 동북쪽으로 퍼져나가 '우랄 · 알타이' 족이 사는 모든 지역에는 반드시 하늘과 조상을 배합하는 신산神山이 있어서 그것을 '박'산이라 했다.[34) 이들 '박'산으로 연결되어지는 아시아 북계의 문화를 한자로 '불함문화不咸文化'(불함은 박의 한자전음)라 불렀다. 여기서 최남선의 불함문화론을 중심하여 관찰한 슈메르문화와 한국문화와의 관계를 산악숭배 중심으로 살펴보면 다음과 같다. 물론 최남선이 불함문화를 쓸 당시에 슈메르문화를 연관시킨 것은 아니다. 그런데 양자 간에는 우연의 일치라기에는 같은 점을 많이 내포하고 있다.

우선 최남선은 불함문화계통이 인류의 가장 오래된 것임을 다음과 같이 쓰고 있다. "불함문화는… 인류의 영아기의 모습을 보유함으로써 그 아득한 한 기원을 짐작케 한다. 원시 인류가 아직 극히 협소한 지역 내에 거주하고 습속, 칭위 등의 나뉘어짐이 다 왕성하지 않았을 때에 중요한 유물인 듯한 것을 불함문화 안에서 찾을 수 있다"[35)고 했다. 고대 원시인류 시대에 슈메르와 조선족은 박문화라고 하는 공동문화권 속에 살다가 갈라졌음이 분명하다. 지금까지 동 · 서문화는 별개의 것이요 서양문화 가운데서도 히브리와 헬라는 별개의 것으로 여겼는데 박문화를 통하여서 동서문화가 교감하는 인류생활이 원시적 세계성에 도달케 하는 데에 슈메르문화는 그 문화적 가치성을 지니게 되는 것이다. 서양역사는 슈메르에서 시작했기 때문이다.

---

34) 최남선, 「不咸文化論」, 48쪽.
35) 위의 책, 63쪽.

불함문화는 인류의 가장 오래된 문화일 뿐만 아니라 그 발달 계통으로 볼 때에 가장 넓은 지역에 분포되어 있는 문화라는 것이다. 불함문화의 영역은 카스피아해와 흑해 부근인데 "조선과 그 자매관계에 있는 일본 및 동부지나는 물론이요 면악을 위시하여 구바·고보우·구보우 등의 산악이 있는 유구를 남극으로 하여 장백산의 만주·몽골·중앙아시아의 서쪽으로 그 연결은 명백하게 찾을 수 있어 적어도 발칸산의 발칸반도까지는 그 분포 범위로 상정할 수 있다."[36]

그런데 이렇게 높고 오래된 지역에 분포되어 있는 불함문화에는 그 특질로서 신산·신읍을 가지고 있다는 것이다. 위에서 지적한대로 불함은 '붉'의 한역이니 하늘과 신과 천도와 신정을 의미하는 것이 이말 가운데에 있어서 이 문화 계통의 관념 및 사실 전체가 흠뻑 포함되어있다.[37] 최남선은 말하기를 이 불함문화는 아득한 옛날부터 일관되게 전승되어 세계에서 가장 오래 지속된 문화계통임이 분명하다면서 그 분포지역이 아시아의 북방 심장지대를 차지하여 세계 최대의 문화권을 이룩했다고 했다. 그런데 한 가지 중요한 사실은 이 문화의 정통이요, 중심이요 또 전형인 것은 실로 조선문화라는 것이다.[38]

조선문화는 불함문화계 안에서도 가장 오래 일토일민─土─民의 역사를 가진 자이며 동방에 있어서 이 문화의 중심지가 된다. 그러면 지금부터 주로 한국을 중심하여 발전돼 내려온 고산신앙에 대해

---

36) 위의 책, 62쪽.
37) 최남선, 「아시조선」, 172쪽.
38) 위의 책.

살펴보기로 한다.[39)]

고산신앙은 널리 몽골계 인종 특히 그 북계 종족들 사이에 행해진 신앙이지만 그 중에서 조선지파는 특히 천제의 아들로 뽑혀서 인간을 다스리는 자가 되어 내려왔다고 믿음으로써 스스로 일컫기를 '한' 또는 '닥' 또는 '박' 등 천인이라고 스스로 일컫게 되었다. 조선족은 엄격한 의미에서 천자가 아니고 '천손'이다. 이의 구별은 중요하다. 그러므로 이네들은 나라를 대게 높고 큰 산을 의지하여 배치하고 그네들의 생활은 이 산을 천으로 숭봉하는 제사로서 중심을 삼아서 자기들이 있는 곳이면 반드시 저절로 천국인 줄로 알았었다. 그러므로 자기들이 개척하는 땅에는 흔히 '발'이라는 이름을 붙이니 '발'은 '밝'의 약칭이요 '밝'은 신명神明의 원 뜻으로부터 옮겨진 광명의 뜻을 가지게 된 말이며 후에 한자로 번역하여 맥貊, 발發, 부리夫里 등으로 지어졌고 다시 요약되어 번番, 방方, 부여夫餘등으로 부르게 된 것이다.[40)]

'한' '닥' '밝'은 이들이 점차로 남쪽으로 이동, 산동지역으로 들어감에 따라서 그 본국은 '한'이라 하고, 그 씨계는 '닥'이라 하고, 그 족의 이름은 '박'이라고 부르게 되었었다. 이 모든 말들의 의미는 천계에서 나은 천제의 무리라는 것을 내포하게 되었었다. '한'은 나중에 한자로 '桓' 혹은 '韓'이라 쓰고, '닥'은 '大' 혹은 '夷(고음 닥)'라 쓰고, '박'은 '白' 혹은 '朴(원음 박)'이라고 쓰게 된 것이다. 자기들이 사는 지역을 통틀어 '불'이라 일컫고 그 중에서 동쪽으로 치우치는 지

---

39) 필자의 견해에 의하면 '박'은 '알감닥박' 가운데 하나의 고리에 불과하다. 소위 차축시대가 박문화에 해당한다. 이에 대한 자세한 논의는 『한밝문명론』(지식산업사, 1988)참고.

40) 위의 책, 158쪽.

방은 따로 '순' 혹은 '신'이라고 부르니, '불'은 후에 한자로 발해로 번역하게 되었고 '신'은 '鮮' '震' '展' 등으로 해석하게 되었다.

진역에 있어서 가장 높은 산은 백두산이다 이 산맥과 그 주봉은 일찍부터 높은 산을 하늘로 여겨 이 민족이 사는 곳에는 반드시 자기네를 호위하고 보육해 주는 신산神山이 있어서 여러 작은 신산을 거느리는 으뜸되는 산을 'ᄃ글불ᄋ'이라 부르게 되니 백두산은 이 민족의 '신산'이라 할 수 있다.

박산은 무릇 조선계통의 문화와 민부民部가 있는 곳에는 반드시 이 신앙에 천의 표상인 산악이 있어서…
모든 백산이 부족의 단합과 지우의 통일로 인하여 나중에는 일국토일민족의 안에 동질성·동지위의 백산이 우글우글하게 되고, 그리하여… 그 사이에 배경과 유래와 내재적 다른 이유로 인하여 그 사이에 대소존비와 종류간 계급관계가 생기니 태백이니 하는 대소의 차이가 이래서 생겼다.[41]

그러면 우리에게 있어서 산악숭배가 갖는 의미는 무엇인가? 산악숭배는 우리의 옛 신앙에 있어서 산악과 천계는 둘이 아니요 하나라는 철저한 신앙 위에 근거해 있다. 하늘이 인간 속에 내려오는 곳이 산악이요 산이 최대한으로 된 것이 곧 천이다. 산악은 천天에의 관문이요, 사람과 하늘의 만난 점, 연락점인 것이며, 인간에 있는 천적天的 최고실재가 산악이다. '밥엘' 혹은 '바벨'이 하늘로 통하는 문이 산이다. 그래서 산과 하늘은 동일한 '밝'으로써 불려지니 '밝'이란 이름을 통하여 산과 하늘은 동일한 관념의 대상이 되어 있다. 그

---

41) 최남선, 「檀君神典의 古意」

해서 밝山이란 天山이란 말과 같다. 이 관념이 기본이 되어서 원시적 우주관 내지 인생관이 형성되어 신앙으로 발전되고 그것이 종교에서는 경전, 역사에서는 건국신화로 나타나게 되었다. 그런데 이러한 '밝'산은 조선계통의 문화 속에는 天의 표상인 산악이 있어서 모두 '밝'으로 일컬어지게 되었다.[42] 최남선은 산과 천을 하나로 묶는데는 다음과 같은 세 가지 의미가 있다고 했다. 즉,

1) 고대에 있어서 신을 접하는 행사가 산을 영지로 하여 발생함.
2) 제사를 지내기 위해 신직자神職者 등이 주로 산 위에 올라가서 모임.
3) 이러한 종교적 회합이 모든 사회적·민족적 대사를 결정하는 기회가 됨.[43]

하늘을 막연한 추상적인 것이 아닌 태양이란 구체적인 존재로서 천을 대표하게 만들었다. 신산은 태양이 나타나는 곧 다시 말해서 하늘이 구체화되어지는 곳이다. 그래서 "조선에 있어서 신산이란 결코 남들에게 있어서와 같은 통례의 산악숭배가 아니라, 천계의 인간적 존재, 또는 태양의 나타남, 혹은 태양의 궁거宮居와 같은 곳이다. 그와 같은 의미에서 신체神體로서 산이 Park-Parkan(-ai)로서 호칭되었으며 이 말은 신인 산이란 의미이다. 이 경우에 있어서 Park은 단순히 신을 의미하게 된다."[44] 옛날부터 조선에는 해뜨

---

42) 위의 책.
43) 위의 책, 216쪽.
44) 최남선, 「不成文化論」, 45쪽.

는 동방을 향하여 정성스럽게 예배했다. 동방은 생명의 근원 진인震
人의 고향이었으며 특수한 명절에는 전 민족이 모여 동방과 태양을
예배하는 처소가 부족마다 있었다. 이러한 고대의 신산 중에는 '살'
혹 '술'로 전하여 이것이 '선' 혹은 '성'이 되었다(예 :정양의 대성산, 개
성의 성거산등 선, 성, 송, 운이 들어가는 산은 모두 이에 속함).

　산꼭대기에는 신읍을 두고 그 안에 신단을 만들고 즐비한 석봉이
나 직립하는 암석을 신체로 하여 경사의 도를 펴니 이것을 신시라
하고 이 자리를 소도라고 했다.[45] 이 일을 맡은 이를 '당굴'이라고
했다. 여기서 신시를 번역하면 영역領域이란 뜻이니 대개 고관의 꼭
대기를 에워서 일종의 석위를 베푼 것이다. 뒤에 많이 산성하고 섞
이게 된 것이며, 소도는 높은 축을 의미하며 번역하면 신단이니 높
은 산꼭대기의 자연 직립석이다. 평지에는 지면에 단을 모으고 그
위에 긴 뾰족한 석주를 얹었으니 뒤에 돌무더기 조탑으로 부르게
되었다. 이렇게 신단이 있는 곳에 그 단을 봉위하는 신목이 있으니
이것이 신단수로서 나중에는 당산나무라 했고 신시가 있는 산이 곧
'밝'산이 되었다.

　이와 같이 하여 조선민족에게 천天은 광명의 세계요, 그 주재자는
태양이요, 자기는 천국의 민이요, 그 천신의 아들로서 인간을 태양
이게 하기 위해 이 지계로 내려 왔다고 믿게 되었다. 그들은 해뜨는
곳을 거룩하게 보았으며 동방을 흠모하는 풍습이 그들 사이에 생겨
나게 되었다.[46]

　최남선은 여기서 산악숭배는 동이조선에서 시작되었으며 그것이

45) 최남선, 「아시조선」, 111쪽.
46) 「아시조선」, 111쪽.

중국의 것과는 다르다고 했다. 중국인의 태산숭배·봉선이나 동악대제가 중국인 고유의 것이 아니라 태산을 중심하여 예로부터 그 주위에 분포되어 있던 동이의 유풍을 계승 또는 삽입한 것이다. 그것이 곧 박을제사하는 한 형식에 불과하다.[47] 중국의 중요한 의식은 천자의 제천이요, 그 민간신앙 중에서 가장 융성한 것은 산악숭배라 할 수 있다. 이 양자는 모두 본래 태산숭배가 양분되어 나타난 것이다. 최남선은 제천의 풍속이 지나의 산악숭배와 같은 줄로 아나 그 근본에 있어서 다르다고 다음과 같이 지적하고 있다.

1. 제일은 오직 하늘을 崇拜하고 諸神을 配치 아니함이요.
2. 지나에서처럼 왕이 독행하는 것이 아니라 나라 전체가 같이 함이요.
3. 국조 혹은 국토 진혼신과 뭇 제가 한 몸임을 믿음으로써 고유한 신앙임을 알 수 있다. [48]

우리는 이상과 같은 자료들의 제시에 의하여 슈메르 문화가 불함 혹은 밝문화권 내에 있었음을 고산숭배를 통해서 같은 점을 찾아보게 된다. "mountain of heaven and earth, the place where the sun rose" (해가 뜨는 하늘과 땅의 산)에 살았다는 것이 하나의 그들의 종족적[49] 정체성을 밝히는 네 걱구가 되어 있다는 사실은 우리의 밝문화권이 산과 해와 신을 그렇게 중요시하는 것과 같다고 할 수가 있다.

---

47) 최남선, 「不成文化論」
48) 위의 책, 51쪽.
49) Kramer, 117쪽.

1897년 크래머는 '슈메르인은 동방에서 왔다'고 했으며 다그라스는 이를 재확인했다.[50] 그리고 문정창은 『한국 슈메르·이스라엘의 역사』에서 슈메르의 제 3왕조를 건설한 '엔릴 영웅'은 고산족이라고 했다. 그 이유로 엔릴 영웅의 비문에,

왕위가 하늘에서 내려 온 후에 승화된 교권과 왕권이 하늘나라에서 부여된 후에 인간은 예성과 신성한 규범을 완수했다.[51]

여기서 하늘나라란 환인이 다스리던 환국桓國이며 이는 『삼국유사』의 석유환국昔有桓國의 그것과 맥을 같이한다고 본다. 원동중의 『三聖記下』와 권덕규의 『조선사』에도,

환인이 다스리던 환국이 있는데 남쪽 땅이 5만리요 동서는 2만리라, 그 환국은 십이분국이 있는데 총칭하여 환국이라 한다.[52]

이어 권덕규씨는,

당시 사방에 흩어져 있던 아인들은 그 세력이 국가적 단결까지 하는데 이르러 흑수이지 오만여리지 곧 지금의 시베리아에 神離, 養雲, 冠莫汗, 一群, 등의 나라를 열고 서쪽으로 支那의 산동반도 부근에 상고로부터 아인이 세분, 허다한 소국이 있었다.

『조선사』, 「커소발한문화사」 권1―, 10―

50) 송호수, 『韓民族의 圈有思想에 판한 硏究』(Los Angeles :S..Baylo. University press, 1982), 28-29쪽.
51) 위의 책.
52) 위의 책.

고 되어 있는데 그 십이분국 중에는 '수밀이국'이 있다고 했다. 또 『조선사』에는,

옛 환국이 있었는데 처음에는 환인이 천산에 살면서 득도하여 장생 치병 무병하여 하늘을 대신하여 인간을 흥왕케 했다.[53]

고 적혀 있다. 천산산맥 부근에 파미르고원이었고 천산의 남쪽에 는 히말라야산맥이 달려 있으니 지정학적으로 이 지역이 심장지역 으로 손꼽히고 있음은 이상에서 지적했다.

이 심장지역에 본거지 역할을 한 환국이 있었고 여기서 동쪽으로 갈라 남진한 것이 슈메르이고 서쪽 끝이 한족이다. 천산을 본거지 로 오만리 경내에 슈메르와 한국이 있었을 것이다. 엔릴 영웅(슈메 르)이나 환웅(배달한국)이 각기 환국에서 분국으로 갈려나간 연대가 BCE 3500~4000으로 거의 동년대라 할 수 있다. 이렇게 볼 때 "슈 메르는 원시 배달한족 집단과 함께 중앙고원에서 방황하다가 다시 남하한 고산 주민임이 분명하다"고 결론할 수 있게 된다.

2) 슈메르어와 한국어의 비교

인류의 가장 오래된 문자를 남긴 종족이 슈메르족이다. 슈메르가 BCE 3500년경 유프라테스 · 티그리스 강 유역에 내려왔을 때 이미 그들의 고유한 문자인 설형문자Cuneiform를 가지고 왔음은 이미 위 에서 지적한 바이다.

---

53) 위의 책.

그런데 서양학자들 가운데 S.크래머나 C.H.볼같은 학자들은 슈메르가 사용했던 설형문자가 복희(BCE 3528~3413)가 창제했다는 설형문자와 너무나 유사하여 볼은 그의 저서 『중국어와 슈메르어 Chinese and Sumerian』에서 상당한 연구를 해놓았다. 그런데 여기서 우리가 지적해두지 않으면 안 될 중요한 사실은 복희황제 자신이 풍이風夷라는 동이족이었다는 것과, 중국 한자의 기원이 된 은대의 갑골문자를 만든 은나라 종족이 동이족이었다는 것은 이미 임혜상같은 중국학자들이 고고학적으로 입증하고 있다. 즉, 서양학자들이 '중국', '중국어'라 하는 것은 사실상 그 기원이 동쪽의 '동이족'에서 찾아져야 한다.

세계 4대 문명발상지 가운데 하나인 황하문명의 주인공이 동이족이었음은, 그 곳이 고대에는 동이족이 살던 땅이었다는 것만으로도 입증 되어지고 남음이 있다. 이 문제는 따로 논의되어져야 할 분야로 남겨 두고 문자의 발생 기원에서부터 이를 더 구명해야 하겠다. 우리가 지금 사용하고 있는 한글은 일본인들이 말하는 것처럼 세종대왕이 문창살을 보고 하루아침에 만든 것이 아니다. 정인지는 훈민정음 서문에서 "형상은 옛 전문을 모방하고…"라 했고, 최만리의 소에도 "글자틀이 옛 전문을 모방하고 글자를 합쳐서 소리를 내나 모두가 옛 것과 반대이다"라고 했다. 또 신경준(1712~1781)은 옛 적에 문자가 있었음을 "동방에 옛 적에 통속으로 쓰던 문자가 있었으나 그 수가 불비하고… "라 하여 옛날부터 쓰던 우리 고유의 문자가 있었음을 강하게 시사하고 있다. 이러한 문헌적 시사는 속속 드러나는 유적들에 의해 입증되어지고 있다. 경남 남해군 이동면 낭하리 마을 근처의 암벽에서 신시고각神市古刻이 발견되어졌고, 조선

선조 16년 대동강 법수교에서 전마한의 법수선인이 사용했을 전자문이 발견되었다. 아직 글자인지 그림인지 확실히 분간되지는 않았지만 선사시대의 문자로 추정되는 선사암각문이 1981년 11월 27일 경산군 와촌면 마명산의 해발 320m 지점에서 발견되어 학계에 비상한 관심을 불러일으킨 바 있다(동아일보 1982.1.19). 그렇다면 이것은 우리 한민족의 선조들이 슈메르인들과 함께 가장 오래된 원시 공동어를 사용했을 가능성이 있고 또한 이 언어가 바벨탑 이전의 인류공동어였을지도 모른다.

이러한 가설을 뒷받침해 주는 문헌적 자료는 『태백일사太白逸史』이다. 이 사료에 의하면 단군시대에 신지神誌의 전篆문이 있었다 하고, 부여의 왕문이 처음으로 전문이 번거로와 생략하여 예隸서를 만들었다고 한다. 또 신시시대, 즉 환웅시대에는 산목算木이 있었고 치우시대에는 투전이 있었다 한다. 단군 3세 가륵嘉勒 2년에는 삼랑 을보륵에게 명하여 정음 38자를 지었는데 가림다加臨多(즉, 가려진 땅 끝 하늘에 선택받은 땅의 글)라 했다고 한다. 이 가림다는 모두 38자로 되어 있는데 그 모양이 한글과 너무나 흡사하다. 그리고 이 가림다와 같은 모양의 문자가 일본 대마도에서 발견되어졌는데 일명 아히루문자라고도 한다. 이 아히루문자가 일본 신사의 이세신궁의 위패에도 나타나 있어 일본인들은 한글이 이 이세신궁의 위패를 본따 만든 것이라고 주장하다가 『태백일사』의 가림다문자가 발견되자 뒷꽁무니를 빼고 말았다. (송호수,「한글은 세종 이전에도 있었다」,『광장』, 1984.1)

이러한 원시한글의 발견은 우리에게 민족문화를 이해하는데 나아가 인류문화사를 이해하는데 상당히 중요한 시사를 해 주고 있다.

적어도 일본은 옛적에 우리의 문자권 안에 있었고, 동북아일대에는 적어도 한자이전에 원시문자가 있었다는 것이다. 한자가 생기면서부터 이 원시문자가 자취를 감추게 되었고 원시발음이 한자음으로 전음되면서 음이 완전히 달라지거나 비슷하게 남겨지게 되었다. 예를 들어 압록강의 옛 이름은 '아루'인데 한자로 '압록'이 되어버렸는데 이것은 원시한글이 한자로 바뀌어질 때(신라 진평왕 때 쯤) 되도록이면 발음도 비슷하고 의미도 비슷하게 한다는 원칙에 따른데 기인하는 것이다.

이제 중국 한자음보다 우리 한글음이 더 오래 되고 고유한 것임은 슈메르어와 중국어, 슈메르어와 한국어를 비교해 보면 쉽게 밝혀질 일이다. 슈메르어는 기원 전후하여 사라지고 말았지만, 셈어, 아랍어 형성에 지대한 영향을 미쳤고, 아직까지 우리 한국에서 그 흔적이 생생하게 남아 보호되고 있다. 실로 한국어와 슈메르어의 비교는 적어도 ①우리 한국문화가 인류 시원문화라는 것과, ②우리 한국문화가 중국문화이전부터 있어 중국 문화형성에 지대한 공헌을 했다는 것과, ③일본문화는 한국문화의 연장에 불과하다는 사실을 명백하게 밝혀줄 것이다.

(1) 仇知, Gush, Cush

서울대학의 언어학 교수인 김방한은 "고대 한반도에는 퉁구스계에 속하는 고구려어가 남하하기 이전부터 이와는 구별되는 언어가 있었다"고 말하면서 고대 한국어는 이 정체불명의 원시 한반도어와 퉁구스계의 언어가 합쳐져서 형성된 것이라고하면서, 그 원시 한반도어가 백제어 가운데 남아있는 '金'을 '구지仇知'라 하는 것이라 했다. '구'가 원시 한반도어로는 황색Yellow을 의미하고 '지'도 금속 Metal의 통칭이라고 했다. 원시언어가 이미 소멸된 지 오래지만 한 국어와 일본어에 적지 않게 흡수되었을 것이라 했다.

김방한에 의하면,

…종래에 고구려어라고 불리어 왔고 또 퉁구스어의 한 분파로까지 생각 되어 왔던 한반도 中部의 지명에서 추정되는 언어는 실은 남하하기 전의 고구려의 언어와 거리가 먼 언어층도 반영하고 있다는 결론에 이르게 되 었다. 그 언어층은 남하하기 전의 고구려의 언어와는 계통적으로도 다른 언어이었을 개연성이 있는 것이다. 그러나 그 언어층의 성격에 관해서는 확실한 것을 알 수 없는 不明言語라고 말할 수밖에 없다.[54]

이 한반도의 기층언어로서의 불명언어로 '누른 금속', 즉 '金'을 의 미하는 '仇知'를 손꼽고 있다. 『삼국사기』「지리지」에 의하면,

① 金也縣 本百濟桃仇知縣 今全義縣(36권 지리 3)
　　(금야현은 본래 백제어로 구지였는데 경덕왕 때 바꾸었고 지금은 전의현이다.)

② 金淸縣 本百濟仇知只山縣 景德王改名曰今 因之(卷 36지리 3)

우리는 위의 『三國史記』「地理志」에 나오는 두 귀절에서 '仇知'가 '金'과 어떤 관계가 있는 고대어(백제어)임을 직감하게 된다. 김방한 은 이 말을 원시 한반도어라 한 데 대해, 학자들은 백제어라 하기도 하나 여기서는 그 구별을 논하는 것을 생략키로 한다. 이숭녕, 이기

---

54) 金芳漢, 『韓國語의 系統』(서울: 民音社, 1983), 136쪽.

문 등 제학자들이 연구한 보고서 '百濟語研究'에 의하면 '仇知'가 발전되어 내려온 변천과정은 다음과 같다.

三國以前　　仇知(金, 銅)

백제시대　　仇知(金, 銅)

고려시대　　谷速(銅)

조선시대　　구리(銅)

현대　　　　구리(銅)[55]

여기서 제학자들의 설을 간략히 소개하면,[56]

A. 이기문은 "백제어에 있어서 '金'을 가리키는 단어는 '仇知(구지)'였던 것으로 보인다."고 했다.

B. 유창균은 仇知金也 仇/金 尤 侵과 같이 '仇'와 '金'을 대립시켜 同音을 표기한 音借로 보았다.

C. 신대현은 『三國史記』에서 '仇知'에 관한 다음 예로서

　　唐山縣 本仇知只山(卷 37지리 4)

　　久遲本仇知(卷 37지리 4)

D. 조재동은 仇知=군(堅)을 주장하고 있다.

이상 제 학자들의 설을 종합해 볼 때에 '구지仇知'라는 발음이 누른 금을 의미하는 것은 공통적인 견해인 것 같다. 그리고 이 '仇知'

---

55) 이숭녕, 이기문, 김완진 공저, 『백제어의 연구』, 116쪽.

56) 위의 책, 119-120쪽.

는 전라도 일대에 널리 쓰여진 이름인 동시에 신라에서도 경주를 '金城'이라고 할 때에 이와 관련된 이름임에 분명하다고 본다. 금이 모든 금속 가운데 가장 고귀할 것인 만큼 '구지'가 가장 높은 지명 혹은 인명을 부를 때에 사용된 것은 틀림없는 사실이다.

'구ku'가 누른 색yellow color이라는 것은 일본어에서도 나타난다고 김방한은 지적하고 있다. 즉 고대 일본어에서도 '銀'은 siro '白'+gane '광물의 총칭', '金'은 ku '黃'+gane, '鐵'은 kuro '黑'+gane라 하여 역시 색채어로 표시했다. 이러한 사실로 볼 때, 백제의 지명에 나타나는 「仇ku─」는 黃을 의미했던 색채어로 생각되는데, 이것은 고대 일본어의 ku-gane의 ku '黃'과 일치하는 것으로 생각되기 때문이나 ku-gane는 siro '白'+gane, kuro '黑'+gane과 같이 ku와 gane로 분석되며 ku는 '黃'을 의미했던 색채어로 생각되는 것이다.[57]

'ku'는 '黃'을 의미하는 독립된 말로서 'gane', 즉 쇠붙이 전만을 의미하는 말과는 달랐던 것 같다. 그러면서 김방한은,

필자는 위에서 ku를 편의상 백제어라고 불렀다. 그러나 이 낱말은 바로 原始 韓半島語로 생각되는 것이다. 中期 혹은 現代 한국어와도 다르고 日本語와만 유사한 이 ku는 수사 'mir, ui, nanin, tak'과 더불어 원시 韓半島語의 대표적인 한 예이다.[58]

이 원시 한반도어는 예맥족이 있기 전에 한반도에 거주했을 것으

---

57) 김방한, 236쪽.
58) 김방한, 237쪽.

로 추정되어지는 고아시아족의 언어가 아닌가 추측되기도 한다. 그러나 이 문제는 언어의 기원과 함께 종족의 기원을 캐는 또 하나의 연구노작이기 때문에 여기서는 생략하기로 하지만 이 구명하기 어려운 원시 한국어가 놀랍게도 지금까지 알려진 인류 최초의 언어인 슈메르어와 많은 점에서 유사한 것이 많다는 것이다.

슈메르어와 한국어의 관계는 이 말의 연구에서부터 시작된 것이 아니고 다른 문화의 여러 현상에서 나타날 것을 종합 연구하는 과정에서 쉽게 그 비교를 할 수 있었다. 위의 예에서 본 바와 같이 국내 언어학자들도 이 말을 중요하게 다루고 있기 때문이다. 우선 슈메르어에서 '금'을 의미하는 말을 사전에서 찾아보면 그것은 'GUSH-KIN'이다.[59] 이 말은 고대 슈메르 상형문자로는 ⟨〽⟩로 표기되었는데, '불그스레Ruddy'한 금속을 의미하다가 '金'으로 되어버렸다. 그러니까 이 말이 원래는 색채를 의미하던 말이었던 것이다.

고대로 올라 갈수록 색채를 구분하던 말은 지금 같이 분화되어 있지 않았던 것 같다. 조선전기 시대만 해도 '붉은' 것과 '누른' 것은 구별이 안 된 '불근'이라는 한 말로 두 색깔을 동시에 표현했다.[60] C.J.Ball은 이 상형문자가 ⟨〽⟩로 발전하고 다시 金로 발전하여 지금 한자의 '金'이 되었다고 했다.[61] 우리는 여기서 'Gush'와 원시 한반도 '구지仇知' 사이에 묘한 연관관계를 발견하게 된다. 즉 'sh' 음은 쉽게 '디' 나 '지'로 전음될 수 있기 때문에 '구쉬'와 '구지' 혹은 '구디'

---

59) C. J. Ball, 『*Chinese and Sumerian*』(London: Oxford University Press, 1913)의 A Sign-List 부분을 참조.
60) 김방한, 238쪽.
61) 위의 책.

는 같은 발음을 가지고 있다고 해도 상관없다. 우선 발음상의 일치는 우연이라고 보더라도 그 뜻意까지 같음에 대해서는 한 번 더 두 언어 사이의 역사적 관계성을 고려해 보지 않을 수 없게 한다. 그래서 몇 개의 다른 말들도 이런 방법으로 비교해 보지 않을 수 없게 한다. 물론 이 방법은 음과 의미의 일치성만 뽑아 비교시켜 보는 매우 위험하면서도 조심스런 방법이긴 하지만, 연구의 전초작업으로서는 우선 이 방법을 택하지 않을 수 없음을 전제해 둔다.

'Gush'와 '仇知'는 함께 '金'을 의미하는 말로서 슈메르어와 원시한국어 사이에 어떤 관계가 있었지 않은가에 관해 여기서는 암시 정도로 남겨 두고 참고로 지적해 두고 싶은 것은 구약성서에서도 지명을 의미하는 '구스CUSh'라는 말이 '金'과 관계가 있었던 것 같다.[62] 즉 욥기 19: 9에 의하면 "지혜는 구스의 황옥으로도 비교할 수 없는 순금으로 그 값을 측량하지 못하리라"고 했다. 아마도 구스라는 땅은 '금'의 원산지이었다고 본다. 이 점에 관해서는 앞으로 구약성서 학자들에 의해서 더 연구되어져야 할 과제라고 본다.

(2) '수메르'·셈

국내학자들, 특히 이정기와 송호수 등은 '슈메르Sumer'의 숨Sum은 한민족 최초의 정착지인 송화강(松阿里:Sungari)의 '송→숭'과 類意를 일으킨다고 지적하고 있다. 松阿里가 일밍 '속말리粟末里'이고 이 '속

---

62) ① 창세기 지명으로 기혼강이 흐르는 지역····창 2 : 13.
　　② 피부색이 검은 구스인····렘 13:23.
　　③ 보석의 명산지 ···· 욥 23:23
　　④ 군사적으로 강국임···· 대하 16:8
　　⑤ 모세가 이곳 여인을 취함·· 민 12:1

말리'는 중국음으로 '삼메위Samewi'로서 거의 슈메르(sumer→슈메르)와 같다.[63] 칼 융Carl G. Jung의 집단심리학적 언어현상에 의하면 'ㄷ(d)'과 'ㅅ(s)'음은 그 본질적 어의語義에 있어서 신성神聖, Holiness을 상징한다고 했다. 松(栗)花江의 '松(栗)'(숭-sung)은 하늘의 신성을 나타내는 말이다. 여기서 한국어의 '실'은 정월 원단으로 하늘의 신성을 제사하는 날이고, 단오를 '수리'라고 함은 오월의 제천祭天을 의미한다. '설'이나 '수리'는 모두 하늘의 신성을 뜻하는 ㅅ(s)음으로 시작되고 있다.[64] '므로'는 몽골어로 '물河'이고, 스메르 혹은 '栗末水'는 '聖水'라는 뜻이다. '聖水'는 '天河'이며 '天國'의 물이란 뜻이다. 송화강이 天河의 역할을 했다면, 유프라테스·티그리스 강이 天河의 역할을 담당했던 것이다.

여기서 송 → 속 → 슈는 '神聖' 또는 '天化'의 뜻이며, 머 → 머르 → 메르는 무 → 물로서 빙하시대적 원시어의 후기 분파음소들이므로, 결국 '栗末里'는 '신성한 물'이며, 슈메르족은 신성수를 찾아 티그리스·유프라테스 강안으로 내려 간 종족이라고 결론하고 있다. 이정기는 "이러한 원시 원어적 형성분석은 현재의 언어로 갈라지기 이전의 중앙아시아적 공통잡어 내지 언어공통성Lingaistic Alliance의 메소포타미아적 현상의 최초적 실례라 할 수 있다"[65]고 했다. 슈메르족이 지구상의 최초의 문자(BCE 3400경)를 남겼다고 알려져 있으나, 그들의 문자와 언어가 불일치되고 있음을 볼 때에 그들 이전에 이미 어떤 종족이 문자를 가지고 있었음이 분명하다고 여겨진다.

---

63) 송호수편저, 『民族 正統恩想의 探究』.

64) 위의 책, 67쪽.

65) 위의 책, 40쪽.

메소포타미아 지역에 슈메르족이 오기 이전의 문자를 가지고 있던 또 다른 민족을 상정할 수 있으나, 이정기는 슈메르족이 중앙아시아 혹은 그 근방에서 어떤 문자를 익혀 메소포타미아 지역으로 그 문자를 가지고 진출했다고 했다. 그 이유로는 슈메르가 최초로 사용한 설형문자가 BCE 2800년대 후반기의 다구太皥의 그것과 비슷하고, 소아시아에서 영국까지 이동한 켈트Celt족이 사용했던 오감ogam문자(丄 ⫣ ⫪ ⫫····)와도 비슷하기 때문이다. 따라서 문자는 중앙아시아에서 시작되었음이 확실하며, 이 중앙아시아의 문자가 슈메르인들에게서는 설형문자Cuneiform로, 그 이후 몽골로이드에게서는 팔괘八卦부호로, 아주 후기의 켈트족에게서는 오감문자로 분화된 것으로 추측되고 있다.[66]

지금까지 남아 있는 언어 가운데 중앙 아시아의 원시 공통잡어의 가장 많은 양과 그 순수한 모습을 보존하고 있는 것은 한국어이다. 바로 이런 이유 때문에 인류 최고의 언어였다가 서기 전후하여 사라진 슈메르어와 많은 점에서 유사하다고 본다. 우리말도 통일신라기 이후부터 한자로 전음 되면서부터 그 순수한 형태를 상실케 되었다. 즉 '仇知'가 '金'으로, '스므르'가 송화강으로 전음 되어졌던 것이다.

S.N. 크래머는 노아의 장자였고 이스라엘민족의 조상이 된 '셈Shem'의 어원은 바로 'Sumer'에서 나왔다고 지적을 하고 있다. 즉 'Shumer'의 어미 'er'이 떨어지고 모음 'u'가 'e'로 전음되어 'Shum'이 'Shem'이 되어졌다고 했다.[67] 이런 현상은 고대 슈메르어와 히

---

66) 위의 책, 61쪽.
67) S.N. Kramer, 『The Sumerians』(Cicago and London : The University of Cicago

브리어 사이에 흔히 나타나는 현상이라고 한다. 아카디안어와 히브리어 사이에 모음 'u'와 'e'가 서로 바뀌어진 예를 많이 볼 수 있다. 여기서는 'er'는 슈메르어 법칙 가운데 마지막 자음을 빼어 버릴 수 있다는 법칙으로서 'Shumer'가 'Shem'이 되는 것은 자연스럽고 당연한 결과라 할 수 있다. 이스라엘을 대표하는 종족명칭(셈족)이 '슈메르'라는 말에서 나왔다는 것은 그들이 슈메르로부터 많은 문화적 그리고 정신적 유산을 물려받았다는 것을 입증한다고 할 수 있을 것이다.

(3) 우르 · 아루 · 아리

슈메르인들은 BCE 2900년경에 최초의 도시국가인 왕국을 세우고 이를 '우르UR' 왕국이라고 했었다. 슈메르족은 티그리스 · 유프라테스강 연안의 북쪽에 있는 아카드족의 여러 소왕국을 세우고 이를 '우르왕국'이라 했었다. 이 때부터 슈메르 왕조는 일명 우르 왕조라 불린다.

이 '우르'는 구약성서에서도 중요한 위치를 차지하고 있는데. 아브라함과 그의 조상들이 살던 곳의 땅 이름이 바로 같은 이름 '우르'이기 때문이다.[68] 물론 구약의 '우르'라는 곳이 슈메르의 '우르'와 같은지 다른 지는 차치하고라도 그 이름에 있어서는 같다고 할 수 있다.

어느 때 어느 곳에서나 적어도 그 나라의 국명과 국도를 정할 때에는 함부로 결정하는 것이 아니고, 가장 보편적이며 가장 큰 의미

Press, 1968), 298쪽.

68) 이름은 같으나 같은 지명인가는 의문시되나 최근 성서고고학 연구결과는 같음이 밝혀졌다.

를 갖는 말을 사용한 것은 상식에 속하는 일이라 할 수 있다. 최남선은 그의 불함문화론을 전개하면서 이 말의 유래由來에 관하여 자세히 언급하고 있다. 최남선은 '우르' 역시 '붉'에서 분화된 언어라고 다음과 같이 고찰하고 있다. '붉'의 ă(·)는 분화의 정도가 얕은 극히 불선명한 모음으로서 현대어에서는 그 독립성을 거의 상실하고 말았다고 지적하면서 발음기관의 사소한 이변에 따라서 'ă'는 쉽게 a, Ö, u, eu 등 어느 모음으로도 자유롭게 전화될 수 있다고 했다.[69] 또 하나 조선어에서는 rp. rm. rk(ㄼ·ㄻ·ㄺ)과 같은 이중종성의 말이 특히 명사로서 단독적으로 칭위될 경우에는 음편상 그 중의 한 음이 생략되는 것이 통례이며, 더우기 지역과 시대와 경우에 따라 한말이 r로 발음되기도 하고, R(m.k)로 발음되기도 하여, 그 일정한 형이 없다. 지금 '붉'을 이 법칙에 의하여 설명한다면 'ă'란 모음은 a.u.e.o로, 그리고 종성 rk는 각각 분리되어 r 혹은 k 어느 것으로도 변전할 소질을 지니고 있으므로 후대에 와서 어형이 '히고ヒゴ'이거나 '후구フグ'이거나 '후루フル'이거나 모두 그 근원을 '밝park'에 귀착시킬 수 있다.[70] 조선어에서는 park을 근원으로 하여 parkon으로도 되고, 변하여 'Pukun'으로도, 또 단순히 'Pur'로 불려졌다. 그래서 최치원이 말한 풍류風流는 '밝' 혹은 '부루pur'와 같은 한자 전음이라 할 수 있다.[71] 이와 같이 최남선은 '후루', '부루' 혹은 '우루'가 모두 '밝' 문화권 내에서 중요히게 쓰어시년 말이었다고 하면서 이 말은 거의 전 세계 문화권을 석권할 만큼 그 영역이 넓다

---

69) 최남선, 45쪽.
70) 위의 책, 58쪽.
71) 위의 책, 58쪽.

고 했다.

우랄·알타이 제어에 있어서 주군, 가장, 귀인 등을 의미하는 아루Ar·우루Ur·'어른'과 더 나아가 서쪽으로 소급하여, 바빌로니아·아오에니끼아의 지고 신인 엘El, 히브리어에서 최고의 힘을 가진 엘, 엘로힘, 그리고 아라비아인들의 '알라Allah', 인도·게르만의·아리야arya, 이집트의 '레Re', '라Ra' 등이 모두 같은 말로서, 같은 의미를 갖는다고 지적하고 있다. 이 '아리' 혹은 '아루'라는 말이 한반도에서는 '알'로서 모두 위대 존숭, 신성, 영의 뜻을 가지고 있었다. 지금 남아 있는 통속어로서 '얼레빗(큰빗)', '아람(과실)', '알(핵심)', '얼(정신)', '우람스럽다'등이 모두 같은 맥을 유지하고 있다. 실로 '알'은 한민족의 원초적인 문화목록어이고 여기서 감, 닥, 박이 순서대로 나왔다.

그리고 '아루', '아리'는 고대의 도읍의 지명 혹은 도읍의 배경을 이루고 있는 강의 이름으로 많이 사용되어졌다. 한강漢江이 언제부터 한자화 되었는지는 정확하지 않지만 광개토대왕이 백제를 정복할 당시만 해도 '阿利水'라 하여 '아리'로 불려졌다. 이와 같이 생각할 때에 백제의 국도가 옛날에는 '위례慰禮'라고 할 때에 이 말은 '아리'의 한자 전음인 것 같다. 신라 경주의 성수라 할 수 있는 '알천閼川' 그리고 고구려의 압록강도 만주어의 '야루yalu' 그리고 순수한 우리 한반도어로서는 '아루'였다고 본다. 이 말은 도읍 혹은 도읍 부근의 거룩한 강을 의미하는 동시에 왕을 의미하기도 한다. 백제의 어라, 신라의 아노阿老, 그리고 부여의 아란阿蘭이 그 예라 할 수 있다.[72]

---

72) 최남선, 「兒時朝鮮」, 『崔南雲全集』 2 (서울 :玄岩社, 1974), 357쪽.

이 말과 같은 의미로서 신의 이름으로 바뀔 적에 '엘', '엘로힘'이 되고 '알라'로도, 그리고 '레·라'로도 전음 되어졌다고 할 수 있다. 그래서 최남선에 의하면 불함문화권은 한반도를 비롯하여 그 영역이 실로 광대했다고 할 수 있다. 무엇보다 중요한 것은 아브라함의 고향이 '우르'였다는 것이다. 그리고 이사야 29장에는 예루살렘을 '아리엘'이라 했으며 '아리엘'은 '하느님의 사자' 혹은 '예루살렘'을 의미한다고 했다. 여기서 '아리엘'은 이상적인 하느님의 사자인 동시에 이상적인 장소를 의미하기도 한다. '메시아' 개념이 이 아리엘에서 유래했음은 분명하다.

(4) '안'과 '한'

슈메르어와 한국어의 유사성은 신의 명칭에 와서 더욱 뚜렷하게 나타난다. 한국인의 '하나님' 혹은 '하느님'은 '하나' 혹은 '하늘'에서 왔으며 '하나'나 '하느'는 모두 '한HAN'에 기인하고 있다. '한'은 실로 스물 두 가지가 넘는 다양한 의미를 가지고 있다는 것이 사실이다. 김선기는 이 말의 역사가 약 8,000년이나 된다고 하면서 원래는 '가다나간'이었는데, 매 2,000년 마다 한 음절씩 단축되어 지금의 '한'으로 되었다고 한다.[73] '한'은 지명, 인명, 방위명 등 외에 '하나'와 '많다' '가운데'와 '가장자리' 등 서로 상반된 두 개념을 동시에 표현하는 한국인들의 심성을 그 어느 말보다도 깊이 표현하고 있는 말이라고 할 수 있다.

단군신화에는 삼신의 이름을 '환인桓因' '환웅桓雄' 그리고 '환검桓

---

73) 이병도·이항녕, 『한민족—그 불사조인 이유』(서울 : 성화사 : 1950), 122-124쪽.

俗' 등으로 표현하고 있는데, 그 어원의 유래에 대해서는 불교영향
설이 지배적이었다. 즉 일연이 불교승이였기 때문에 단군신화를 불
교적인 색채로 옷 입혔을 것으로 본다. 즉 '환인'을 다름 아닌 불교
에서 말하는 '釋迦提桓因陀羅' 또는 '帝釋桓因Sakra-Deranan-Indra' 외
약칭으로 또는 '帝釋天' 또는 '因陀羅'로도 불렸다. 그러나 막상 일
연 자신도 '桓因', '釋帝'에 완전 일치시키지는 않았다. '釋帝'를 본
문에 넣기를 주저하고 주로서 처리했던 것이다.[74] 사실 신의 속성면
에서 볼 때에 '인드라'와 '환인' 사이에 많은 차이점이 있는 것이 사
실이다. 즉 ,인드라는 여러 신들 가운데 제1위에 있는 신이기는 하
지만 다른 신들도 '인드라'와 같은 일당백의 힘을 가지고 있었다. 다
만 양자 사이에는 지대한 능력을 서로 가지고 있다는 점에서도 같
다고 할 수 있다.

 '桓因' 개념을 민족 정통사관적 입장에서 해석을 시도한 분도 최
남선이다. 최남선은 그의 불함문화론에서 '단군'을 몽골어의 '뎅그
리Tengri'에서 왔다고 하면서 이 말은 '웃' 혹은 '巫'를 의미한다고 했
다.[75] 1928년에 쓴 '壇君神典의 古義'에서 上界는 '환' 혹은 '한' 이
라 하며 곰 천구天口요……환인이란 것은 천하의 '환'의 대자이니,
시방 말의 '한울'은 곧 '환'의 유음 혹은 전어이다"[76]라고 했다. 그는
이 '환인'을 순수란 민족 고유어인 '한'에서 나왔다고 단정해 말했었
다. 최남선은 단군신화를 전체로 보아서 "어떤 인도색 불교 냄새도

---

74) 安啓賢, 『韓國拂教史』(서울 :同和出版社, 1982), 55쪽.

75) 최남선, 50쪽.

76) 위의 책.

발견되는 것이 없는"[77] 민족 고유경전으로 보아야 한다고 강조했었다.

1953년 김정학에 의해 재론된 단군신화는 '桓因'은 '하나님' 차음에 불과하다고 귀착되어졌으며, 1973년 한국 신문협회가 주최한 한국사연구회에서 발표된 글에서 이기백은 또다시 '桓因'은 '하나님'의 한자 표기라는 점을 재확인했었다. 우리는 여기서 단군신화 속에 나타난 '桓因'의 어원적 유래를 다루면서 ①불교 영향설, ②도교 사상과 샤머니즘 영향설, ③민족 고유 종교설 등이 있음을 알게 되었다. 그러나 한국어의 기원, 그리고 그것의 슈메르어와의 관계에서 연구된 적은 아직 없었다. 그러나 이렇게 연구를 하지 않으면 이 말의 참된 근원을 밝힐 수 없기 때문에, 여기서는 일단 슈메르 어원 속에서 '환인'의 근원을 찾아보려고 한다.

'한'은 이미 우랄-알타이계에서 '간', '칸', '찬' 등으로 표기되어졌다. 슈메르어에서 '간GAN'은 세 가지 의미로 나타나 있다. 즉 ① 전체Totality, 많음Much, ②들Field, ③생산Produce 등이다.[78] 여기 '들'에서 '안AN', '안나ANNA', 그리고 '아나ANA'등이 나왔으며, 그 의미는 '높다High', '높은 평원A Higher Level or Plain', '사막의 구릉', '꼭대기의 정상', '하늘Sky', '들려 높은 곳' 등의 의미가 파생된다. 여기서 우리가 쉽게 발견할 수 있는 것은 한의 개념들과 슈메르어의 '간' 혹은 '안'과는 기의 그 의미가 같다는 것이다. '한'의 의미가 ①크다, ②전체, ③높다, ④많다, ⑤하늘, ⑥으뜸 등이라 함으로써 '한'과 '안'은 유사성을 강하게 나타내 보여주고 있다.

---

77) 위의 책.

78) C.1. Ball, 39쪽.

'안AN'은 슈메르의 신들 가운데 최고 높은 신이다. 슈메르의 100
여 이상 되는 신들 가운데 하늘신인 '인'은 바람신인 '엔릴Enlil', 물
의 신인 '엔키Enki', 큰 어머니 신인 '닌후르삭Ninhursag'과 함께 최고
높은 지위에 있는 신이다.[79] 하늘과 땅은 원래 하나로 붙어 있었다.
그러다가 하늘과 땅이 둘로 나뉘면서 하늘은 '안' 땅은 '엔릴'이 맡
아 주관하게 되었으며, '엔릴'은 '안'의 아들 격이다.[80] 지금까지 얻
어 해독된 자료에 의하면 '안'은 적어도 BCE 2500년 이전까지는 슈
메르 신전의 최고 통치자였으며, 그 이후부터 그의 아들 엔릴이 그
뒤를 물려받게 되었다. 즉 엔릴이 등장하기 수천 년 동안 '안'이 최
고 신위의 자리를 지켜왔었다. '안'이 BCE 2570년부터 뒷전으로 사
라지면서 '인안나Inanna'가 다스리게 되었다.

　여기서 우리는 '안'과 '엔릴'의 관계를 단군신화의 '환인'과 '환웅'의
관계처럼 생각할 수 있다고 본다. 이 두 신관은 모두 발전적 '신관
Progressive Theism'으로 볼 수 있다.[81] 즉 아들의 역할이 아버지의 역
할보다 더 발전적으로 커지고 강해지는 신관이라 할 수 있다. 단군
신화에서도 주인공은 역시 환웅이며 이는 슈메르에서도 지상에 내
려온 엔릴의 역할과 같다. 이러한 신 개념의 유사성과 함께 '안AN'
과 '한HAN'은 낱말의 의미에 있어서도 유사함을 지적했다. 그러면
왜 '안'과 '한'간에 발음상의 차이가 생기느냐이다. 그 대답은 간단하
다. 발성학적 측면에서 볼 때에 'ㅎ(H)'와 'ㅇ(A)'은 같은 치음齒音에

---

79) S.N. Kramer, 『The Sumerians』, 118쪽.

80) S.N. Kramer, 『Sumerians Mythology』, 38쪽.

81) Thorkild Jacobsen, 『The Treasures of Dorkness』(New Haven and London: Yale
University Press, 1976), 95~116쪽.

속하며 오행에 의하면 같이 수水에, 오성으로 보아서는 우羽에 속한다. 한글에서는 ㅎ, ㅇ, ㆆ이 모두 이 치음에 속해 있어서 언제든지 ㅎ와ㅇ은 바뀌어 질 수도, 하나가 다른 하나를 대치될 수도 있다.[82] 예를 들면 '할레루야Hallelulia'가 '알렐루아Alleluia'로 되고 'Hour'가 '아우어'로, '호텔' 이 '오텔' 로 발음되는 경우라 할 수 있다. ㅎ(H) 발음은 모음 앞에서 쉽게 탈락되기도 상합되어지기도 한다. 그래서 '한'과 '안'은 쉽게 아무런 이상 없이 치환되어 사용되어질 수 있는 것이다. 김경탁은 우리 한민족이 태고적에 곰의 숨소리에서 'ㅎ' 음을 배우기 시작하면서 가장 기본되는 일상언어가 모두 'ㅎ'자음으로 시작되었다고 했다. 그 경우가 '해', '흙', '하늘', '하느님' 등에 해당한다고 했다.

이렇게 '한'이 지역이나 민족에 따라서 '칸', '찬', '간', '안' 등으로 변화되어졌을 것으로 보고 있다. 이와 같은 결론을 내릴 때에 한국어의 '한'은 슈메르어의 '안'과 같이 발성학적인 면에서도 일치되는 동시에 아울러 의미도 유사하고 더 나아가 최고신의 이름이기도 하다.

슈메르어의 '안'과 한국어의 '한' 관계 보다 더 일치되는 말은 신의 이름인 '딩그르Dingir'라 할 수 있다. 즉, 슈메르어로 신이라는 보통명사는 '딩그르'이다. 고대 상형문자로는 ✳로 표시되었는데 신의 능력이 사방으로 터져나가는 힘을 상징한다고 할 수 있다. 나중의

---

82)
　　　ㅅ(음)
　　　ㅁ(ㄹ)
　　　ㄷ
　　　ㄴ
－ㅋㅌㄱㅇ#〉〉ㅓㅊ
　　　ㅇ
　　　ㅇ
　　　우
　　　水

설형문자로는 ▷+로 표시되어졌다. 딩그르는 '딩DIN'과 '그르GIR'의 두 말이 합치되었는데, '그르'는 '굳건한 반석Firmament'을 뜻한다.[83] C.J.볼은 터키어는 't'ang-li(당그리)'나 한자의 't'ien-i'와 같다고 했다. 우리는 위에서 '단군'이 몽골어의 뎅그리Tengri가 한자음으로 전음된 것이라고 했었다. 그렇다면 이 몽골어의 '뎅그리'는 슈메르어의 '딩그르'와 성음상에 있어서 같다고 할 수 있다. 즉, 딩그르 = 뎅그리 = 단군 = 당굴애 사이의 어떤 등식이 연결되어지지 않는가 하는 추리가 성립된다는 것이다. 볼은 또한 'Dingir'의 𠂤에서 한자의 임금 '帝'가 만들어 졌다고 했다.[84]

그러나 슈메르어와 중국어 사이에는 발음상에 유사성은 혹시 있을지라도 한국어와의 관계만큼 많은 정확성을 갖는지는 매우 의심스럽다. 여기서 우리는 옛 단군조선과 고대 메소포타미아문명 사이에는 실크로드를 사이에 두고 뚜렷한 관계가 있었지 않은가에 더욱 관심을 가지지 않을 수가 없다. 결론적으로 말해서 'Dingir'는 곧 'AN'이다. 이 둘은 서로 바꾸어 불러도 된다.

다음으로 고려할 점은 '환인'의 語素 가운데 '인因'이다. 이 말 역시 슈메르어에서 정확하게 찾아질 수 있다. BCE 2700~2500년경 슈메르의 고대 도시국가인 '우루크Uruk'에서는 정치 지도자 혹은 군사 지도자가 통치를 하지 않았고 종교 지도자가 다스렸는데, 이들 종교지도자들은 성전 안에 살고 있는 제사장들이었다. 슈메르 신화는 이러한 제사장적 정치 형태를 '인'격En-ship이라고 했다. 우루크에는

---

83) C.J. Ball, 56쪽.
84) 帝의 상형은 식물의 씨방을 의미하는 𠂤이다.

'에안나Eanna'[85] 혹은 '하늘의 집House of Heaven'이 있었는데, 이는 우루크 도시의 중심되는 성전이었다. 이 에안나에는 '안'이란 하늘신과 '인안나'란 하늘여신이 살고 있었는데, 이 양자는 모두 '인'의 존칭, 즉 '주님' '임' 혹은 '인' 격의 대우를 받았었다.

'en'은 '안AN'의 어원인 An=√en(※편집자: An은 en의 어근이란 뜻)이다. 그 의미는 '높다'는 뜻이다. 그렇다면 우리 한국어에 자기보다 높은 분에게 붙이는 존칭어인 '님' 혹은 '임'은 슈메르어의 'en'과 같지 않느냐는 것이다. 다시 말해서 지금은 통속적이 되어 '선생님', '임금님', '아버님' 등 일상용어화 되었지만, 원래는 신에게 혹은 왕에게 붙이던 존칭이었던 것 같다. 그런즉 '환인'은 그대로 '하느님'이란 뜻이다. 즉 '환'은 '한'으로 '인'은 '님'으로 바뀌어져 환인=하느님이란 뜻이다. 이렇게 볼 때에 불교 영향설 등은 전혀 근거없는 것이며, 불교의 그것이 도리어 슈메르어의 영향을 받았을 가능성이 많다.[86] [87]

신의 성격을 규정짓는 말로 슈메르어에 '매Me'가 있다. 이 말은 신의 여러 가지 속성을 측량Measurement한다는 의미로 쓰여지는 중요한 말이다. 이 말 역시 순수한 우리말로서 이해될 수 있다. 즉 양주동의 『古歌研究』[88]에 의하면 '許, 度'를 의미하는 추상명사가 바로 '매'라는 것이다. "조그매도 머므디 아니은도다(不少留)"에서와 같이

---

85) William W. Hallo, 『The Ancient Near East』(New York:Harcourt Brace Jovanovich, Inc.,1971), 44쪽.

86) 고대 인더스문명과 메소포타미아문명은 상호교류가 BCE 2500년경에 활발히 전개되어졌다고 여겨진다.

87) 이에 대해서 『인류문명의 기원과 한』(1989, 가나)에서 자세하게 다루었다.

88) 양주동, 『古歌研究』(서울 : 一潮閣, 1983), 666쪽.

'매'는 정도를 측정하는 말로 쓰여졌으며, '매'가 지금은 '마'로 변해서 일상 언어에 '얼마'로 나타난다. '마'는 또 '만·만큼' 등의 조사로 변하고 '매'는 부사로도 변한다. 이러한 '마' 혹은 '매'의 한국 고어는 슈메르어의 '매'와 유사하다고 할 수 있다. 서양의 슈메르어 연구학자들도 '매'의 정확한 어원과 어의를 분간하지 못하고 있으나, 신의 속성을 재는(度數) 말로 쓰여진 것임은 확실하다고 본다. 그렇다면 슈메르어는 앞으로 반드시 한국 고대어와 연결시켜 연구되어져야 하고 한국어도 슈메르어와 연관시켜 연구되어져야 서로 그 정확한 근원을 알 수 있게 될 것이다. 한국어의 소멸은 인류 초고대어의 소멸일지도 모른다. 무차별한 외래어 사용은 당장 그만두어야 한다.

하늘 신 '안AN'에 대칭되는 땅의 신은 '키Ki'이다. An-Ki는 보통 연칭으로 사용되기도 한다. 물의 신인 'Enki'는 곧 '땅의 님'이란 뜻이다. 여기서 'Ki'역시 한국어에서 찾아질 수 있다. 최남선에 의하면 '기'는 옛날 고어로서 거룩한 장소, 성, 신이 거주하던 신전 같은 것을 의미했다고 한다.[89] 여기서 유래하여 지금의 장소를 의미하는 추상명사로서 여'기' 저'기', 거'기'로 변했다고 한다. 이에 앞서 안재홍은 "朝鮮은 기의 나라"라고 하면서 관직, 인물 지명 등이 모두 '기', '지' 혹은 '치'로 불려졌다고 했다. 안재홍은 상당한 분량의 연구를 통해 삼국시대, 고려시대를 관찰하여 이 말이 쓰여진 예를 고증하고 있다. 이에 대해서는 더 구체적인 연구과제로 남겨 놓고 수메르어의 땅을 의미하는 '기' 혹은 '키'와 한국 고대어 사이의 '기', '치', '지'는 그 성음에 있어서나 그 의미에 있어서 서로 상통하고 있음을

---

89) 최남선의 『불함문화론』, 「아시조선」을 참조. 安在鴻, 「箕子朝鮮」, 『民族文化論叢』, 第五倦 3冊 참조.

부인할 수 없다고 본다.

3) 슈메르와 한국의 역사적 관련성에 관하여

슈메르문명에 대한 연구는 한국상고사를 연구하는 재야사학자들에 의해 끊임없이 진행되어 왔다. 그중 체계적인 방법은 아니더라도 많은 자료들은 제공하여 놓은 분은 문정창文定昌이다. 문정창은 『가야사加耶史』[90]와 『한국—슈메르 : 이스라엘의 역사』 두 책에서 강력하게 슈메르는 옛 동이족이 세운 소호금천小昊金天의 후예들이라고 논증하고 있다. 여기서 간단히 그의 설을 소개해 놓으려 한다.

문정창에 의하면 소호금천은 東方계열 이족夷族의 최초 군장이었으며 소호금천은 혈연적, 문화적으로 우리 한민족의 직계라 했다. 그 한 예로 가락국조 김수로가 바로 소호금천씨의 후예라는 것이다. 소호씨의 본고장은 남만주 봉천·요동반도 지방이었는데 소호씨는 일찍이 산동반도 회대淮代지방에 진출하여 중국사의 발전에 기여했다.

소호금천씨는 산동성 곡부曲阜에 도읍하고 있었다. 그런데 최근 중국에서 발견한 대문구문명大汶口文明은 작금 5,785년 전의 대 문명권인데, 이것이 산동반도에서 나타났다.[91] 이 문명권은 지금까지 알려진 최고의 앙소仰韶·용산龍山보다 무려 2,000년이나 앞선 문명권인데 이 문명권에서는 후자가 갖지 못한 문자가 있었다는 점이 그 특징이라고 할 수 있다. 대문구문명은 태음력, 농업, 수산, 목축,

---

90) 文定昌, 『加耶史』(서울: 佰文堂, 1977), 73-163쪽. 『한국·슈메르·이스라엘의 역사』(서울 : 佰文堂 1978), 참조.

91) 文定昌, 『加耶史』.

음악 등 찬란한 문명을 이룩하고 있었음이 고고학의 발굴에 의해 증명되었다.[92) 문정창은 이 대문구문명의 주인공이 동이족의 맹주였던 소호금천씨라는 것과 이 문명권이 서쪽으로 이동해간 것이 슈메르문명이라고 결론짓고 있다.[93) 그 이유로서 다음 몇 가지를 지적하고 있다.

① 양대 문명권의 주인공들은 모두 머리털이 검고 곧으며, 체구가 작고 후두부가 편평扁平하다.
② 두 민족은 설형문자楔形文字와 태음력太陰曆을 사용했었다.
③ 두 민족은 둘 다 언어가 교착밀어였다.
④ 두 민족은 순장을 강요했다.
⑤ 두 민족은 회도灰陶를 사용했었다.[94) 이에 비해 중국인들은 채도를 사용한다.

이상의 예를 종합하여 볼 때 슈메르와 고대 한민족 사이에는 역사적 접촉이 있었음이 분명하다고 하면서 문명은 서쪽에서 동쪽으로 온 것이 아니고, 동쪽에서 서쪽으로 건너간 것이라고 주장하고 있다.

문정창의 이러한 결론에 대해서는 실증적인 연구방법이 뒤따라야 하겠지만, 슈메르문명의 기원을 연구하는 서양학자들이 좀 더 진지하게 한국문명과 한국상고사에 한번 관심을 기울일 좋은 기회는 온

92) 위의 책, 227쪽.
93) 위의 책.
94) 文定昌, 『한국·슈메르·이스라엘의 역사』, 43쪽.

것 같다. 슈메르인들이 분명히 어느 원주지에서 그들의 고유한 문자와 문명의 유산을 가지고 메소포타미아지역에 내려갔다면, 우선 BCE 3500~6000년경에 지구상 어느 다른 곳에 이와 같은 문명권이 있었는가부터 살펴보아야 할 것이다. 여기에 대문구문명권은 중간자적으로 등장하게 되며 그때부터 구체적으로 언어, 습속, 문화 전반에 걸쳐 비교를 시도해 보아야 할 것이다. 이러한 노작의 일환으로 필자는 언어의 비교를 시도해 보았다.

끝으로 문헌적 자료로서 슈메르와 한국과의 관계를 직접적으로 말해 주는 것이 있는데, 그것은 『삼성기三聖記』이다. 삼성기는 단군역사와 단군 이전의 역사를 기록해 놓은 문헌이다. 이런 문헌들이 안타깝게도 역사학계에서 푸대접을 받고 있던 중 1983년 일본학계의 주목을 받아 日書로 번역 출판케 되었다.[95] 소위 『환단고기桓檀古記』라 엮어진 이 책 속의 삼성기 부분에 의하면, 옛 환웅이 다스리던 환국이 십이분국으로 수밀이須密爾와 우루虞婁가 있었다고 했다.[96] 『환단고기』를 집주한 녹도승鹿島昇은 이 수밀이와 우루는 메소포타미아의 수메르와 우르국의 한자음 표기라고 단정하고 있다. 그는 또한 실크로드를 통하여 두 문명권은 서로 고대에 상통하고 있었다고 하면서 이는 인류문명상의 코페르니쿠스적인 대전환이라고 했다.[97] 그러나 못마땅하게도 그는 한국문명이 슈메르에서 건너온 것인 양 해석하고 있다.[98] 이것은 슈메르의 기원을 전혀 모르고 내린

---

95) 鹿島역, 『桓檀古記』(東京: 新國民社, 소화 57년).

96) 『三聖記』, 『桓檀古記』, 60쪽.

97) 위의 책, 3쪽.

98) 위의 책.

소치라고 할 수 있다. 위에서 지적했지만 슈메르인들은 메소포타미아의 원주민이 아니고 어디선가 내려갔다. 그렇다면 슈메르에서 한국문명이 건너왔다고 함은 잘못이고 그 반대가 옳다고 할 수 있다. '슈메르 문제' 란 바로 슈메르인들의 기원에 관한 논쟁을 두고 하는 말이다.

한국문명을 새 몸체로 본다면 슈메르와 아메리칸 인디안문명은 새의 두 날개와 같다고 할 수 있다. 동서로 벌려져 있는 새의 양대 날개로서 인류문명사의 불가사의적 초고대문명을 형성시켰다가 지금은 모두 사라졌다. 그러나 초고대문명의 가장 순수한 모습을 한 나라 한민족一土一民 속에 그대로 간직하고 있는 곳이 한국이라고 최남선은 강변하고 있다. 여태 다른 모든 문명은 이 날개 그늘 아래에서 이해되어질 수 있으며, 이들 후대 문명들은 모두 두 날개에서 떨어진 깃털 정도에 불과하다. 역사가에게 주요한 것은 '사실' 만이 아니고 한 역사가의 주관적 의지와 용기가 더 주요하다. 우리 역사학계에는 이런 것이 없다.

결 론

한 가지 분명한 사실은 슈메르-한국-아메리칸 인디안으로 연결되는 인류문명의 맥이 선명하게 밝혀 세워지지 않는 한 절대로 어느 학문도 신학도 불가능할 것이다. 그리스도의 구속사업은 이러한 문명의 맥 속에서 이해되어져야 한다. 이 맥 속에서 불교나 유교나 도교도 유대-그리스도교도 성립되어졌기 때문이다. 만약 이 맥락이 찾아지지 않고 지금 상태로의 신학이 그대로 진행되는 한 다음과 같은 한계와 오류가 극복되어 지지를 않고 영원히 그냥 남을 것이다.

지금 인간들의 종교 경험 가운데 두드러지게 나타나는 두 가지 양상은 궁극적 실재를 경험하는 대상에 따라 두 가지로 크게 나눌 수 있다. 그 하나는 유대-그리스도교 전통 속에서 발전되어 내려온 인격신Personal God에 대한 경험이요, 다른 한쪽은 비인격적인 우주적 존재, 즉 무Emptiness에 대한 경험이다.[99] 이 두 가지 종교적 경험은 매우 상이하지만 독특한 종교적 경험을 주고 있다. 앞으로 이 두 종교 경험들은 서로 결합되고 조화되어져야 한다. 인격신의 존재를 믿는 유대-그리스도교 전통은 무無나 자연 같은 범아일체적 종교경험을 전혀 무시하고 있고 불교-도교적 전통은 인격신 같은 존재를 또한 무시 혹은 백안시하고 있는 것이 현실이다.

이 두 전통이 만나지지 않을 때에 그리스도교 신학은 이원론이란 병폐에서 해방받지 못하게 될 것이다. 그리스도교는 불교의 무 개념을 받아들여 인격신을 이해함으로써 서양 그리스도교가 지금까지 겪어온 이원론의 함정에서 해방받아 나올 수가 있을 것이다. 그런 면에서 불교와 그리스도교와의 대화는 시급한 과제이다. 그러나 그리스도교와 불교의 대화란 말류에 나타난 현상, 즉 지류支流에서 이루어지는 대화이기 때문에 별 기대는 할 수가 없을 것이다.

문명의 근원지를 봄으로서 인격신 하나님과 범아일체적 무는 만나질 것이다. 즉 우리 고대사상, 즉 '한사상'에로 눈길을 돌려보면 인격신과 범자연적 무와는 아무런 갈등없이 만나지는 곳이 선도문화이다. 무라는 것이 무엇이냐고 질문한다면, 그 대답은 '하나One'

---

99) 무에 해당하는 것이 '기' '도' 같은 것이 포함된다.

와 '많음Many'의 조화라고 할 수 있다. 즉 '하나'가 많음이 되고 '많음'이 '하나'가 되는 자리가 바로 '무Emptiness'이다. 우리말의 '한'은 '하나'의 의미와 '많음'의 의미를 동시에 가지고 있다. 이것은 우리 한국인들이 전체 속에서 개체를, 개체 속에서 전체를 경험해온 독특한 존재론적 인식방법이라 할 수 있다. '하나 부처'와 '많은 부처'의 관계를 그렇게 조화시키려 애쓰던 화엄불교는 한국에서 '한부처'라 함으로써 양자를 묶어버려 통불교通佛敎의 전통을 세워 내려왔던 것이다. 이러한 의미에서 순수한 우리말로서 '한'은 앞으로 존재론과 인식론을 구축하는데 있어서 중요한 역할을 할 것이며 여기에 한 철학이 성립되어지는 근거가 성립되어지는 것이다 이러한 '한'에 '님'을 붙이면 어디에 내어놓아도 손색이 없는 유일신관적 '하나님' 혹은 '하느님'신관이 성립되어지는 것이다. 즉 한국에서는 '한'으로 인격신과 무가 아무런 갈등 없이 어우러져 있는 것이다. 이것은 한국인들만이 특유하게 가지고 있는 세계관 내지 우주관인 동시에 신학인 것이다.

이처럼 특유한 '한사상'은 앞으로 특유한 신학을 배태시킬 것이다. 철학이나 신학은 거기에 사용되어지는 언어가 어떤 언어냐에 따라서 이미 그 학문의 내용마저도 결정해 버린다. 즉 '무'와 '인격신'을 결합시켜 하나로 묶어 표현한 언어는 '한'이란 말뿐이다. 그런 면에서 서구신학의 이원론을 극복하려면 한국어의 '한'으로서만 가능해진다는 것이다. '한'이 이러한 특유한 효과를 낼수 있는 원인은 그 말의 뿌리가 깊고 장구하기 때문이다. 무려 8,000년의 역사—인류문명사가 시작되기도 이전에 있어온 말이기에 온갖 말류에 흩어진 언어들을 습합시켜 통전시킬 수 있었던 것이다. 인류역사는 '한'

의 확산이요 '한'의 수렴의 그것이다. 그런 면에서 샤르댕의 오메가
포인트Omega Point와도 같다.

만약 '한'을 이해하지 못하면 역사 이해에 있어서 큰 오류를 범하
게 된다. 칼 야스퍼스는 인류문명이 BCE 2세기와 8세기 사이에 한
꺼번에 일어나기 시작했다고 하고 이때를 차축시대Axial age라고 했
다. 이 차축시대에 소크라테스, 아리스토텔레스, 플라톤, 공자, 맹
자, 석가, 노자 등 인류문명에 정신적 공헌을 한 대부분의 인물들이
나서 활동했었다. 서로 교통·통신시설도 없던 당시에 어떻게 서로
약속이나 한듯이 이들 인물이 동시에 활동하게 되었는가? 이에 대
해 야스퍼스는 확실한 대답을 하지 않고 있다. 보통 차축시대 이전
시대는 원시시대Primitive Age와 문명시대Civilized Age로 나누고 있다.

왜 차축시대가 다발적으로 동시에 생기게 되었는가? 이 질문에
대한 대답 역시 슈메르—한국—인디안문명의 맥락 속에서만 완벽하
게 이해될 수 있다는 것이다. 즉 인류문명의 초고대사라 할 수 있는
제4빙하기(BCE 1500~2000년) 경에는 인류가 중앙아시아의 한 곳에
모여살다가 동서로 흩어지게 되었다는 것과 슈메르—한국은 이미
BCE 4000~5000년경에 문자, 역법, 교육, 법률 제도를 완벽하게
갖추어 불가사의한 문화를 창조했던 것이다. 이 두 문명이 흩어져
하나는 메소포타미아문명을, 다른 하나는 황하강[100] 유역에서 소위
중국문명이라고 알려진 것을 창조했다(중국문명은 사실상 동이한국인이
창조한 것이다). 그렇다면 히브리—헬라문명이 모두 슈메르에서 기원
했다면 그리고 이집트·나일강문명도 슈메르의 연장선상에서 이해

---

100) 황하강 유역보다 1,000키로 북쪽에 이보다 수천년 앞선 홍산문화가 최근 발
굴되고 있다.

되어져야 한다면 인류문명이 차축시대에서 다발적이며 동시에 흥기하게 되었다는 것은 전혀 무리없이 이해되어질 수 있다는 것이다.

즉, 슈메르─한국이 이룩한 BCE 4000~5000년의 문명은 전 차축시대Pre-Axial Age에 해당 된다고 할 수 있다. 공자는 솔직히 말해 자기는 '서술했지 창조하지는 않았다(述而不作)'라고 했었다. 이 말은 공자가 요·순이 만들어 놓은 것을 다시 재 서술한 정도에 불과하다는 뜻일 것이다. 또한 이 말은 공자의 공자사상 이전에 이미 어떤 큰 정신적 유산이 있었다는 것을 의미했다고 할 수 있다. 차축시대 이전을 그래서 쉽게 원시시대Primitive Age로서 취급해 버릴 수가 없다. 이미 BCE 수십 세기 전에 슈메르와 동북아 일대의 소위 동이족으로 알려진 부족은 현대 법률제도와 같은 법제도와 60진법과 교육제도를 가지고 있었다. 차축시대는 이들 유산을 더 합리화시킨 것 밖에 되지 않는다. 그런즉 슈메르─한국─인디안문명의 연속맥락을 무시한 역사 이해는 상당한 과오를 범해 왔다. 두 가지 과오는 이들 세 문명권 사이에 연속되는 관계를 이해하지 못한 데서, 그리고 한국문명을 중국문명으로 착각한 데서 온 것이다. 앞으로의 과제는 이 두 과오를 시정하는 데서 출발되어져야 할 것이다. 우리의 신학도 앞으로 전체 문명사적 관점에서 이해할 때에만 이 과오를 극복할 수 있게 될 것이다. 토인비와 야스퍼스 등 이들이 범한 과오를 지금 지하에서 후회하고 있을 것이다.

한사상은 한민족의 심성에 바탕을 둔 사상이다. 한사상의 좌표는 고대 인류문명사를 기점으로 하여 전개된 대장정大長征의 철학이다. 각 시대의 역사적, 그리고 사회적 배경을 토대로 하여 이해될 수 있듯이 한사상도 사상으로서 역사적 배경을 무시할 수 없다. 종래의 철학의 관념론, 인도·아리안의 인더스·겐지스강 유역, 그리고 중국의 황하강 유역이 그렇다. 그러나 '한철학'은 이들 철학과는 비교도 안 될 공역의 철학이며 전 차축시대(BCE 4000~8000년)에 형성되어진 자료를 바탕하여 그 출발로 삼고 역사를 관류하고 있는 철학이다.

한철학은 비이원론적, 비실체론적, 비시원론적 철학이며 이는 부루도 혹은 풍류도이다. 이러한 사상들은 민족경전인 천부경天符經과 삼일신고三一神誥를 통해서 표현되어졌다. '한철학'은 이 두 경전에 대한 주해이다. 그리고 여기서는 슈메르―한국 간의 문명사적 맥락을 연결시켜 봄으로써 지중해 연안에서 형성되어 대서양을 건너와 이룩되어진 구미 철학 혹은 신학을 극복하자는 데 주안점을 두었다. 그런즉 '한사상'의 본령을 출발시키기 위한 준비작업으로서 해놓은 것에 불과하다. '한사상'은 한철학의 범위를 넓게 이론과 실천의 응용에 더 관심을 가진 것의 명칭이다.

제 2부 '한철학'적 신학

1. '한'의 철학적 문제성

미국에서 1983년도 『한철학』을 쓸 당시만 하더라도 '한'개념 안의 'One(一)'과 'Many(多)'의 두 개념 밖에 사용하지 못하였다. 귀국하여 강의를 하는 동안 'Same(同)'과 'Middle(中)'과 'About(不定)'을 더 발견하여 발전시킬 수 있었다. 여기서 한글로 사용하게 되면 동음다의 Equivocal현상이 생겨 혼돈이 생길 우려가 있기 때문에 영어와 한자로 '한'의 개념을 구별되게 표현하려고 한다. 즉 '한'에 대한 측정어 Meta-Language로서 영어나 한자를 사용하기로 하겠다. '한'이란 한 어휘 속에 一, 多, 同, 中, 不定의 다양한 의미가 담겨져 있음은 쉽게 한글 사전에서 확인할 수 있고, 이미 여러 학자들이 그 예를 수없이 열거했기 때문에 여기서는 생략하기로 한다.[101] 여기서는 지금까지 해놓은 구태의연한 연구내용은 반복하지 않고 다만 새로운 연구 결과만 발표하기로 한다.

사상으로서 혹은 철학으로서의 '한'개념이 독자적으로 따로 발전되어 내려온 맥은 찾기 힘들다. 최치원의 난랑비서문 같은 것을 보더라도 우리 고유사상이 나라 안에 활발히 발전되어 내려오다 유교

---

101) 안호상, 최민홍, 신철균, 이을호 등 한철학을 연구하는 교수들의 저서 참고.

와 불교가 들어오면서 그 독자적인 맥이 끊어진 것만은 분명한 것 같다. 위에서 한의 사관史觀에서도 지적한 바와 같이 우리가 동양 철학사에 기회를 놓친 것은 차축시대이다. 은나라가 망하고 공자의 가문이 중국에 귀하함으로 차축시대의 가장 중요한 주인공을 잃게 되었고 공자는 중화민족의 영광을 빛낸 인물이며 세계 사상사에 중국철학의 기반을 굳힌 인물이다. 그러나 사상이 공자부터 시작된 차축시대가 중요한 것이 아니고 바로 이 때에 기록한 많은 문헌들이 지금까지 남겨져 있고 우리시대가 아직까지 그 때의 문헌 이상을 정신적으로 넘어설 수 없기 때문에 중요한 것이다.

그러나 차축시대의 문지방Threshold을 넘어서 탈 차축시대에 들어가면 그렇지만은 않은 것이다. 공자가 '述而不作(서술했지 창조한 것이 아니다)'이라 겸손히 요·순에게 모든 사상적 은택을 올리고 있지만 요순은 문헌상으로 우리에게 직접 남겨놓은 것이 없기 때문에 역시 차축시대의 인물들은 우리에게 중요한 것이다. 이 차축시대의 기회를 중국에 빼앗긴 이후 우리 한문화는 지하로 숨기 시작했고 민중속에 저변으로 깔리기 시작했다. 그리고 상층문화권은 중국·인도의 차축시대 문화였다. 즉 유교·불교였다. 여기에 대해서는 아마도 아무런 이의가 없을 줄로 안다. 그러나 '박(咸)', '풍류', '낭교,' '신교', '현묘지도'로 지칭되는 '한'문화는 차축시대이전의 신석기, 구석기 시대를 지배하던 문화였고 차축시대와는 토인비의 말을 빌려 부자관계였다.

그러면 차축시대에 들어와 인간이 사고하는 방법이나 내용에 있어서 달라진 것은 무엇인가? 용커는 다음 일곱 가지 차축시대적 특

징을 열거하고 있다.[102]

① 多神과 多存在들을 묶는 하나의 힘이 무엇인가?
② 事物들에 편만해 있는 이 하나의 존재의 성격이 무엇이냐?
③ 이 사물들이 어떻게 생겨나는가?
④ 인간에게 있어서 선과 악은 무엇인가?
⑤ 무엇이 정의인가?
⑥ 내면적 자아Self의 성격이 무엇인가?
⑦ 무엇이 자아의 운명인가?

죤 캅과 야스퍼스는 차축시대에 드디어 인간의 합리적 사고, 이성, 정의, 사랑같은 개념이 등장했다고 했다. 만약 한의 다섯 개념으로 평가한다면 바로 이 차축시대에 'One(一)'과 'Many(多)'의 두 개념이 나뉘어지고 대칭으로 생각할 줄도, 그리고 그것을 나뉘어 생각할 줄도 알게 되었다고 말 할 수 있을 것이다. 예를 들면 유대인에게 있어서도 예레미야, 아모스, 이사야 같은 차축시대에 나타난 예언자들을 통해 유일신관(One)이 형성되어졌다. 특히 제2 이사야를 통해 유일신관이 형성되기 전에는 유대인들도 별 수 없이 다신교적이었다. N.K.Gottwald의 『야훼의 부족들The Tribes of Yahweh』에 의하년 BCE 1250~1050년의 족장시대에는 아브람, 이삭, 야곱의 각 부족마다 각각 다른 부족신을 가지고 있었다고 한다. 구약성서의 신의 이름이 'Elohim'(EL의 복수형)으로 되어 있는 것으로 보아서

---

102) Nicholas J.Yonker, 『God, Man and The planetary Age』(Corvallis: Oregon State University Press. 1978), 56쪽.

도 구약의 초기 하느님은 복수Many였다.

제2 이사야가 당연히 이러한 다신을 묶어 한 분 하나님 개념을 형성시키는 데 공헌한다. 유대민족에게 있어서 Many가 One으로 묶어지는 기간이 바로 차축시대이다. 그리고 그리스의 경우에도 이 차축시대에 들어와 소크라테스(BCE 469~399), 플라톤(BCE 427?~347?)에 와서 객관적 많은 존재들이 자신Self 속에 묶여지기 시작하고('너 자신을 알라'의 경우) 특히 플라톤은 잡다하게 많은 사물의 세계Many와 이것들의 보편적 하나One를 대립시켜 생각할 줄 알았다. 실로 서양철학은 플라톤철학의 주Footnote에 불과하다고 화이트헤드가 지적한 것은 플라톤이 철학하기 시작한 'One'과 'Many'의 관계를 2,000년 동안 서양철학은 고작 개념만 다른 말로 대입시킨 것에 불과하기 때문이다. 즉, 서양철학은 'One'과 'Many'의 관계의 역사였다. 그리고 서양 철학자들이 발견한 관계란 양자 가운데 '선택(ex : Either/or)'을 하든지 변증법적종합(both/and)을 시키든지 두 방법뿐이었다. 전자는 키엘케골이 대표하고 후자는 헤겔이 대표한다.[103]

이에 비하면 동양에선 One(一)과 Many(多)의 관계 뿐만 아니라 차축시대에 이미 이 양자의 '같음Same'과 '가운데Middle'까지도 알았던 것 같다. 이 두 개념을 첨가시킨 것은 최근에 와서야 서양의 경우 겨우 눈뜨게 되었다(화이트헤드 과정철학의 One become many and many become one 참조). 그런 점에서 서양철학과 동양철학은 2,000년 이상

---

103) 필자는 2000년대 초반부터 한의 논리적 성격 탐구에 몰두한다. 특히 One과 Many를 사각형의 세로와 가로 개념으로 파악하고 칸토어의 대각선 논법과 한의 관계에 집중한다.

의 눈뜨기 차이가 있는 것 같다. 한의 개념발전상에서 볼 때 최근 서양이 동양에 대해 눈뜨기 시작하는 것은 한갖 유행이 아니고 논리적 귀결이다. 즉 'One'과 'Many'는 'Same'이나 'Middle'을 추구하지 않을 수 없기 때문이다. 아무튼 공자나 노자 같은 동양의 차축시대의 인물들은 매사에 소위 중용Middle Way이란 지고지선의 가치라는 것을 믿었었다. 그리고 상당히 실제적인 즉, 정치나 윤리 같은 데서 'Middle'을 최고의 가치로 삼았다. 사서삼경 가운데『중용』이 하나의 독립된 책으로 편찬되었다는 사실은 얼마나 동양적 가치에 있어서 이것이 중요했던가를 입증하고도 남음이 있다. '중용'에서는 '誠'을 통해 'Middle'에 도달할 수 있다고 보았다. 필자가 보기에는 신유교가 등장하기(송·명시대)까지 유학은 결국 이 誠에서 완성된다고 보아도 과언은 아니다.

그러나 불교의 경우에는 인도에서 생겨 중국을 거쳐 한국에 전달되는 과정에서 많은 철학적 구조의 변화를 겪게 된다. 불교의 경우는 유교의 경우와는 달리 CE 4~5세기 경에 한국에 도착하면서부터 Middle의 단계를 넘어 'About'에 이르렀다는 것이다. 붓다(BCE 566~486) 자신도 차축시대의 노른자위에 태어나 전형적인 차축시대의 이상을 실현했다. 붓다는 자기 시대의 사상이 One(무) 아니면 Many(유)의 양극단을 가고 있다는 것을 간파하여 그 가운데Middle의 길에서 득도했다. 그러나 붓다는 자기의 사상을 철학적으로 발전시키지는 못했다. 불교가 철학적인 불교로 변한 것은 CE 1세기~2세기에 나타난 용수Naqarjuna를 통해서이다. 용수는 One을 진제(眞諦, The Higher Truth)라 Many를 속제(俗諦, The Worldly Truth)라 대칭시킨 줄 알았다. 그가 세운 학파를 중관종中觀宗이라 하는 것도 용수는 진·속의 가운데中를 부처가 말한 '무無'로 보았기 때문이다. 즉, 용수는 '무'가 유에 대립하는 것이 아니고 유·무의 가운데가 무라 하였다. 용수의 이러한 깨달음은 소승불교에 큰 충격을 주었다. 왜 냐하면 소승불교에서는 무를 유에 대칭 혹은 대립하는 상대적인 것으로 파악하고 있었기 때문이다. 용수의 이러한 중관사상이 그대로 쿠마라지바Kumarajiva(CE 344~413)를 통해 중국에 전달되었다. 그러나 중국인들은 실제적인 생활 속에서 '中'을 실현하는 데에는 익숙해 있었어도 불교가 얘기하는 논리적이고 추상적인 '中'개념은 매우 이해하기 어려웠다. 그래서 중관종은 중국에서 견디어 내기에 매우 어려움을 겪고 있었다.

바로 이때에 고구려 땅에서 중국 장안에 혜성같이 나타난 인물이 승랑僧郞이었다. 그의 연대를 정확하게 알 수는 없지만 고구려 장수왕(CE 413~491)과 문자왕(CE 492~518) 때였음이 분명하기 때문에 그가 중국에 간 것은 5세기 말이었다고 봄이 정확하다. 승랑은 그의 제자 길장의 저서를 통해서 그의 사상을 남기고 있는데 승랑의 유명한 방법론이 바로 이제합명설二諦合名說이다. 이제합명설이란 제1명에서는 진제와 속제를 유와 무로 대칭시키고, 제2명에서는 대칭을 하나로 묶어 세제世諦로 세우고(非有) 거기에 대한 부정을 진제(非有非無)로 세운 다음, 제3명에서는 제2명의 世諦와 眞諦를 하나로

묶어 世諦로 세우고(有無非有非無) 그것을 부정한 것을 眞諦로 세운다(非有非無非非有非非無)는 것이다. 간단히 도식화하면 다음과 같다.

이 간명한 것 같으면서도 복잡해 보이는 승랑의 이제합명론은 헤겔의 변증법(정·반·합)과 같은 것 같으면서도 또한 다른 변증법이다. 헤겔은 정에서 반이 대칭되어 합으로 종합되어진다. 이때에 정·반이 대칭되어 합으로 종합되어 지면서 정·반에 있던 서로 다른 것은 사장시키고 같은 점만 종합된다. 그래서 결국 헤겔의 변증법은 절대주의에 빠지지만 승랑의 방법론은 그와는 그 목적하는 바가 전혀 다른 즉, 절대주의와 귀속주의Reductionism에 빠지지 않기 위해서 오히려 고안된 것이다. 무를 유에 대칭시키면 소승불교는 필연적으로 두 절대주의와 무에 모든 것을 귀속시킬 위험성에 빠지게 된다. 이런 위험성을 대승불교는 바로 경계하고 있고 승랑의 이제합명론은 이런 위험성에서 우리가 빠지지 않도록 창안된 것이다.

有는 'Many', 無는 'One'으로 대칭시킬 때 제2명에서 非有非無라 한 것은 그 가운데中 길을 찾은 것이다. 그러나 中에도 머물지 않고 그것마저 파괴시켜 버린(非中) 것이 非非有非非無이나, 中非有非無이니 '非非有非非無'는 非中과 같다. 즉 非中=非(非有非無)이다. 그러면 그ㅈ렇게도 인도나 중국철학이 추구하던, 그리고 서양철학이 20세기에 와서야 발견한 '中Mddle'을 왜 승랑은 그것까지 파괴시켜야 한다고 보았는가? 여기에 한사상을 푸는 묘가 있는 것이다. 제1명은 사실의 대칭이요 제2명은 사실 속에 있는 대칭을 파괴하는 것이요, 그리고 제3명은 '파괴한다'는 것을 파괴하는 것이다. 비트겐슈타인의 논리에 의하면 사실에 대한 측정언어, 측정언어에 대한 메타언어의 관계라 할 수 있다. 이와 같이 하여 불교는 이미 요즘 언어학자들이 가장 즐기는 대상과 측정언어 사이의 갈등을 연주하는 방법을 알았던 것이다. 그래서 비트겐슈타인과 불교 간의 대화가 활발하게 된 이유가 여기에 있다.[104]

승랑이 볼 때에 '中'은 사실을 양극의 대칭으로 만들어 놓고 자기스스로 관념의 유희에 빠질 수 있다고 보았다. 그리고 중은 양극을 양손에 붙잡고 있는 상태이기 때문에 아직 양극을 버리지 못하고 있는 상태로 보았다. 그래서 제3명에서는 '中'마저 파괴시키게 되는 것이다. 그러면 남는 결과는 무엇인가? '中'이 없어지면 유교로 말하면 지켜야 할 윤리적 규범이 없어지는 것이나 마찬가지인데 그러면 인간이 발 딛고 설 현실적 땅은 승랑에게서 무엇이었던가? 여기에 유교 윤리의 한계, 인도·중국 사상의 한계가 있고 같은 동양권에 있지만 '한사상'을 중국·인도 사상과도 구별시켜야 할 이유가 다음에서 밝혀진다.

'中'마저 파괴시켰을 때 나타나는 것이 '한'의 다음개념인 'About'이다. 'About'를 '不定Uncertainty'으로 번역하여 놓으면 그런대로 의미에 가까우나 그렇게 확실하지 않은 결정되어지지 않은 '不定'하고는 다른 다음에 설명될 의미로서 '不定'은 매우 중요한 개념이다. 'About'는 '한 십 분' '한 십 리' 등에서 나타나는 '폭Volume'이 있는 개념이다. '묶음' 혹은 '다발'로서의 개념이다. 그리고 무언가 아직 확정되어지지 않은 상태를 두고 말 할 때 'About'의 '한'을 즐겨 우리는 사용한다.

About의 한을 이해하기 위해서 현대물리학의 도움을 받는 것이

---

104) 이에 관한 자세한 논의는 필자의 『원효의 판비량론』(2003)과 『원효의 판비량론 비교연구』(2004) 참고 바람.

필요하다. 현대물리학이 도달한 결론이 바로 불확정성의 이론Theory of Uncertainty이다. 뉴턴의 입자설은 보아의 입자—파동설에 의해 그 타당성을 잃게 되었고 보아의 입자—파동 상보성이론은 하이젠베로그의 불확정성이론과 연결된다. 불확정성의 이론이란 과거의 회의주의나 불가지론 같은 것과는 전혀 다른 이론으로서 객관적인 존재나 주관의 실제성을 의심하는 것이 아니고 과학적인 관찰은 주관—객관의 상보적 관계에서만 결정되어지기 때문에 관찰자 주관에 따라 관찰의 결과가 불확정적일 수밖에 없다는 이론이다. 승랑의 제3명은 바로 이러한 현대물리학의 결론과 과히 다르지 않다. 즉, 주관에다 혹은 객관에다, 유에다 무에다 즉 One이나 Many 어디에도 귀속시킴 없이 양쪽을 종합시켜(中) 파괴시킴으로서 살아 생동하는 존재의 참 모습을 바로 찾자는 것이다.

One과 Many는 서로 상호 침투하여 차滿야 하고 그것이 오래 참아 진認 상태에서 참眞이 나타난다. One에도 Many에도 Middle에도 매달려 있는 한 참Tuth은 나타나지 않는다. 그러나 참은 차滿 Fullness야 하고 다시 파괴되어져야 참眞이 나타난다. 제1명과 제2명의 과정 없이 제3명만을 말하는 것은 종합 없는 개체성만 강조하는 것이 되어 위험성이 따른다. 그래서 제3명만 따로 강조하는 것은 위험하다. 깨달음의 정도에 따라 아직 제1명의 상태에 제2명의 상태에 있는 사람들도 있다. 그러나 완성은 제3명에서 이다. 제3명은 About가 나타나는 상태이고 부처님이 6년 수행을 끝내고 산 밑으로 내려와 개개 중생들에게 대하는 사례마다 알맞게 아무런 장애 없이 모든 개체에 알맞게 적합되어가는 상태이다. 이것이 About의 상태이다.

About는 '不定'에서 우리 순수한 한국말의 불확정 추상명령서로서 '어떤', '어디'같은 '어'의 상태이다. '어'는 불확정의 상태이지만 처하는 일마다 아무런 가로막힘없이 자유자재로 '이'게 된다. 여기서 '이'는 '있다Being'와 '잇다Continuing'의 어근으로서의 '이'이다. '있음'은 다른 존재와 장애 없이 '이어짐'이다. 이를 화엄불교에서는 "處處事事無不碍(일마다 처하여 아무런 거리끼게 함이 없다)"라 했다.

승랑의 이제합명론은 중국의 장안에서 불교적 열기를 고조시켰고 인도의 쿠마라지바 이후 고갈된 중관불교를 다시 일으켜 신삼론을 세웠다. 그 당시 반대승불교Semimahayana Buddhism이던 성실종에 탐닉하던 梁武帝(502~549)마저 성실종에서 중관종으로 개종하고는 10명의 학인을 승랑에 보내 수학케 했다. 승랑을 섭령산에 모시게 하여 후대에 그를 혹은 섭령대사라 하기도 했었다. 승랑이 도달한 불교의 About의 경지는 도대체 어디서 나왔느냐이다. 어디서 이와 같은 독창적인 경지를 배웠느냐이다. 중국 안에서는 아니다. 왜냐하면 그가 왔을 당시 중국의 중관종은 이미 시들어 있었기 때문이다.

문헌에는 그를 요동인이라 했다. 즉, 고구려를 지칭한다. 그는 고구려에서 이미 불교를 완성시켜 내려갔다고 할 수 있다. 그 말은 고구려에 이미 중관불교가 활발하게 논의되고 있었음을 의미한다. 그렇다면 승랑은 이제합명설의 구조를 고구려 민족이 고유하게 가지고 있던 마음에서 찾았을 가능성이 확실하다는 것이다. 즉, 승랑의 이제합명론에 나타나는 바 One(眞) Many(俗), Middle(非有非無) 그리고 About(非非有非非無)는 민족의 고유사상인 '한'에서만이 그렇게 절묘한 모습으로 통전되어 있을 수 있었다는 것이다. '한'이 그렇게 철

학적으로 체계화되어 있었다는 것이 아니라 용수가 시작해 놓은 眞·
俗人二諦 '한'으로 발전시켜 완성되게 한 것이 승랑이라는 것이다.

　다시 요약하면,

　와 같다. 역사적으로 지역적으로 철학사상 발전을 대입하면 서양
사상은 제1명의 상태에 있고, 인도·중국 사상은 제2명의 상태까지
왔고(一과 多의 중을 모색) CE 5~7의 한국불교사상은 제3명의 상태
까지 이미 이르렀다.(或에 도달) 우리가 비록 BCE 4, 5, 6세기의 차
축시대 노른자위는 공자·노자에게 **빼앗겼을** 망정 천 년 후인 CE
4, 5, 6세기에 와서 완전히 중국의 기세를 누르고 아시아의 불교문
화에 꽃을 피게 했다. 인도불교가 씨앗, 중국불교가 잎이라면 한국
불교는 꽃과 같다는 최남선의 말은 승랑의 사상에서 분명하다. 인
도·중국 사람이 '中'에 머뭇거리고 있을 때 그것마저 파괴하여 '참'
을 살려낸 승랑은 과연 한민족의 사람이었다. 승랑이 도달한 About
의 경지는 원측의 一心說, 의상의 一門說, 원효의 十門和淨說에 그
대로 전개되어진다. '한'이 서양이나 중국·인도 사상밖에 하나 더
가지고 있는 요소가 About의 요소이다. 그리고 About은 항상 One
—Many—Middle의 연속 속에서 '하나'로 이해되어져야 한다. [105]

---

105) 원효의 판비량론은 一多中同或논리의 종합판이다.

최치원이 말한 나라의 현묘한 도國有玄妙之道란 바로 '한' 속에 있는 이들 개념들의 조화사상일 것이다. 승랑이 고구려에 있을 때 이미 풍류도 혹은 낭교에 흠뻑 젖어있었고 불교는 차라리 풍류도로 한번 엮어 풀어보는 정도였을 것이다. 그것이 어느 개인의 도가 아니고 최치원이 나라의 도라 한 것으로 보아 백성들 누구에게나 찾을 수 있었던 도였을 것이다. 그러기에 승랑—원측—의상—원효—지눌로 연결되는 한국 불교사의 맥에는 하나의 '한'의 맥이 구슬 꿰듯 꿰어져 있는 것이다. 이것은 불교에만 해당되는 것이 아니고 중국의 주자에 대한 한국의 율곡에서도 같은 '한'의 현상이 나타난다.

동학·증산·원불교도 수천 년 지하에 숨겨 유교·불교에 창조적 변혁Creative Transformation을 가하던 '한'이 드디어 하나의 독립된 옛 모습을 찾으면서 그동안 들어온 유교·불교까지 받아 자양분으로 살쪄 나타났다. 이에 지하에 숨겨졌던 '한사상'의 인격신 '하나님'을 재발견한 장본인이 바로 기독교로 본다. 여기에 대해서는 많은 설명이 필요하겠지만 쉽게 얘기해 신구약성서 속의 야훼신은 땅 속에 묻혀 질식 상태에 있던 '하느님' 혹은 '하나님'에게 산소 호흡기 역할을 한 것은 사실이다. 일단 한사상은 기독교에 감사해야 할 것이다. 왜냐하면 기독교를 제외하고는 유교도 불교도 인격신 신개념이 결여돼 있었기 때문이다. 한사상이 종교적 입장에서 볼 때에 기독교와 한사상의 관계는 일단은 긍정적으로 보아야 한다는 것이다. 동학, 증산, 대종교, 원불교 등이 모두 기독교의 전래와 함께 시작된 것은 양자 간의 어떤 서로 돕는 관계가 없었다고는 말할 수 없다. 그런데 왜 기독교와 한국문화 사이는 그렇게 서로 상극이 되었느냐는 바로 믿는 인간들의 문제이다. 즉, 서양 선교사들의 신앙체계와 우리의 그것과 달랐기 때문이다. 이것은 문화의 차이에서 오는 그리고 전자가 후자에 가지고 있던 인종차별주의에서 오는 동양문화 멸시풍조에서 생긴 결과라 할 수 있다. 초대 선교사들은 한결같이 '오리엔탈리즘'의 화신 정도로 보면 틀림없다.

한편 민족종교 측에서 볼 때에는 너희 서양 기독교가 인도나 중국에서는 눈을 비비고도 찾을 수 없는 '하나님' 신앙 때문에 우리 민족의 고유한 신앙체계가 기독교로 하여금 그렇게 성장하도록 만들지 않았느냐 하는 것이다. 한사상 입장에서 볼 때에는 유교나 불교보다는 기독교가 훨씬 대하기가 마음 편하다는 것이다. 그 이유는 같은 인격신인 하나님 신앙 때문이다. 그렇다면 기독교는 동양종교에 대해 무차별 배타적일 것이 아니라 민족고유 사상에 덕 입고 있는 감사와 아울러 서로 창조적 변혁을 이루는 작업을 같이 노력해 나가야 할 것이다. 참으로 오늘날 몰지각한 크리스챤들이 이러한 구별 할 능력 없이 무차별 폭격을 타종교에 가하고 있는 것은 위험천만이라 아니할 수 없다.

그렇게 될 때 기독교는 대승적 차원을 잃어버리게 되고, 개인 구원과 사회 구원을 양극화시키는 위험성에 빠지게 된다. 오늘날 기독교가 한사상과 창조적인 대화를 함으로서 한사상에 담겨져 있는 유교나 불교 같은 타종교와도 쉽게 대화를 할 수 있게 되고, 남·여성의 양극화의 극복, 정치적 해방과 개인 해방의 조화 등을 모색할 수 있을 것으로 본다. 기독교는 한국땅에서 한사상이란 지고한 가치에 대해 왜 감사할 줄 모르는가?

2. 한국말의 과정철학적 풀이

1) 한국어와 *存在論*

'있다' – '잇다' (Being–Continuity)

서양철학은 그리스의 자연철학 이래로 변함없이 '있음Being'을 추구해 왔다. 서양철학은 있음의 철학, 즉 유有의 철학이라 해도 좋다. 자연철학자들은 물, 불, 공기, 흙 같은 자연의 4대 원소들을 유라 했고 아테네 철학부터는 '이데아'(플라톤의 경우), '부동의 동자'(아리스토텔레스의 경우) 같은 것이 궁극적 유라 했다. 그리고 중세기에는 이들 유가 신God으로 바뀌었으며 데카르트와 칸트의 경우에는 자아Self와 '물자체Thing Itself'같은 것이 유를 대신 말하는 것이 되었다. 이와 같이 서양 철학사는 한번의 예외도 없이 유에 대한 집착을 버린 적이 없었다.

서양철학의 유개념은 그런데 다음과 같은 몇 가지 특징을 지니고 있다. 즉, 유는 제일원인The First Cause이며 다른 존재들을 가능케 만드나 자기 자신은 어느 것에 의해서도 원인되어 지지 않는 '자기 충족이유Sufficient Cause'를 가지고 있다. 그래서 충족이유로서의 유는 다른 존재들과 따로 별개의 존재Separated로 있으며, 다른 존재들을 밑바닥에서 밑받침하고 있으며Underlying, 그리고 다른 존재들과 관계되어 지지 않는 독립된Individual 상태로 있다. 이러한 'Underlying Separated individual'로서의 유를 서양철학은 '실체Substance'라고 했다. 이러한 실체는 중세기에 와서 신으로 바뀌었고 절대, 필연, 그리고 불변Absolute, Necessary and Unchanging이란 속성Attributes을 지니게 된다.

이러한 유의 개념은 동양사상 특히 불교사상과는 전혀 상반되는 사상이다. 즉, 불교는 철저하게 충족이유같은 모든 존재들에 독립하여 개체별로 존재하는 어떤 유도 있다는 것을 부정한다. 대신 모든 존재는 위, 아래 어느 곳에서 독립 자존하는 별개의 존재로서 따로 있을 수가 없고, 반대로 티끌하나도 빠짐없이 이것이 저것을 저것이 이것을 잇달아 일어나 연관되어 얽혀져 있다고 본다. 그래서 불교에서는 모든 존재들 밖에서 가능케 만드는 충족이유 같은 것이 있다는 사상을 배격한다. 불교에서는 이것이 저것에 잇달아 일어나는 연계사상을 '연기緣起; Dependent Co-Origination'라고 한다. 즉, 모든 존재는 연기되어 잇달아 일어나고 있다. 이를 두고 불교는 또한 무無; Emptiness라고 한다.

시양 칠학사 가운데 20세기에 들어와 나타난 A.N. 화이트헤드의 과정철학은 '있음'을 이해함에 있어서 서양 철학적이라기보다는 불교적이다. 과정철학은 '실체'란 말을 거부하고 대신 '과정Process'이란 말을 사용한다. 과정이란 말은 '따로 개별적 존재'로 있는 실체를 부정하고 모든 존재는 유기적으로 관계되어 있는 '유기체Organic'란 말로 대신 사용한다. 이런 유기체적 존재를 '사실체' 혹은 '현실존재Actual entity'라고 했다. 그래서 유기체란 말의 뜻은 비실체적Non-Substantial 혹은 비개체적Non-Individualistic이란 말과 같다. 이러한 유개념의 변화는 서양철학사에서 볼 때에 상당히 충격적이라고 할 수 있다. 일찌기 라이프니찌가 충족이유와 같은 것을 부인하고 모든 존재는 단자單子:Monad로 구성되어 있다고 보았다. 그러나 라이프니찌는 아직 단자들은 창문이 없다Windowless고 함으로서 단자들의 유기적 관계성은 인정치 않았었다. 화이트헤드는 라이프니찌의 단자 같은 것을 사실체라고 했으나, 이 단자와 사실체가 다른 점은 전자가 창문이 없이 유기적이 아닌데 비해 후자는 창문이 열려져 있어 사실체들끼리 연계망을 이루고 있다는 것이다. 화이트헤드는 사실체들끼리는 서로 연결되어 붙잡고 있다고 했으며 이를 파지把持:Prehend라고 했다. 이를 또한 '퍼져나간 잇달음Extensive Continuum'이라고도 했다.

우리 한국어의 '유'라는 말은 '있다', '있음'이다. '있음'은 이것이 저것에 '이어짐'에 있다. 그래서 '있다'는 '잇다'와 같은 것이다. 즉 'Being'은 'Continuity'와 같은 것이다. '있다'는 '잇다'가 어근이 같은 어원에서 출발했는지는 또 다른 연구과제이겠지만 우리말은 소리글자로서 '있다'와 '잇다'는 같은 소리를 내고 있어서 원시 한국인들은 존재의 구조를 이해할 때 어떤 존재로 따로 멀어진 별개의 것으로 있을 수 없고 존재끼리 잇달아 이어짐으로 '있음'을 그들의 존재관 내지 우주관으로 이해했을 것으로 본다. 단군신화에서 보는 바와 같이 하늘이 땅에 땅이 인간에 이어져 있고, 사람이 자연(곰)에 이어져 있고, 남자가 여자에 이어져 있음을 보았다. 즉, 천지인의 삼재가 하나로 연속되어 이어져 있다고 본 것이 단군신화의 핵심되는 사상이다.

'있다'가 '잇다'로 상통함은 한국인들은 일찍이 사물로 이해함에 있어서 실체로 이해하지 않고 과정으로 이해했음을 의미하게 된다. 현대 물리학에 의하여 실체개념은 파괴당하고 입자와 파동으로 이해되어지고 있다. 즉, 입자도 이해되어질 때는 '있다'이고 파동으로 이해되어질 때는 '잇다'이다. 그리고 '있다'와 '잇다'는 입자와 파동이 둘이 아니고 하나이듯이 같다. 한의 一, 多, 中, 同, 或은 이런 한의 존재구조인 잇달아 일어남의 구조이다.

뷔와 뷔

'있음'이 '이어'짐으로 있다는 것은 존재가 정체된 상태로 있는 것이 아니고 변하는 흐름 즉, 계속성 속에 있음을 의미한다. 이것이 저것에 저것이 이것에 계속되어짐은 연계망Nexus을 형성하고 유기체Organic를 만든다. 불교는 이러한 연계망을 연기 혹은 무無:Emptiness라고 한다. 이러한 무를 서양 학자들은 'Nothingness' 'Nonbeing' 혹은 'Void'로 이해함으로서 크게 잘못 해석해 온 것이 사실이다. 실존주의 사상가들은 대부분 존재Being에 대칭되는 개념으로 이해함으로써 '죽음', '불안', '절망' 같은 것으로 이해하였다. 그러나 불교의 '무' 개념을 점차 깊이 이해하기 시작한 서양학자들은 이제 무를 '열려짐Openness', '가득참Fullness' 혹은 '작용함Conditioning'으로 새롭게 해석하기 시작했다. 이것은 무에 대한 매우 새로운 해석이라 할 수가 있다. '열려짐', '가득참', '작용의 상태' 같은 것으로 '무'를 이해하고 '무'는 소극적으로 정체된 상태가 아니라 부단히 자체 생산력을 가지고 작용하는 개념으로서 이해하기 시작했다.

　여기서 이러한 서양 사람들에게 '무'에 대한 착각을 잠시나마 가져오게 한 책임은 마땅히 중국어 '無'란 말에 그 책임을 돌려야 할 것이다. 순수한 한국어로서 '무'에 해당되는 말은 '뷔' 혹은 '뷔우다'이다. '뷔'가 '무'에 해당한다고 할 수 있다. 그런데 '뷔'는 안재홍에 의하면 '뵈(胎)'와 같다고 한다. '뵈'란 애기를 배다와 같이 생명을 잉태하는 것을 의미한다. 즉, '뷔'는 '뵈다'와 같다는 것이다.

　이는 '무'가 '가득참Fullness'으로 찬다는 것을 의미하는 것과 완전히 같은 의미라고 할 수 있다. '가득함'으로 뵈어 잉태될 때에 그것은 '뷔'는 것과 같다는 뜻이다. '뵈'의 상태는 뷔우는 상태와 같고 이 때 새로운 생성이 가능케 되는 것이다. 그런즉, 한국어에 있어서 '뷔'움의 상태는 영어에서와 같이 아무 것도 없어서 '죽음', '절망' 같은 것이 아니라 가득 차 풍만된 잉태된 상태와 같은 것이다. 어떤 제일원인자가 있어서 생명을 부여하여 가능케 되는 것이 아니라 존재는 이어져 가득 차 뵐 때에 뷔어지게 되는 것이다. 모든 존재가 붙어 이어져 한 존재가 다른 존재를 등에 '업고' 있는 상태가 '없는' 상태인 것이다. 존재의 업음(負)이 없음(無)이다. 업어 서로 뵈고 있는 상태가 뷔는 상태와 같다. 한의 의미속에는 '가득참'의 충만성도 있다.

　그래서 천부경은 하나一는 없음(無)에서 비롯(始)한다고 했다. '비롯'은 뷔(혹은 비)울 때 가능하게 되고 다시 하나一는 가득 차 뵈(胎)는 뵈無로 끝나게(一終無)된다. 一始無의 無는 '뷔(空)'이고 一終無의 無는 '뵈(胎)'이다. 그리고 '뷔'와 '뵈'는 같은 것이다. 그래서 시작하는 '비롯(始)'은 '비움(空)'과 같은 것이다. 비움이 없이는 창조의 비롯이 있을 수 없다. 뷔운 것을 뷔게 하자면 빌어야 한다. 비는 것이 기도이다.

구약 창세기도 '빈' 가운데서 '비롯'이 즉, 창조가 이루어졌다고 했고 빌립보서도 하나님의 아들이 자기를 비움Kenosis으로서 인간 구제의 비롯이 이루어졌다고 했다.

참(眞). 참(滿). 참(認)

가득 참은 뷔어 있는 상태이며 가득 참의 상태에서만 참眞의 가치가 비롯하게 되는 것이다. 때가 찬 상태가 곧 진리가 탄생할 순간이다. 때가 차기 위해서는 기다림의 참(認)이 있어야만 한다. 기다림의 참이 없이는 가득 참이 있을 수 없고 가득 참의 충만성이 없이는 진리의 참(眞)이 나타날 수가 없다. 웅녀는 100일을 굴 속에서 마늘과 쑥만을 먹고 참아야 했으며 100일을 참은 다음에서야 인간이란 참 생명으로 변신할 수가 있었다. 마리아와 요셉도 때가 차기를 기다려 참음으로 차기를 기다려 참 생명인 예수를 낳을 수 있었다. 모든 새 생명은 '세 참'을 통해서만 나타날 수가 있는 것이다. 여기에는 외부로부터 보는 힘에서가 아니라 자기 발생적Causa Sui 힘에 의해서 창조가 일어나는 것이다.

이러한 이치를 서양 철학에서 제일 처음 발견한 사상가는 스피노자이다. 그는 '신즉자연Natura Siva Deus'이라 함으로서 신 속에 자연이, 자연 속에 신이 가득 차 있음으로 보았다. 그리고 '신즉자연'의 상태는 스스로 발생하고 창조하는 것이라 했다. 이를 자기원인적 Causa Sui이라 했다. 자기원인적이 되자면 기다리는 참음, 가득참, 그리고 진실의 참, 이 세 참이 조화 되어질 때에만 가능해 지는 것이다. 화이트헤드는 이를 '창조성Creativity'이라 했다. 창조성은 '하나가 많음이 되고 많음이 하나로 증가하는 것'이라 한다. 즉, 가득 참을 의미한다. 이 창조성 속에서 하나님은 참(眞; Truth)이란 초발심(Initial aim)을 가지고 미래를 지향해 나아간다.

가득 참의 상태는 뷔(胎)의 상태와 같다. 뷔기 위해서는 참는(認) 힘과 인고가 필요하다. 오래 참고 기다릴 때 가득 참에 이르고 거기서 참Truth 혹은 진리가 탄생한다. 석가모니는 6년을 보리수나무 밑에서 참고 깨달음을 기다렸으며 그때에 때가 이르러 가슴 속에 가득 참을 느껴 '천상천하에 유아독존天上天下唯我獨存'이라 외치게 되였다. 이것은 자기 교만의 소리가 아니고 큰 우주가 작은 자아 속에 가득 차 들어와 있다는 그래서 대아大我와 소아小我사이에 아무런 간격을 느끼지 못할 때 나오는 소리이다. 예수도 "나는 길이요 진리요 생명이라"고 했다. 이 말은 하나님이 자기 속에 자기가 하나님 속에 충만하게 가득 차 있음을 느낄 때 나오는 말씀이다. 이 말씀이 곧 참(眞)인 진리인 것이다. 이 세 가지 '참'은 어느 하나가 빠져도 안 된다. 참아서 찰 때에 참이 나타난다는 뜻이다.

2) 한국말과 인간론

사람(人). 사랑(愛). 살(肉)

사람, 사랑, 살 이 세 말은 모두 몽골어의 '삿'에서 나왔다고 한다. 인류 최초의 언어인 슈메르에서도 SA는 '살다活'를 의미한다. 그런데 사람과 사랑과 살이 같은 '사'를 어원으로 한다는 것은 깊은 철학적 그리고 신학적인 의미가 있다고 본다. 먼저 사람과 사랑의 관계를 생각해 보자. 신약성서 요한1서에서 사도 요한은 하나님은 '사람'이라고 했다. 그런데 우리말에서는 사람을 사랑이라 한다. 왜냐하면 두 말이 위에서 본 바와 같이 같은 어원을 가지고 있기 때문이다. 사람을 사랑이라 하는 것은 멀리 단군의 홍익인간에까지 거슬러 올라가 생각해 보아야 할 것이다. 그런즉, 홍익인간은 한갓 구호에 그치는 것이 아니고 수천 년 전부터 우리의 살이 되고 피가 되어 민족 언어 속에 이미 사람은 사랑이라는 둘은 하나라는 데 나타나 있다. 사람이 곧 사랑이기 때문에 사람이 곧 하늘(人乃天)이라는 것도 아무런 이상할 것 없다. 사람, 사랑, 하나님은 하나이다. 기독교 정신은 이렇게 우리 땅에 구현돼 있었다.

사랑은 항상 살을 회생시킴으로 이루어진다. 심청은 자기 몸을 인당수 물에 바침으로 아버지에 대한 사랑을 실현할 수 있었다. 분신자살도 조국에 대한 이웃에 대한 사랑이 지극할 때에 자기 몸을 불사름으로만 사랑을 표현할 수 있다는 우리 고유한 말의 본성 속에서 이해되어져야 할 것이다. 그런 의미에서 한국의 학생운동은 지극히 종교적이다. 외국학생 같으면 기관총을 들고 적을 죽이고 자기도 죽을 것이다. 그래서 한국의 역사는 자기 방어적인 한계 내에서 무력을 사용했지, 공격적인 의미의 무력 사용의 예는 없었던 것이다.

예수도 하늘의 천군만마를 이끌고 내려와 자기의 적을 단숨에 쳐부술 수 있지만 칼을 사용하는 자는 칼로 망할 것이라 하면서 자기의 살 한 점 남김없이 남을 위해 줌으로서 사랑을 표현했던 것이다. 사람이라면 남을 사랑해야 하는 사랑은 살을 희생시킴으로서 완성되어진다. 그래서 한국의 사랑은 관념적인 사랑이 아니고 구체적이고도 실천적인 사랑인 것이다. 몸과 마음이 하나된 '몸' 적인 사랑이다.

얼과 알(卵)

우리말의 '얼'이란 말 만큼 한자나 영어로 표현하기 어려운 말도 없을 것이다. '얼'을 혼魂이나, 영靈, 정신精神 등으로 표현해도 알맞은 말이라고는 할 수가 없다. 영어로는 'Spirit', 'Soul', 'Mentality'등으로 해도 썩 달갑지는 않다. '얼'은 우리가 '얼'이라는 말 속에 느끼는 의미 그대로 남겨두고 생각해 보는 수밖에 없다. 섣불리 한자나 영어로 표현하려다 '얼'의 본뜻을 훼손할 염려가 있기 때문이다.

아무튼 '얼'은 우리 일상생활이나 대중 연설에서나, 가장 널리 쓰이는 말 가운데 하나이다. '얼간이', '얼빠진', '얼을 지켜라', '민족얼' 등 가장 가깝게 '정신'을 의미하는 것 같지만 그것 뿐만 아닌 의미를 지닌 것이 '얼'이란 말이다. 필자가 생각하기로는 '얼'이라는 말이 지칭하는 여러 가지 말들을 종합해 볼 때에 '얼'은 히브리어의 '루아하 Ruach'에 가장 가까운 것 같다. '루아하'란 하느님의 '숨' 같은 것으로 진흙으로 만든 인간 속에 하느님의 '숨'을 불어 넣었다고 할 때에 구약성서 히브리어는 '루아하'란 말을 사용하고 있다. '루아하'를 신약성서의 헬라어로 번역할 때 막상 문제가 생겼다. 즉, 헬라어에는 히브리어의 '루아하'에 대응할만한 말이 없었기 때문이다. 바울과 신약성서 저자들은 '루아하'를 프뉴마πυξ6μα로 번역하였다. 프뉴마는 '혼'이나 '정신' 같은 것으로 싸르크스υαρχ라는 '육'에 대칭되는 말이다. 그런데 '루아하'는 '육'과 '영'이 나뉘어지는 말이 아니라, 몸과 마음의 비이원론적 용어가 '루아하'인데 신약성서에 와서 그만 루아하는 프뉴마와 일치됨으로 추상적 정신을 의미하는 반쪽 의미만 남게 되었다.

이런 각도에서 볼 때에 우리말의 '얼'은 루아하와 같이 몸과 마음, 그리고 정신과 육체를 묶어 하나로 표현하는 말임에 틀림없다고 본다. 왜냐하면 죽어가는 사람에게 '혼이 오락가락 한다', '정신이 몽롱하다'고 하지, '얼이 오락가락' 한다고 하지 않기 때문이다. 건장한 육체를 가진 인간이 정신 나간 짓을 할 때 '얼빠진 놈'이라고 하는 것으로 보아서 얼은 육체 혹은 몸과 분리해서 생각되어질 수 없는 살아 생동하는 개념임에는 틀림없다.

그러면 '얼'이 대략 순수한 우리말로서 어느 말에서 유래했는지 알아보기로 하자. 하버드대학의 월슨에 의하면 인문철학도 생물학의 한 분야가 되어야 한다고 했다. 즉, 어느 개념이든지 처음에는 생물학적 관점에서 출발하여 사회학적 개념으로 가고 다시 철학적 개념으로 넘어 온다고 했다. 만약 이러한 월슨의 설을 따른다면 '얼'은 순수한 생물학적 개념인 '알Egg'에서 사회학적 그리고 철학적 개념으로 발전한 것 같다.

우리 민족의 건국신화는 천손신화, 즉 하늘에서 시조가 내려오는 신화와 알에서 깨어났다는 난생신화로 나눌 수 있다. 단군신화 같은 것은 대표적인 천손신화이다. 우리 민족신화는 양계의 신화를 다 가지고 있는데 신라의 김알평金閼平, 박혁거세朴赫居世, 석탈해昔脫解, 김알지金閼智, 고구려의 고주몽高朱蒙, 가야국의 김수로金首露등은 모두 '알'에서 건국시조가 태어난다. 난생신화는 한반도 고구려, 신라, 가야를 포함하여 동남아시아와 인도까지 발견되어지는 신화로서 이상하게 중국 내륙에는 없다. 짐작컨대 '알'은 생명의 태동을 가능케 하는 원초적 시원인 동시에 여기에서 건국의 정신이 태동하게 된다. 그래서 윌슨의 학설에 따라 생물학적인 개념으로서의 '알'이 사회적 그리고 종교적 개념으로서의 '얼'로 된 것 같다.

최남선의 연구조사에 의하면 '얼'은 '어른', '아름', '어루' 등에서 보는 바와 같이 '크다', '높다', '아름답다'는 의미를 함축한다. 최남선은 또 '아리'라는 말도 생겨 압록강과 한강을 '아리하'라 부르게 되었고 '아리'는 列水(열수), 慰禮(위례)등으로 전음 되어졌다고 했다.

그리고 슈메르의 수도 '우르UR'도 결국 '아리'와 같다고 했다. 이렇게 보면 '알'은 민족의 생존개념인 동시에 민족의 꿈과 이상이 깃든 개념이라고 할 수 있다. 생물학적 개념이 사회역사적인 개념으로 발전한 대표적인 예가 '알'이 아닌가 생각된다. 실로 서양철학은 특히 데카르트 이후 육체Body와 정신Spirit의 이원론으로 고민하고 있다. 데카르트는 몸과 마음을 두 개의 분리된 실체Substance로 보았다. 서양의학은 완벽하게 이러한 데카르트적 철학 위에 근거하여 발전하였다. 그래서 서양에서는 심리학Psychology과 의학Physiology이 독립된 학문으로 발전하였고 의사는 인간의 몸만 치료하는 것을 전부로 하였다. 그러나 동양의학은 '마음이 몸을 주관 한다必主身'이라 하여 몸과 마음을 구별하지 않았다. 생각컨데 이러한 의학정신이 바로 '얼'이 '알'에서 나온, 그래서 몸과 마음을 나누어 보지 않는 사상에서 기원했다고 본다. 우리말의 '몸'과 '맘' 즉 영어의 'Body'와 'Mind'는 그 말의 운에 있어서 자음 'ㅁ'으로 시작하고 끝나는 점에서 같고 다만 모음만 'ㅗ'와 'ㅏ'로 다를 뿐이다. 이는 결국 같은 대상인데 소리로만 구별하는 것에 지나지 않는다. 그런즉 '몸'과 '맘'

이 그러하듯 '알'과 '얼'도 결국 하나는 생물학적 그리고 다른 하나는 사회학적으로 발전된 차이 뿐이라고 본다.

데카르트의 사상은 의학에 뿐만 아니라 심리학, 신학 등에 이원론적 영향을 현대사상에 강하게 끼쳤고 그 악영향 역시 크다고 할 수 있다. 정신분열증적 자아상실, 인간이 자연의 생태계로부터 분리된 현상에서 생기는 인간정신의 메마름, 이웃공동체 간의 극단적인 개인주의적 현상, 이 모든 것이 데카르트적 이원론에 기원한다. 우리 민족이 수많은 수난을 겪으면서도 그것을 극복할 수 있었던 것은 '얼'을 통한 민족 공동체 의식과 역사의식을 간직할 수 있었기 때문이다. 그것은 이미 위에서 지적한 난생신화에서 보는 바와 같이 '얼'은 어떤 추상적 사변적인 개념이 아니라 살아 생동하는 생물학적 개념인 알과 상관관계이기 때문이다. 그래서 얼이 살아 있는 한 그리고 그것은 우리 민족심성으로만 이해 될 때 '한얼'이 생동하는 민족은 희망이 있고 새로운 태동의 가능성을 발견하게 될 것이다.

그리고 이미 서양의 과정철학은 범정신론Pansychism을 주장하여 몸과 마음이 둘이 아닌 연속이며, 인간의 정신이 결코 다른 생물들의 그것과 별개의 것이 아님을 주장하고 있다. 'Pansychism'이란 말 자체가 이미 영어나 한자로 번역되어질 수 없는 우리말의 '얼'과 같은 것이다. 그래서 '얼'은 현대철학의 육체와 정신의 이원론을 극복하기 위한 가장 적격의 말이다.

그리고 얼은 '얼빠진 놈' 같이 개인을 지칭하여 사용되어질 때도 있지만, 주로 많이 보이는 것은 '민족얼' 같이 공동체의 공동적인 의미로 쓰이는 것이 이 말의 제격인 것 같다. 신체적인 것과 정신적인 것, 그리고 개인적인 것과 집단적인 것 양면성을 모두 띄고 있는 순수한 우리말의 '얼'이 아닌가 생각되어진다. 그래서 이 '얼'이란 말 속에 '한'이 본래적으로 가지고 있는 '하나One'와 '많은Many'의 같음 Same을 보게 되고 이러한 몸과 마음의 균형, 개인과 공동체간의 조화가 우리의 얼이었다. 그러나 이러한 균형으로서 얼이 허물어지고 말 때에 우리는 곧 바로 '얼간이' 같은 존재가 되어버리고 만다.

지금이 바로 얼의 간Gone 상태에 있지 않는가? 선진조국 흉내를 낸답시고 우리 삶의 고유한 균형, 몸과 마음, 개인과 전체가 양극으로 치달리고 있으니 한국인의 존재구조의 위기가 바로 지금이 아닐지?

3) 한국어와 인식론

'나(我)'와 '남(他)'

아메리카 인디언의 유래를 연구한 학자들의 연구보고에 의하면 인디언의 언어가 200여 종이나 되고 그리고 크게 나누면 셋으로 나눌 수 있다고 했다. 그 200여 종 되는 언어 가운데 하나로 공통되는 말이 있는데 그것은 일인칭 단수가 'N'으로 시작되는 점이다. 부족에 따라서 'Na(나)' 'Noyc(노이)' 'Nuy(누이)' 정도로 차이 나는 정도라 한다. 인디언의 일인칭 단수는 그래서 우리말의 '나Na'와 완전히 같고 이 말은 모든 인디언 언어에 공통되는 것이라 한다.

그런데 우리말에 이인칭 단수는 너Nuh이다. 일인칭과 이인칭은 같이 자음 N(ㄴ)으로 시작되고 모음에 있어서만 'ㅏ'와 'ㅓ'로 차이날 뿐이다. 이것은 한국인의 주객을 인식함에 있어서 따로 보지를 않고 '하나One'로 보았음을 의미한다. 즉, '나'와 '너'는 '같다'는 것이다. 영어는 'I'와 'You', 독일어로는 'Ich'와 'du', 일본어로도 '와다구시와' '아나따와'로 일인칭과 이인칭은 그 발음상에 있어서 현격한 차이가 나지만 우리 한국어는 '나'와 '너'로 거의 구별이 없고 소유격으로 '내 것Mine' '네 것Yours'할 때에는 거의 발음상의 구별이 어렵게 된다. 이러한 '나'와 '너'를 하나로 보는 인식론이 한국인의 고유한 주객 분리를 꺼리는 고유한 인식론을 가능하게 만든다. 나에 대한 타인을 의미할 때에는 '남'이 된다. 이것은 음으로만 분석해 보면 '남'이란 나에서 나왔다(生)는 것을 의미한다.

　남은 나에게서 난 존재이다. '네 이웃을 네 몸과 같이 사랑하라'고 할 때 한국인들의 심성으로는 이미 나와 남이 하나인 상태이기 때문에 의지로 사랑을 실천하려 애쓰기 이전에 생리적으로 그렇게 하나로 인식해 왔던 것이다. 여기에 단군의 이념인 '홍익인간'의 민족 얼이 생기게 된 것이다. 이러한 생태적으로 어질고 착해 남을 자기 몸같이 아끼고 사랑할 줄 아는 우리에게 유교의 '仁'이니 기독교의 '사랑' 같은 개념이 들어와서 나와 남이 어우러진 '얼'을 파괴시키지는 않았는지 모르겠다. 단군의 홍범구조 가운데 열 손가락을 깨물어 안 아픈 손가락이 없다는 말 만큼 강력하게 '나'와 '남'의 사랑의 결착을 강조한 격구가 없다고 본다. 유교의 '仁'을 기독교의 '사랑'을 실천하려고 할 때 'I'와 'Thou' 사이에 필연적으로 괴리된 말의 추상성 때문에 우리는 마음 속에 갈등을 겪고 있는 것이 사실이다. 이브를 아담의 살 중에 살이요 뼈 중에 뼈라 할 때에 '나'와 '남'은 결국 '하나'라는 것을 강력하게 나타내 보여 준다고 본다.

'나'와 '우리'

서양 사람에게 발달된 'I'의 개념은 극단전인 개인주의를 가져다 주었고 이제 개인으로서의 'I'를 집단으로서의 'We'로 묶으려는 노력이 필사적으로 나타나고 있다. 미국에서 발달된 학문분야 가운데 'Group-Dynamics'라는 것이 있다. 이 과목은 서로 다른 인종끼리, 같은 인종이지만 서로 다른 계층의 사람들끼리 어떻게 집단의식이란 공동체 경험을 하도록 만드냐 하는 것이 그 목적이다. 즉, 'I'가 어떻게 'We'로 경험할 수 있느냐가 이러한 학문이 시도하려는 목적이다. 지금 미국에서 발달된 학문이 대부분이 이런 목적에 치중돼 있다고 해도 과언은 아니다. 그것은 나와 너, '나와 남'을 별개의 존재로 인식해온 서구적 인간상이 겪고 있는 고민이요 그들이 즐겨 사용하기 좋아하는 '소외Alievation'의 문제인 것이다. 현대철학이 '소외'의 극복을 제외하고 과연 무엇을 더 말하고 있는지 모르겠다.

사실상 우리 한국인들에게 있어서 '소외'의 문제는 타산지석他山之石과 같다. 서양에서 공연히 'Group Dynamics'을 말하면서 '소외의 철학'이라 떠들고 있으나 이런 학문자체가 도리어 문제를 만들고 있다. 우리는 이미 '나'와 '우리we'를 구별 짓지 않은지 오래이다. 심지어 이웃의 일본마저 이 구별 못 짓는 한국인들을 비웃어 '엽전'이라고 까지 하지 않았던가? 일본인들은 한번 싸우면 거의 영원히 적이 되어버리고 만다고 한다. 그러나 저녁에 싸우고 아침에 화해하는 것은 '우리'라는 독특한 의식 때문이라고 본다. 종종 '우리'의식We-Consciousness이 빚어내는 불편함과 부작용도 있겠지만 과정철학에서는 이러한 인식론을 개혁된 주관주의Reformed Subjectivism라고 한다. 전통적 데카르트 주관주의는 완전히 'I'를 'You'에서 'I'를 'It'에서 구별시켜 생각하는 인식론이지만 개혁된 주관주의는 객관을 이미 주관의 한 부분으로 인식하는 주관을 의미한다. 이러한 인식론이 바로 한국적 인식론이며 중국 유식불교가 주관만이 인식할 수 있다고 할 때 한국의 원측대사는 객관도 인식한다고 하여 주-객 동시인식 가능성을 말한 것은 과정철학의 개혁된 주관주의와 같고 원측의 그러한 주-객 하나로 보는 일심론一心論을 우리 민족 고유 심성인 '나'를 '우리'로 보아 '나의 아내'를 '우리 아내'로 보는 생활태도와 별개의 것으로 볼 수 없다는 것이다. 그런 의미에서 마틴 부버의 '나와 너I and Thou'가 무슨 새로운 사상이나 되는 것처럼 법석을 떨었는지 이해가 되지를 않는다.

우리에겐 문제시 되지도 않는 것을 문제가 되는 것처럼 문제의 문제를 만드는 것이 우리 학문의 현실이다. 우리 자신을 잘 알고 보면 문제 자체가 문제되어 지지 않는 철학이 우리 가운데 있었던 것이다.

4) 한국어와 시간 개념

과거, 현재, 미래

혹자들은 한국에는 '어제'라는 과거도 있고 오늘이라는 현재도 있는 데 순수한 한국어로서 '미래'라는 말은 없느냐고 말하면서 한국 민족은 미래가 없는 민족이라고 혹평한다. 과연 순수한 우리말로서의 '미래'라는 말이 있다가 없어졌는지 아니면 처음부터 없었는지는 언어학자들이 조사해 보아야 될 문제이다. 그런데 막상 '내일來日'이라는 영어로 'Tomorrow'는 없을지 몰라도 '모레' '글피'같은 순수한 우리말이 있다. 그리고 영어가 '그제' 즉 어제 하루 전날 같은 말이 없어서 a day before yesterday라 하지 않는가? 그리고 '모레', '글피'도 영어는 없어서 'after two days', 'after three days'라 하지 않는가? 그런즉, 단견을 가지고서 한국인들의 시간관념을 혹평해서는 아니 될 것이다. '어제', '그제', '모레', '글피', '오늘' 등 순수한 우리말로 시간을 표현하는 말은 영어보다 훨씬 다양하다고 본다. 왜 하필이면 'Tomorrow'에 해당하는 '내일來日'만이 한자로 되어있는지 이의를 제기할 수 있을 것이다.

'오늘' 다음에 다음인 내일이란 말이 없어서 한국 사람들은 시간 관념이 없다고 하여 국제적으로 악명 높은 'Korean Time'이라는 것이 생겼다고 생각하는 사람들이 많이 있는 것 같다. 이것 역시 서구식 시간 관념에 숙달된 학자들의 단견에 불과하다.

생각컨대 한국인들은 시간을 점Point으로 생각지 않고 장Field으로 생각하는 것 같다. 점으로 생각하는 서구인들의 시간관은 분, 초, 시간으로 나누고 쪼개어 그 사이에는 흐름Flow이 있는 것으로 보지를 않고 분절Segment되어 있는 것으로 보는 것 같다. 이렇게 생각하는 시간관은 서구인들의 분석적 사고에서 나오는 것이기 때문에 어쩔 수 없는 것이다. 과거, 현재, 미래가 그네들에게 있어서는 하나의 흐름 속에 연속되어 없는 것이 아니다. 그리고 이렇게 분절된 시간은 인간의 주관적인 느낌, 감각, 감정과는 상관없이 시간이 객관적인 존재로 있는 것으로 본다는 데서 유래한다.

서양철학이 그들의 생각이 잘못되었다는 것을 발견한 것은 차라리 최근의 일이다. 객관적으로 분절되어 지나가는 시간을 'Historie'라 하고 주관적 의미가 혼성되어 지나가는 시간을 'Geschiste'라 하여 무슨 큰 발견이나 한 것처럼 금세기에 약방의 감초같이 실존주의 철학에 영향 받은 볼트만 같은 신학자들이 사용한 적이 있다. 이를 또한 물리적 시간Kronor과 실존적 시간Caiyos로 나누어 우리의 머리를 혼란시킨 적도 있다. 서양 사람들이 하는 시간 놀음이 안스럽기만 하다. 그들이 하는데 까지 그렇게 하도록 내버려두라. 무슨 위대한 시간 개념이나 발견한 것처럼 시간서적들을 펴낼 때 참고로 읽어 두자. 그리고 우리 본령의 시간이해에로 되돌아와야 한다.

'한'의 사전적 의미 가운데 '대략', '얼마'라는 말만큼 우리 한국인들 시간관을 대표하는 말은 없다고 본다. 집에서 서울역까지 얼마나 걸립니까? 물었을 때에 영어로는 'About' 혹은 'Around'로 대략 얼마라고 표현할 수 있다. 그러나 한국어의 '한 십분' 혹은 '한 20분'은 영어의 'About'이나 'Around'와 다르다고 본다. About이나 Around는 정확한 시간기준치를 정해놓고 거기에 가까운 시간을 말할 때 사용하는 것이다. 혹시 미국에서 길을 가다가 갈려고 하는 목적지가 얼마나 남았느냐고 물으면 미국사람들이 3.5마일 등 소수점 자리 밑까지 정확하게 말해 주는 것을 경험하게 될 것이다. 우리 귀에는 그것이 친절하게 들릴지 모르지만 그들에게 있어서는 이미 생활화되어 있다. 그리고 정확히 모를 때 'About', 'Around'를 사용한다.

생각컨대, 같은 경우에 있어서 한국 사람들은 정확히 아나 모르나 '한 십리', '한 서너 시간'이라고 말할 것이다. 일, 이를 하나로 붙여 '일이십 리'라 하고 시간도 '한, 두서너 시간'이라고 붙여 사용하며 기기다가 또 '한'가지 붙여 '한 두서너 시간'이라 한다. 이것은 정확히 몰라서 그러한 것이 아니다. 이 점이 영어의 'About'와 '한'이 다른 점이라고 본다. 한국 사람들이 시간이나 거리 혹은 기타 측정단위에 정확한 개념을 사용하기 싫어하고 그 앞에 습관적으로 '한'을 붙이는 데는 깊은 내력이 있는 것 같다. 이 내력을 이해하지 못하고 무조건 서양적 시간 관념에 맞지 않는다고 'Korean Time'을 악명 높게 사용해서는 안 될 것이다.

첫째로 시간이나 거리 앞에 '대략' '얼마'를 '한'으로 표현 할 때 한국인은 시간을 점으로 보지 않고 지속적 영속Extensive Continuum으로 본다는 것이다. 그래서 두서넛, 대여섯 등 두 숫자를 연속시켜 묶음으로 사용한다는 것이다. 시간의 분절을 시간의 연속으로 이해하게 된 것을 과정철학에 와서야 서양철학은 겨우 이해하게 된 것 같다. 어제→그제→오늘→내일→모레→글피를 연속 상에서 보게 된다는 것이다. 결코 과거, 현재, 미래는 독립되어 분리된 존재로 있는 것이 아니고 연속의 다발을 만들고 있는데 화이트헤드는 이를 '한다발 Epochal Unity'이라고 했다. 한다발로서의 시간을 계산하는 우리들의 시간관을 어떻게 점의 분절로서 이해하는 서양 사람들이 터득할 수 있단 말인가 ?

그러나 현대물리학은 이미 서양의 전통적 시간관이 잘못되었다는 것을 발견 했으며 현대 양자 물리학의 장Field의 이론은 '한다발'적 시간이해와 과히 다르다고 할 수 없다. 과정철학에서는 과거는 현재 속에 축적Accumulation되고 그것을 하나의 다발을 만든다고 했다. 이러한 과정철학적 시간 이해는 불교의 그것과 많은 점에서 유사하다. 그러나 불교에서는 미래까지 현재에 들어와 있다고 하는데 대해 과정철학에 있어서 미래는 열려져 있어 현재 속에 들어와 있을 수 없다고 하여 차이가 있다. 그래서 "One becoms many"는 가능해도 그 반대는 아니라는 것이 과정철학의 입장이다. 한사상적 입장에서 볼 때 '내일'이라는 말이 없다는 것은 미래의 희망 없음이 아니라 '내일'은 열려져 있는 상태이기 때문에 오늘을 결정할 수 없다는 사고의 결과라 볼 수 있을 것이다. 그런 의미에서 한사상적 시간 이해는 현재를 중심으로 과거와 미래가 모두 대칭으로 들어와 있는 불교적 대칭적Symmetrical 시간관이 아니라 과거는 현재 속에 축적되어지지만 미래는 열려져있다는 과정철학적 비대칭적Asymmetrical 시간관 사이에서 비결정적인 것으로 이해된다.

그리고 한국적 시간관이 '한다발'적 시간관으로 그 속에 분절된 시간 관념으로만 생각하면 큰 오해이다. 세계의 시계발전사에 과히 뒤지지 않을 정도로 이미 세종대왕이 해시계, 물시계를 만들었으며 『환단고기』 같은 고문서에 보면 일 년을 12개월 365일로 계산할 줄 알았던 것을 발견할 수 있다. 그리고 시간을 이해함에 있어서 무엇보다 중요한 것은 객관적인 시간은 있을 수 없다는 것이다. 이는 아인슈타인이 상대성원리를 통해 시간 측정은 측정계에 따라 달라질 수밖에 없음을 지적했다. 그리고 시간은 공간을, 공간은 시간을 떠나서 생각할 수 없는 시공 4차원적 세계를 아인슈타인을 제시했다.[106]

오늘과 한참

이러한 시공 4차원적 시간 이해는 바로 '오늘Today'이란 말 속에 잘 나타나 있다. 오늘은 '온'과 '누리'의 복합어로 분석되어 진다. '온'은 100 혹은 전부를 의미하고 '누리'는 오가는 세월을 의미

---

106) 1990년대에 들어와 한의 5가지 사전적 의미는 퍼지이론 등으로 시간을 파악하기 시작한다. 『퍼지와 한국문화』 (전자신문사, 1992), 『현대물리학과 한국철학』 (고려원, 1991) 참고.

하는 동시에 '세상' 혹은 '세계' 같을 공간을 의미한다. 이미 포박자가 '우주宇宙'라고 분석하여 宇는 상하사방을 宙는 가고 오는 시간을 의미하는, 그래서 '우주宇宙'는 서양의 공간적 의미밖에 갖지 않는 'Cosmos'와 달리 시간 · 공간의 연속 개념인 것이다. 이러한 '우주'라는 말이 우리말의 '오늘'이라고 본다. 우리말이 중국말과도 다른 점은 우리말은 '누리'라는 한 말로서 시간과 공간을 다 표현할 수 있는 데 중국어는 반드시 '우'와 '주'의 두 말을 사용해야만이 한 개념을 표현할 수 있다. 이 점은 '그림' 과 '글자' 를 의미하는 '글'에서도 보는 바와 같이 중국어로는 '文字'이라고 두 말로 해야 하고 '한'의 경우에도 중국어로는 '一'과 '多'로 표현해야 하는 것이다. 이런 점이 순수한 우리말이 이원론을 극복하려는 현대 철학적 시도에 더 알맞다는 것이다.

불교는 근본적으로 시간이든 공간이든 분절시킨 독립된 별존적 존재Separated Being를 부정한다. 길이든 넓이든 재는Measure 것에서 고뇌가 생긴다고 본다. 너와 나, 어제와 오늘, 땅과 하늘 등 거리로 재어서 경계선Boundary Line을 만드는 것을 Ma(마)라 하여 이것은 악귀들이 하는 것이라고 본다. 이 어휘는 이미 슈메르어에도 나타나 있는 데 'Me'에 해당된다고 할 수 있다. 슈메르어의 'Me'늘 슈메르 학자들이 아직 정확하게 파학하고 있지 못하는데 이 말은 신이 세계를 재는 도수度數에 해당한다고 할 수 있다. 그리고 우리말에 치수를 잴 때에 사용하는 '마'와 같다고 할 수 있다.

지금도 '얼마'할 때 측정추상명사로 남아 사용되어지고 있다. 굵고, 보암직하고, 먹음직하다는 측정개법이 아담과 이브의 머리 속에 생길 때 악이 깃들게 되는 것이다. 이러한 신학적 견지에서 볼 때 시간과 공간을 정확하게 말하지 않고 '한 십리'라 하는 것은 원죄 심리를 무의식적으로 예방하려는 효과에서 나온 것이 아닐까? 하느님이 만약 한국인들에게 에덴동산에 처음 있게 해 시험의 기회를 주었더라면 동산의 과일을 그렇게 보암직하게, 먹음직하게 측정해 보지는 않았을 것이다. 바로 곰이 그런 측정을 하지 않고 '한참' 견디다 보니 인간이 되지 않았겠는가? 우리 역사는 그저 '한참'견디어 보는 역사요. '한참' 지나다보면 때로는 생각나기도 하고 잊어버리기도 하는 것이다. 이 '한참'은 길지도 짧지도 않은 시간 관념이다. 어느 나무꾼이 신선들이 바둑 두는 것을 그저 '한참' 들여다보니 30년이란 세월이 흘러가 버리고 말았다. 이 '한참'의 시간으로서의 역사이해 없이 한국인의 시간이해를 결코 알 수 없을 것이다.

시간에서 주관성을 배제시킬 수 없는 이유 때문에 '한 십 분About Ten Minutes'이라 할 때에 '한'이란 말 속에는 걸음을 걷는 사람의 속도, 그리고 이곳에서 저곳으로 옮겨가는 동안에 생길 수 있는 여러 가지 상황 —예를 들어 우발적인 사고, 예측 못할 사람의 만남 등등 — 때문에 말하는 이 쪽에서 볼 때에는 언제나 '불확정적Uncertainty' 인 것으로 남겨두고 생각할 수밖에 없다는 것이다. 이러한 불확정성은 객관적 진리의 불확정성이 아니라 사실 혹은 사건은 항상 주관과 객관의 만남으로 이루어지기 때문에 결과는 항상 불확정적으로 남을 수밖에 없다는 것이나.

이것은 마치 1927년 물리학자들이 코펜하겐에 모여 과학적 진리는 관찰자의 주관과 객관적 사실이 합쳐질 때 결과는 예측불확정이라고 선언한 것과 같다고 할 수 있다. 이러한 코펜하겐적 정신이 우리 한국인들은 실생활 속에서 그대로 살고 있다는 차이뿐이다. 이렇게 생각할 때 '코리안 타임' 속에는 항상 상대방의 상황을 고려하여 시간을 계산할 수에 없는 애매성 속의 인간미가 나타나 있는 것이다. 상대방의 상황과 우발적인 사건의 변측 등등 우리 인간이 사는 환경 속에서 예측 못할 사건의 다양성에도 불구하고 무조건적으로 분절된 정확한 시간을 지켜야 한다는 것은 도리어 비인간적 시간관이라고 본다.

그렇다고 우리가 현대 생활을 함에 있어서 한다발적 시간관이 무조건 정당화 되어지고 합리화 될 수는 없다. 이젠 비행기로 40, 50분이면 서울에서 부산에 도착될 수 있는 시대에 살면서 시간 약속을 함부로 어겨서는 안 될 것이다. 코리아 타임의 시정은 한다발적 시간 관념을 바꿈으로 될 것이 아니라 나는 너와 하나이라는 '우리' 개념에서 고쳐야 할 것이다. 즉, 약속을 어긴다든지 약속 시간에 나타나지 않고 시간을 어김으로서 '우리'가 서로 받는 피해와 비능률성을 고려하여 즉, 우리 민족의 강한 저변의식인 '우리'라는 관점에서 코리아 타임은 고쳐 져야할 것이다. 그러나 한다발적 시간관은 그대로 지켜져야 그 속에 담겨져 있는 풍부한 감정과 인간 상호 간의 소외를 극복할 수 있을 것이다.

5) 한국어와 여성관

전통신학이 도전받는 제일 큰 골치 아픈 신학은 여성신학Feminism이라 할 수 있다. 여성신학은 신·구약성서 전체가 모두 신을 남성으로 묘사하고 있다고 신관의 근본적인 변혁을 시도하고 있다. 그래서 여성철학자는 성의 언어Sexist Language에 매우 민감하게 반응을 보이고 있다. 예를 들어 여성신학자들은 남녀를 다 포함하는 말이 왜 Man(남자)으로 대표되느냐 하는 것이다. 왜 여자의 Woman은 'Man'에 'Wo'를 붙여 한갖 파생어 같이 사용하느냐는 등 여성신학자들이 언어 속에 포함된 여성 차별에 대한 반감은 대단하다.

그러나 이러한 여성신학의 문제점도 한국어에 오면 별문제가 되지 않는다. 왜냐하면 우리말에는 영어같이 'Man'이 'Man'과 'Woman'을 다 대표하는 것이 아니라 '사람'이라는 제삼의 말이 있어서 남·여를 다 구별 없이 포함할 수 있어서 한국 여성신학자들에게는 한결 분노를 덜하게 할 수 있다. 그 뿐만 아니라 중국어를 주야晝夜로, 즉 '주'는 남성적인 '야'는 여성적인 것이어서 남성적인 것이 여성적인 것의 앞에 두어 말이 성립되는데 대해 한국어는 그 반대인 '밤낮'이 되어 여성적인 것(밤)이 남성적인 것(낮)의 앞에 두어 어구가 성립되어진다. '주야'가 왜 한국에 와서는 그 반대인 '밤낮'이 되는지 그 유래는 아무리 생각해도 한국상고사를 더듬어 올라가면 강한 모계중심사회가 있었다는 것을 의미하는 것이 아닐까 한다. 바로 그것이 제정일치시대에 여성무당이 모든 정치와 종교를 지배하던 때가 중국과는 달리 한국에 있었다는 것을 의미한다고 본다. 이런 강한 여권 중심적 고대사회의 반영은 다음과 같은 말에도 강하게 나타나있다. 한문으로는 남녀男女라 해야 할 것을 순수한 우리말로 오면 '년놈'이 되어 여자가 먼저 남자가 나중이 된다. 한문으로 출입出入이 우리말로는 '들락날락'이 되어 반대가 되어 역시 여성적 들어감이 남성적 튀어나옴에 앞서 사용되어지고 있다. 한문으로 부모父母가 한글로는 '어버이'가 되어 차라리 어머니가 먼저가 되고 아버지가 나중이 된다. 또 한문으로 '가고옴往來'이 우리말로는 '오간다'가 된다.

이러한 말장난 같은 분석을 서양의 여성신학자들이 안다면 아마도 한국에는 근본적으로 여성차별이 없었다고 말 할 것이다. 우리와 가까이 있는 중국도 우리와 달리 Sexist language가 우리말 보다 강하다는 것을 발견하게 되며 이것 하나만 보아도 모계사회가 중국보다는 한국에서 더 강했다고 볼 수 있으며, 모계사회가 강한 역사를 가졌다는 것은 그 역사가 중국보다 오래 되었다는 것을 의미한다. 더 말을 해 무엇하랴. 무당이 오직 우리 한국에서 강세를 보이고 있다는 하나의 사실만으로도 우리 역사가 중국역사보다 오래되었다는 것을 한마디로 줄여 말하고도 남음이 있다고 본다. 이러한 여성 강세적 역사의 흔적이 현재 우리가 사용하는 언어 속에 담아 그대로 한자의 영향에 상관없이 주체성을 지켜나가고 있는 것이다.

역사는 보는 관점의 차이 뿐, 한번 서양에서 위세를 과시하고 있는 여성학의 관점에서 한국역사를 보면 결코 중국역사가 우리보다 오래지 않다는 것을 알게 될 것이다.

결 론

주어와 술어가 발달된 언어는 필연적으로 귀속주의Reductionism의 오류에 빠지게 된다. 이 말은 주관 아니면 객관을 고정시켜 놓고 주관을 객관에 귀속시키든지 아니면 객관을 주관에 귀속시키게 된다. 그러면 이원론이란 오류에서 벗어날 수 없게 되는 것이다. 또 주어와 술어가 발달한 언어는 영원주의Eternalism에 빠지게 된다. 술어에 대한 주어가 있으면 주어를 서술할 술어가 있어야 하고 또 이 술어를 서술할 주어가 있어야 한다. 이러한 영원주의의 오류는 중국 유식불교가 인간의 의식을 사등분시켜 술어에 대한 주어, 주어에 대한 술어의 끝없는 후행Regression에서 빠져 나오지 못한 것을 우리는 알고 있다. 이러한 오류를 타파한 분들이 신라의 원측이요, 원효이다.

위에서 고찰해 온 바와 같이 우리말은 이원론이나 귀속주의나 영원주의에 빠질 위험성이 없다. '있음'은 '이어짐'으로 있는 것이기 때문에 존재는 과정Process으로 보았고 유기적 관계성Organic Relationship으로 본다. 그래서 하늘과 땅과 인간은 '이어짐'으로 '있게'되는 것이다.

'뷔(無, 공)'는 서양의 'Nothingness', 'Emptiness', 'Void' 같은 것이 아니고, 사물을 잉태 하는 몌胎의 상태이기 때문에 '뷔'는 비롯始함인 것이다. '있음'과 '없음'은 시작과 끝의 관계와 같은 것이다. 이것은 서양철학이 이해한 'Being'과 'Nonbeing'의 개념과는 전혀 다른 것이다. 불교의 '무'개념과 매우 비슷하나, 그렇다고 중국불교가 겨우 '中觀'에 도달한데 비해 한국불교는 '中'마저 격파한 '어떤' 상황에 각각 다르게 대처할 수 있는 절대무아의 불교가 된 것이다.

이러한 한국 불교사상과 한국유학사상이 결코 우리 한국인들이 일상생활에서 사용하는 언어를 떠나서 순수사고에서 나왔다고는 볼 수 없는 것이다. 그래서

① 한국어는 비실체론적 언어이다.
② 한국어는 비이원론적 언어이다.
③ 한국어는 유기체적 언어이다.

라고 결론을 내리게 된다.

3. 대승기독교론

1) 서설

　모든 사회운동의 배경을 거슬러 올라가 보면 종교에 그 기원을 두고 있는 것을 발견할 수 있다. 19세기에 등장한 공산주의가 유대교와 그리스도교에 그 사상적인 근원을 두고 있음은 주지의 사실이다. 모체되는 종교가 사회적 기능을 다 발휘하지 못했을 때에 편파적인 특정 운동이 나타나게 된다. 그래서 R. 니버는 공산주의는 그리스도교의 사생아라고 했다. 공산주의 뿐만 아니라 자본주의도 개신교 사상Protestantism에 그 기원을 두고 있다고 M. 베버는 주장했다. 그렇다면 우리의 남북분단은 그리스도교의 사생아적 두 존재에 의해서 결과하고 있다. 지금까지 우리는 통일을 논할 때 정치 사회적인 차원에서만 언급해 왔다. 이제 좀 더 본원적인 차원 즉 종교적 차원에서 통일문제를 논할 때가 왔다. 종교적 기원 다음으로 생각해 볼 문제는 철학이다. 18세기부터 등장한 서양철학은 극단적으로 정신Mind과 물질Material을 이원화하는 경향으로 흐르게 되었다. 실재를 정신 혹은 관념으로 보는 관념주의Idealism에 대한 반작용이 바로 맑스의 공산주의 사상의 배경이 되고 있다. 그러나 맑스에게서 이러한 극단적인 대립은 찾을 수 없으며 이러한 이원론은 엥겔스에 와서 심화되었다 할 수 있다.

현대 신학과 철학이 공산주의에 대해 적절한 대답을 주지 못하고 있는 형편은 곧 남북분단에 대해 한국교회가 무기력할 수밖에 없다는 뜻이다. 북의 주체사상은 순수유물론에 근거한 이원론을 반대하고 관념론과의 양립을 시도한다. 그래서 당마크에는 낫과 망치 이외에 제3의 붓대를 중앙에 두고 있다.

불교는 서기 전후에 오늘날 그리스도교가 직면하고 있는 비슷한 상황에 직면하게 되었었다. 즉 원시불교가 절대 의존적 신앙상태에서 소승불교Hinayana Buddhism에 와서는 개인 구원문제에 치중하게 됨에 따라 변하는 사회에 적응을 못하게 되었다. 여기서 나타난 것이 대승불교Mahayana Buddhism이다. 대승불교는 개인과 개인의 관계성, 즉 개인의 사회성을 강조하게 되었으며 이러한 개인이 전체 속에 해체되는 상태를 공空이라고 했다. 이러한 대승불교의 공사상이 싸움에 임하여 물러서지 않는다는 화랑정신에 부여되어 원광법사의 세속 5계로 나타난다.

그리스도교가 발달돼 나온 과정을 살펴보면 불교외 유사한 점을 발견할 수 있다. 초대교회 교인들은 원시불교와 같이 개인의 영혼Soul이 어떻게 구원을 받을 수 있느냐의 문제가 절실했었다. 어거스틴의 참회록에는 그가 얼마나 그의 영혼 구원을 위해 종교적 순례를 하고 있는가가 자세히 묘사돼 있다. 중세 교회는 소승불교같이 계율에 따라 죄짓지 않고 사는 문제가 절실했었다. 극단적인 표현이 중세기 말에 와서 면죄부를 교회에서 팔아 치부하는 경향으로까지 나타났었다. 이것이 종교개혁의 도화선이 된 것은 잘 알려진 사실이다. 루터 역시 개인의 영혼 구원과 죄 문제에서 크게 이탈하지 못했다는 점에서 그는 아직 소승적이었다.

그래서 이러한 소승적 경향의 그리스도교가 청교도란 형태로 미국 선교사들에 의해서 한국에 전래되어졌다. 대승불교의 전통을 이어 받은 한국 그리스도교는 서양의 청교도적 신앙을 약간 탈바꿈시켜 3·1운동에 참가하게 되었지만 근본적인 신앙형태와 교리 자체가 바뀌어 그렇게 된 것은 아니다. 신사참배를 우상숭배라 생각했고 그것이 그리스도교 신앙에 위배된다고 생각했기 때문에 일본에 항거했었지 그리스도교인으로서의 민족적 자각의식에서 그렇게 한 것은 아니다. 이 신사참배 참가자들은 소위 한국에서 보수주의자들이라 칭하게 되었는데 그들이 앞장서 미국물을 한국에 잠식시키고 자유당 때와 구정권 하에서 어용노릇을 하게 되었다. 그것은 근본적으로 서구의 소승적 차원의 그리스도교의 탈을 벗지 못했기 때문이다.

불교가 소승에서 대승으로 탈바꿈한다는 것은 근본적인 구조자체의 수정을 의미하게 된다. 만약 그리스도교가 불교가 한 바와 같이 내적인 구조 자체를 변화시키지 못하면 오늘날 세계가 직면하고 있는 다음과 같은 5대 문제들 앞에 그 기능을 상실하고 말 것이다.

그리스도교가 직면한 그 첫째 문제는 인간환경Environment 문제이다. 인류는 이 환경 문제에 눈을 돌리지 않고서는 과연 다음 세대까지 이 지구상에 생존해 남을지 의문이다. 여기서 환경문제란 공해,

인구증가, 자원, 식량 등의 문제들이다. 기독교의 창조신앙 자체가 자연파괴의 주된 원인이라는 지적 앞에 대안적 교리를 제시해야 할 것이다.

두 번째 문제는 공산주의Communism와의 대화문제이다. 한반도의 반 이상이 공산주의 이념 밑에 살고 있는 것이 냉정한 현실이다. 공산주의를 적그리스도로서 타부시해온 자본주의적 가치관은 재검토 되어져야 한다. 이 문제는 위에서 지적한바 물질·정신의 이원론이라는 문제와 함께 검토 되어져야 할 것이다. 이는 우리 조국통일의 과제와 직결되는 문제이다. 전 지구촌의 나라들 가운데 우리만이 분단상황에 살고 있다.

세 번째 문제는 미래에 등장할 전체주의Totalitarianism 국가이다. 죠지 오웰이 묘사해 놓은 전체주의 국가의 등장은 매우 심각한 문제이다. 우리나라가 지금 새 헌정의 민주 시대로 가고 있는 것 같지만 세계는 전체주의 경향에 빠져들 여러 가지 요소를 많이 가지고 있다. 과학기술은 인간을 얼마든지 조정할 수 있는 메카니즘이 될 수 있으며 독재자는 얼마든지 이 메카니즘을 통해 군중을 통제할 수가 있기 때문이다.

네 번째 문제는 인간생명체에 관한 문제이다. 생명과학의 발달은 이제 인간을 시험관에서 길러 목적에 따라 인간 종류를 선택할 수 있게끔 되었다. 힉슬러의 『멋진 신세계The Brave New World』는 이러한 미래세계를 예견하고 있다.

다섯 번째 문제는 타종교Other Religion과의 대화 문제이다. 불교, 유교, 이슬람교 같은 종교를 모두 이단시 혹은 열등시 한 것이 백인 서구철학이 가르쳐 준 공과이다. 이는 어처구니 없는 오해이다. 그리스도교 국가라는 서구 사회에 오히려 동양종교가 기승하고 있으며 서구신학자들 자신이 동양종교에서 그리스도교의 탈출구를 찾으려 노력하고 있다.[107]

위에서 지적한 5대 문제들은 매우 심각하며 그 모두가 종래의 인간의 가치관을 뒤엎고, 나아가 인간의 생존문제를 제기하고 있는 것들이다. 이러한 문제들 앞에서 그리스도교가 종래에 읊고 있던 기도문이나 찬송만을 부르며 교회 안에서 소아마비적, 소승적 범주에서 벗어나지 못한다면 맛 잃은 소금과 무엇이 다르겠는가? 그리스도교는 지금 혁신적인 시도를 과감하게 시도하지 않으면 안된다. 이러한 혁신적 시도란 그리스도교의 성서적 전통과 교의 위에 바탕을 두면서도 새 시대에 적응할 수 있는 것이어야 할 것이다.

우리의 남북통일의 과제는 그리스도교의 혁신적인 시도 없이는 불가능하다고 본다. 그렇다고 그리스도교 자체 안에서 이러한 시도들이 없었던 것은 아니다. 60년대의 세속화 신학The Secular Theology, 신죽음의 신학Death of God Theology, 여성해방의 신학Woman Liberation Theology, 흑인 신학Black Theology, 그리고 남미의 해방신학Liberation Theology들은 모두 오늘날 그리스도교가 직면한 제반 문제들에 대해 그 지역적 상황에 따라 나타난 철학 운동이라 할 수 있다.

그러나 이러한 신학들이 매우 단편적이었던 것이 사실이다. 막상 통일이라는 대 과제를 안고 있는 한국 같은 곳에서 좀 더 종합적인 신학운동이 전개되지 못했다는 것은 통제된 언론 때문이라고 탓하더라도 해외에 있는 사상계마저 소아마비적 국내언론에 편승하여

---

107) 미국 서부 클레어몬트 신학교는 2012년 신학교란 명칭을 없애고 종교대학으로 다시 문을 열었다.

축소 될 필요는 없다고 본다. 실로 우리통일의 신학적 과제는 매우 포괄적이며 종합적이어서 이 문제가 해결되면 이는 곧 오늘날 세계가 직면한 제 문제들을 해결할 수 있는 기틀이 될 것이다. 그렇다고 성급하게 문제에 접근하는 것은 차라리 손을 아니 대는 것만 못할 것이다. 일을 시작하는 개서開序를 중히 여겨 차근히 한 분야 한 분야에 접근해 나가야 할 것이다.

불교에서 그 모형을 빌려와 우선 혁신적 새로운 도전을 대승 그리스도교Mahayana Christianity라 명명하고 그 개념을 앞으로 개진해 보고자 한다.

2) 타종교에 대한 그리스도교의 이해

앞으로 통일을 전제하고 그리스도교의 탈바꿈을 고려할 때 전통적인 다른 종교와 그리스도교 상호간의 이해는 불가피하다고 할 수 있다. 신라의 삼국 통일에는 불교가 지대한 공헌을 했으며 고려 건국이념도 기본적으로는 불교였다. 조선은 유교사상이 건국이념의 근간이 되었다. 이런 전통종교들의 순기능과 역기능적인 면을 모두 고려하더라도 이들 종교들이 한국의 역사를 수천 년 이끌어 오는 저력이 되었고 한국에 있어서 그리스도교 역사는 불과 100년 밖에 되지 않는다는 사실을 적나라하게 그리스도교는 인정해야 할 것이다.

불교의 경우 전래 100년 후에는 거의 토착불교가 생겨났으며 고려의 승랑, 신라의 원효, 의상, 원측 같은 훌륭한 학자들을 배출할 수 있었고, 조선조 유학의 경우도 마찬가지이다. 그러나 과연 그리스도교가 전래 100년 되는 지금, 유교나 불교같이 우리의 토착적인 종교가 되었으며 창의적이며 독창적인 세계적인 신학자를 배출할 수 있었는지는 의문이다. 같은 기간에 불교나 유교의 경우는 국민 대부분을 교화 시킬 수 있었지만 그리스도교는 겨우 20퍼센트에 도달하고 있다. 그리스도교 선교의 실패의 큰 원인 가운데 하나가 소승적이라는데 있었음을 지적하지 않을 수 없다. 불교도 초기에는 소승적인 경향이었지만 삼국 통일이라는 과제를 앞에 놓고 신라불교는 원효를 통해 과감히 대승적인 것으로 탈바꿈 할 수 있었던 것이다.

　신라가 삼국을 통일한데 대해서 여러 가지 이론이 가능하겠지만 종교적인 관점에서 볼 때 신라불교는 깊은 내륙지방에서 다른 백제나 고구려에 비길 수 없을 정도의 의식 수준에 까지 도달해 있었던 것이다. 이러한 내적인 세계의 의식 수준만큼 결국 국력도 올라갈 수 있었던 것이다. 원효를 통한 대승불교의 승화는 신라인의 민족 정신을 고무시켜 화랑 세속오계의 형태로 나타나게 되었다.

　술 먹지 말고, 담배 피우지 말고, 간음하지 말고, 잘 믿다 죽어 천당 가겠다는 수준의 신앙 형태를 그대로 가지고 그리스도교가 통일에 임하겠다는 것은 막대기 하나를 들고 전쟁터에 나가겠다는 말과 같다. 통일이라는 전제 앞에 한국 그리스도교의 신학적 한계는 자명하다. 이 자명성은 신라 불교의 깊이와 넓이에서 조명해 볼 때 더욱 분명해지는 것이다. 여기서 우리는 종교 간의 비교라는 관점에서가 아니라 통일이라는 문제성을 앞에 놓고 그리스도교는 불교로부터 무엇을 배울 수 있을까라는 질문을 제기하게 된다. 3·1운동 때에는 민족 독립을 앞에 놓고 모든 종교들이 에큐메니칼 할 수 있었다. 그러나 이는 실패로 끝났다. 즉 그리스도교의 소승적인 틀 때문에 민족의식 자체에 까지 그리스도교는 도달하지 못했던 것이다.

여기서 우리는 19세기 말에 한국에 들어온 그리스도교의 형태에 대해서 고려해 보지 않을 수 없다. 16세기 루터의 종교개혁 이후 교회는 극히 다른 종교에 대한 배타적인 생각을 갖게 되었다. 다른 종교와 그리스도교의 관계에 대해서는 헤겔, 슈라이에르마허, 하르낙, 트뢸치, 릿출 같은 19세기 사상가들에 의해서 언급 되어졌다. 여기서 트뢸치Troeltsch를 제외한 사상가들이 모두 그리스도교의 타종교에 대한 절대적인 우월성을 주장하여 20세기 K. 바르트에 까지 계승되어졌다. 헤겔의 절대정신, 슈라이에르마허의 절대의존의 감정, 릿츨의 철학과 신학의 절대적인 분리 같은 사상은 결국 그리스도교의 절대성 내지 우월성을 확립시키는 배경이 되었다. 이에 대해서 E. 트뢸치는 '그리스도교의 절대성과 타종교의 역사The Absoluteness of Christianity and the History of Religion'에서 그리스도교도 발전돼 나온 역사와 사회 발전과정에서 볼 때 다른 종교들의 그것과 다를 바 없다는 주장을 한다. W. 제임스는 심리학적 측면에서 그리스도교의 종교 경험도 다른 종교의 그것과 결국 다를 바 없다고 했다. 그리스도교적 종교 경험도 결국 많은 종교 경험 가운데 하나라고 주장했었다. 결국 인간은 믿으려 하는 의지Will to Believe를 공통적으로 가지고 있다고 했다. 트뢸치와 제임스의 이론은 전통 그리스도교의 생각을 근본적으로 뒤바꾸어 놓게 했으며 후기에 P. 틸리히 같은 신학자도 타종교 특히 불교에 대해서 열려진 마음의 태도를 가지고 있었다. 아마도 그리스도교와 타종교간의 대화는 알타이져 같은 '신죽음의 신학자'들을 거쳐 과정신학Process Theology에 와서 본격적으로 이루어진 것 같다. 클레어몬트 대학원의 J B. 캅 교수, 불교학자 가운데 M.아베 교수가 이러한 시도의 출발을 하고 있어서 앞으로 이들 학자들의 노작에 많은 덕을 입고 그들의 사상을 많이 원용해야 할 것이다.

19세기 말 미국의 선교사들이 한국에 가지고 온 그리스도교는 그 종교관에 있어서 19세기 신학자들의 그것과 다를 바 없었다. 즉 그리스도교의 다른 종교에 대한 절대적 우월성을 갖고 온 것이다. 그래서 그들은 토착종교를 악마화시켜 타파 내지 배격했고 그리스도교인이 된다는 것은 다른 종교에서 철저하게 떠나는 것을 전제하게 되었었다. 과연 그랬어야 할까? 여기서 질문을 새삼 제기 시키지 않을 수가 없다. 배격, 배타의 방법이 최상일 수가 있었는지는 심각하게 재고려해보지 않을 수가 없다고 본다.

그리스도교 이전의 종교를 크게 두 범주로 나누어 생각해 볼 수가 있다. 첫째는 원시종교Primitive Religion이고 둘째는 차축시대의 종교 Axial Religion이다. 원시종교란 인간이 자연에 예속돼 살던 토템신앙, 정령숭배 같은 것을 두고 한 말이다. 차축시대란 철학자 K. 야스퍼스가 사용한 말인데 BCE 2세기나 8세기 사이를 두고 한 말이다. 야스퍼스에 의하면 바로 이 기간에 위대한 철학자(소크라테스, 아리스토텔레스, 플라톤), 종교 사상가(석가, 공자, 노자, 맹자, 예레미야, 이사야, 아모스) 등이 배출되었다는 것이다. 그래서 가히 이 기간을 인류의 차축시대라 할 수 있다고 했다.

이 차축시대를 바로 지나면서 나타난 것이 그리스도교이다. 그런데 그리스도교는 차축시대가 원시종교의 이적, 병 고침 같은 요소들을 모두 포함하면서도 사랑, 정의 같은 차축시대의 윤리적 가치를 그대로 받아들이고 나아가 차축시대의 존재론적 구조를 답습하여 로고스(그리스철학의 우주이성)를 예수와 동일시했던 것이다. 초대교회가 특히 바울을 통해 외래 종교, 철학을 받아들여 복음전파의 매개체로 사용 했었던 것과는 달리 그리스도교가 한국에 들어와서는 동양의 차축시대적, 원시시대적 종교의 탈을 무조건 배격해 버린 것은 모순이라 아니 할 수 없다. 이것은 다분히 백인 우월주의적 가치관에 우리를 세뇌시키는 것 밖에 아무 것도 아니다. 라틴 아메리카 같은 곳에서 사회운동을 통해서 생긴 해방의 신학이 이러한 백인 멘탈리티를 반영하는 신학에서 탈피하려 하고 있다. 이제는 비교종교학적 차원에서도 탈피 할 때가 왔다.

그래서 19세기 선교사들의 세뇌에서부터 하루속히 이탈하는 과정은 급선무라 아니할 수 없다. 한국 통일에 그리스도교가 공헌하자면 다른 종교를 대하는 19세기적 세뇌에서 세척시키는 작업이 앞서야 할 것이다.

19세기적 세뇌의 세척작용은 좀 더 철저해야 한다. 이런 질문들을 자신에게 해 보아야 한다.

(1) 나는 한국 사람이다.
(2) 그리스도교는 유대교의 산물이다.
(3) 예수는 유대인이었다.
(4) 우리 조상들도 종교를 가지고 있었다.
(5) 모든 민족은 다 자기 종교가 있다.
(6) 그렇다면 나 한국인은 한국종교를 가져야 할 것이 아닌가?
(7) 나는 왜 그리스도교를 절대적인 종교로 받아 들여야 하나?

통일의 신학은 근본적인 이러한 종교적인 인식의 재검토에서 이루어져야 하고 이러한 질문을 거친 신앙만이 토착 그리스도교 정립의 기초가 될 수 있다. 지금까지 크리스챤은 항상 자기가 크리스챤이 되었다는 전제와 그리스도교 기성 교리를 전제하고 출발했지만 이제는 자기가 그리스도교인이 되었다는 것의 재정립이 필요한 것이다. 우리나라에도 종교지도자, 영웅, 사상가들이 있었는데 왜 모세, 여호수아, 이사야, 예레미아 만을 이야기해야 하느냐 하는 질문이 가슴 속에서 우러나오지 않으면 안된다.

이러한 세척작용을 거친 후에 내가 그리스도교인이 되었다는 사실에 대한 재정립의 단계가 필요하다. 일단 이러한 세척작용을 겪고 나면 우리 전통 종교를 보는 눈이 근본적으로 달라지게 되며, 종전의 무조건 배척의 단계에서 '내가 다른 종교로부터 무엇을 배울 수 있는가?'하는 태도를 갖게 된다.

자기 종교를 내세우지 않고 인간 속의 문제가 무엇인가부터 찾게 될 것이다. 큰 의문은 큰 각성을 일으킨다는 선불교의 말대로 음주, 간음이 문제라면 역시 그는 소승적 각성 밖에 못하게 되고 우리가 말하려는 민족의 통일을 문제로 본다면 대승적인 각성을 하게 될 것이다. 그리스도교는 지금까지 죄의 회개만을 강조해 왔기 때문에 회개 이전에 인간의 의식 속에 일어나는 이러한 깨달음Awakening을 너무 무시해 왔다. 각성을 넓히면 회개도 큰 회개를 할 수 있게 된다.

바로 이러한 깨달음의 각성작용을 민족통일의 매개체로 삼자는 것이다. 회개 이전의 이 각성작용에서 그리스도교는 다른 종교로부터도 배울 수 있다는 것이다. 각성작용을 거치지 않은 회개는 허황해 질 수 밖에 없다. 우리는 회개 이전의 이러한 각성작용을 사도들의 설교에서도 찾을 수 있다. 사도들은 전통 유대교의 가치관·역사관에서 예수 그리스도에게로 전향하는 각성을 먼저 했던 것이다. 이것은 회개와는 붙어 있으면서 또 다른 작용이다.

회개에서는 해답이 주어진다면 깨달음은 질문하고 그것과 아직도 갈등하며 의식Consciousness의 차원에서 전인적인 회개의 차원으로 넘겨지는 차원이다. 만약 그리스도 신앙에서 이러한 회개 이전의 의식의 깨달음을 전제한다면 이 의식의 각성은 불교경전, 유교경전(물론 초대교회는 구약과 그리스철학에서였지만)에서 찾을 수 있다. 믿음과 깨달음이 병진하는 종교를 가능하게 하는 것이 한사상이다. 선도문화 전통속에서는 이 둘이 하나이지 둘이 아니었다.

이 의식의 각성에 꼭 유대교나 그리스철학을 사용하라는 법은 없다. 만약 불교나 도교나 유교의 사상을 원용하면 더 넓고 깊은 차원에서 종교경험을 할 수 있다고 본다. 그래서 P. 틸리히는 '내가 좀 더 일찍이 불교를 배웠더라면 나의 신학은 좀 더 깊어질 수 있었다'고 했다.

여기서 새롭게 사용한 각성이라는 말을 좀 더 정의해둘 필요가 있다. 위에서 지적한 각성의 의미는 마치 아퀴나스의 이성Reason이라는 개념과 비슷한 것 같이 보인다. 즉 아퀴나스는 이성이란 신앙이라는 문턱으로까지 인도해 주는 것이라 하였다. 즉 자연히 신앙은 이성의 도움을 받는다는 것이다. 이러한 이성과 신앙의 밀접한 관계를 주장하는 철학을 자연신학Natural Theology이라 한다. 만약 그리스도교가 이러한 자연 신학을 인정한다면 다른 종교와의 대화는 훨씬 쉬워진다. 즉 타종교의 교리를 이성의 범주에 넣으면 결국 다른 종교도 그리스도교 신앙의 문턱까지 안내해 주는 역할의 몫을 감당할 수가 있기 때문이다. 그런데 루터는 이러한 이성의 역할을 '완전히 배제하고' 다만 '믿음Only Faith'의 교리를 주장하게 되었다. 루터 이후부터 자연신학의 가능성은 점차 희박해져 왔으며 칸트에 와서 『이성의 한계내에서의 종교』는 이를 더욱 어렵게 만드는 결과가 되었으며 이런 경향이 위에 지적한 19세기 신학사상에까지 파급되었던 것이다. 이것이 소위 개신교신학Orthodox Theology의 주류가 되었다.

가톨릭교회가 훨씬 전부터 우리 토착 종교에 대해 유연한 태도를 갖게 된 이유가 바로 이성을 인정하는 자연신학적 태도 때문이다. 필자가 여기서 지적하는 각성이라는 말이 이성과 신앙의 관계라는 측면에서 볼 때는 유사점을 인정할 수 있다. 그러나 가톨릭의 이성은 상당히 합리적 사고 내지 존재의 이치 같은 것이다. 여기에 대해 각성은 사고 작용 뿐만 아니라 역사의식, 도덕적 판단까지 포함시키는 말이다. 사도들의 선교 속에 모세율법. 다윗의 자손, 그리고 예언자들의 행적 같은 것을 예수의 죽음과 부활을 말하기 이전에 설파한 것이 바로 인간의 마음을 각성시키기 위한 것이라고 말해도 좋다.

우리가 만약에 통일을 얘기하면서 민족의 수난, 민족의 동질성 주체성, 도덕적 순결 같은 것을 말할 때 이는 각성작용을 촉발시킬 수 있다. 이는 A.N.화이트헤드의 '주관의 형식Subjective Form'같은 것이다. 의지, 감정, 인식을 다 포함해 전인적인 주관을 화이트헤드는 주관의 형식이라 했다. 이런 주관의 형식의 각성을 만약 아퀴나스의 이성의 측면에 둔다면 그가 이성으로 하여금 신앙의 문턱까지 갈 수 있듯이 각성도 그러할 수 있다. 그러나 이러한 선후 관계에서도 각성은 이성하고 다르다. 이성은 문턱까지 가서는 그 신앙의 영역에 영향을 미칠 수 없지만 각성은 그렇지 않고 신앙의 영역까지 침투해 들어가 둘이 하나 속에 융해되어진다. 또한 여기서 말하는 각성은 불교의 깨달음 하고도 다르다. 깨달음은 해답의 단계라면 각성은 아직 문제의식을 가지는 단계이다. 율법은 이러한 문제의식을 제기시키는 점에서 복음의 몽학선생이라고 할 때 각성은 이런 몽학선생의 역할을 할 수 있다.

이렇게 필자가 여기서 각성이라는 말을 사용할 때 거기에는 종합적인 의미가 있음을 밝혀두기로 한다. 여기서 대승이라는 말을 적용할 범위는 바로 이러한 각성의 영역이다. 그리스도교 신앙을 소승, 대승으로 나누자는 것이 아니고 신앙 이전에 그리고 신앙과 함께 일어나는 문제의식인 주관의 형식을 소승에서 대승으로 바꾸자는 것이다. 소승의 주관형식이란 한국 교회에 있어서 음주, 간음, 도둑질 같은 윤리적인 것으로서 극단의 자기 개인 영혼구원에 집착하여 천당·지옥을 지고의 가치기준으로 삼는 형태를 두고 하는 말이다. 이에 대해서 대승적 주관 형식은 역사의식, 민족의 주체성, 세계의식, 우주의식을 갖는 것이다. 이를 우환의식이라 할 수 있다. 세계와 역사에 대해 우환을 느끼는 것이다. 이런 대승적 의식은 그리스도교가 직면한 다섯 가지 문제들과 씨름하는데서 생기는 것이다. 이러한 대승적 문제의식을 먼저 가지고 의식이 각성될 때 이 문제를 연결하기 위해서 크리스챤은 "타종교로부터 무엇을 배울 수 있는가"로 태도 전환을 할 수 있다. 만약 소승의식을 가지고 거기에 집착해 했을 때는 타종교에 대해서 배타적일 수밖에 없다.

환경오염에 의해 죽는 생물과 인간, 전체주의 국가 밑에서 탄압받는 사람들, 빈곤으로 죽는 이웃들을 먼저 생각하면 즉 이 세상의 문제의식인 우환을 먼저 느낄 때 비로소 인간은 자기 종교의 도그마에서 해방될 수 있다. 자기 종교의 도그마가 당장 죽어가는 인간을 살리지 못하고 타종교가 살릴 수 있다면 인간의 생명 그 자체를 위해서는 자기 도그마도 버릴 줄 알아야 한다는 것이다. 양의만이 환자를 고친다고 주장하다 사람을 죽이느니 보다는 만약 한의가 고칠 수 있다면 기회를 주는 것이 좋을 것이다. 오늘날 소승 그리스도교가 자기 도그마로 이 세상의 산적한 모든 문제를 다 해결 할 수 있다면 큰 오산이다. 특히 인간 환경문제에 대해서는 그리스도교로서도 한계점에 와 있다. 그렇지만 불교나 동양종교에 눈을 돌리면 인간환경 문제를 쉽게 해결 할 수 있는 요소가 된다. 여기서 그리스도교는 환경오염 속에 죽어가는 인간을 살리기 위해서는 동양 종교로부터 무엇을 배울 수 있는가라고 묻지 않을 수가 없는 것이다. 이러한 문제의식 자체를 갖게 하는 것이 각성의 작용이다. 우환의식 없이 각성은 불가능하다.

3) 대승그리스도교의 신관

소승Hinayana이나 대승Mahayana이란 말이 불교에서 처음 생긴 것은 BCE 383의 베사리 회의The Council of Vasali에서 보수주의 학파The School of Theravada와 자유주의 학파 사이의 분규에서 의견 대립으로 된 것으로 본다. 그래서 대승이라는 말의 의미를 정의하기 위해서는 상대적으로 소승학파에서 주장하는 의견을 개진해 보면 밝혀질 수 있다고 본다.

소승불교와 대승불교의 큰 차이를 한마디로 요약해 말한다면 전자는 실재Reality가 있다Being고 본다면, 후자는 없다Nothing고 보는 차이라 할 수 있다. 소승불교의 이러한 있음론有論 즉 실재가 있다는 주장은 구사종俱舍宗을 통해 깊게 전개되어졌다. 그러면 우리가 관심을 갖게 되는 대승불교의 무 혹은 공空사상의 의미는 무엇인가? 불교에서 이러한 공의 사상을 처음 제기한 학자는 나가르쥬나(CE 2세기경)이다. 그 이전부터 있었던 대승교리를 공사상을 통해 집대성시킨 분이 바로 나가르쥬나이다.

불교의 공사상을 보통 서구 학자들이 알고 있는 것과 같은 무Northingness와는 다르다. 이 공이란 말이 많이 잘못 이해되어지고 있는 것이 사실이다. 나가르쥬나의 무 혹은 공이라는 말은 무엇이 없는 상태가 아니고 있는 모든 것이 완전하게 서로 의존되어 있는 상태이다. 연기의 다른 말이 무이다. 그래서 가득참이 무이다. 그래서 완전함 상호 의존된 상태를 연기緣起라 한다. 불교의 공은 긍정적 개념이지 결코 부정적 개념이 아니다. 여기서 말하는 연기설은 다음과 같은 세 가지 사실을 전제하고 있다.

(1) 모든 사물은(우주 밖이나 안이나 상대적인 것이나 절대적인 것을 포함하여)상호 의존적이어야 한다.(Interdependent)
(2) 모든 사물은 자기의 독자성과 독특성을 지니고 있어야 한다.
(3) 연기적 관계는 반드시 공空 속에서 일어나야 한다.

(1)과 (2)는 서로 모순되는 명제같이 보인다. 이러한 모순성을 다음과 같이 불교에서는 해결하고 있다. 즉, 모든 사물이 독자성과 독특성을 가지고 있다는 것은 그 상相에 있어서 그렇다는 뜻이고 모든 사물이 상호 의존적이라는 것은 사물의 본질에 있어서 그렇다는 뜻

이다. 전자는 감각적 현상계의 세계이고, 후자는 초감각적 초월의 세계이다. 이를 보통 불교에서는 삼사라Samsara와 니르바나Nirvana의 차이로 구별하고 있다. 전자는 현상에, 감각에 의해 접촉될 수 있는 세계이고 후자는 보통 열반의 세계 즉 전자를 초월하는 세계이다. 이를 또한 색色과 공空이라는 말로 구별하기도 한다. 그러면 이 '색'과 '공'의 관계가 어떠하냐는 질문이 남게 된다. 여기서 제기되는 질문 가운데 심각한 것은 '공'이 '색'을 초월하는 것이라면 '공'을 초월하는 것은 무엇이냐는 것이다. '공'밖의 '공'은 무엇이냐는 질문이다. 그리스도교의 하느님 밖의 하느님의 존재는 무엇이냐? 플라톤의 이데아 밖의 이데아의 존재는 무엇이냐는 질문과 비슷하다. 이에 대해서 플라톤은 '이데아의 이데아Idea of Idea'란 말을 사용해서 이를 절대적인 이데아 혹은 선의 이데아라 했다. 이러한 연계적으로 끝없이 계속되는 궁극적 존재에 대한 질문에 대해서 서양철학은 '…의 …' 혹은 '그 자체Itself'라는 말을 통해 해결하려고 했다는 점에서 예외가 아니었다. 즉 궁극적인 것 이상에 더 궁극적인 것을 전제함으로써 해결하려고 했던 것이다. 그래서 'Idea of Idea' 혹은 'Being Itself' 같은 존재적인 용어들이 생겨나게 되었으며 이에 따라 서구철학을 궁극적인 것을 실체화實體化시키고 거기에 절대, 필연 제일원인으로서의 가치를 부여하고 나머지 것들은 상대, 우연으로 나누는 이원론Dualism에 고질적으로 빠져 버리게 되었다. 이러한 실체화의 오류를 A.N.화이트헤드는 '잘못된 구체화의 오류Fallacy of Misplaced Concreteness'라는 말로서 지적하고 있다. 즉 궁극을 끝없이 거슬러 올라가다가 어느 한 곳에 머물러 '…의 …' 혹은 Itself란 말을 붙여 절대화시키는 오류를 두고 한 말이다.

신학이 철학의 표현을 빌릴 때 이러한 최고 궁극자를 신으로 고정하게 되었던 것이다. 철학적 표현을 그대로 빌리면 신은 절대적, 필연적, 부동자, 제일원인으로 여기게 되었으며 이에 따라 중세기 아퀴나스의 다섯 가지 신 존재 증명 방법론이 대두하게 되었던 것이다. 다섯 가지를 존재 증명 방법 가운데 우주론적 목적론적 증명은 연계적 추리를 해나가 마지막 만나는 자가 신이라고 증명하는 방법이다. 이런 중세기적 방법은 아직도 많이 사용되어지고 있다. 이런 신 존재 증명 방법은 신학을 이원론으로 끌고 가는 위험에 빠뜨리게 했었다. 신은 세계를 초월하는 절대 필연적인 존재로서 이 세상과는 아무런 영향관계를 주고받지 않는 무감동론Impassibility 교리가 나오게 되었다.[108]

14세기까지 화가들은 예수의 얼굴에 기쁨과 슬픔 같은 인간적인 감정을 표현하는 그림을 못 그리도록 주의를 받았던 것이다. 램브란트에 와서 인간 예수의 그림을 그리도록 된 것은 잘 알려진 사실이다. 이것은 너무도 그리스도교 신앙과는 거리가 먼 교리이다. 이렇게 극단전인 이원론에 빠져 신의 한 쪽을 완전히 부정한 신관을 과정신학자 찰스 핫츠혼은 '단일 극성적 유신론Monopolar Theism' 이라고 했다. 신의 이 세계적 시간성을 제거해 버린 반쪽인 한쪽만의 신관이라는 뜻이다. 이를 구태여 소승적 신관이라고 해도 좋다. 이러한 소승적 신관에 대해서 대승적 신관이란 나머지 지금까지 부정된 신관을 다시 회복시키는 것인 동시에 조화시킨 신관이다. 우리는 이러한 조화와 통일의 신관을 과정신학 그리고 동양사상 특히

---

108) 삼단논법은 귀속주의의 오류에 빠지게 한다. '죽는다' 속에 '모든 사람'을, '모든 사람' 속에 소크라테스가 포함되는 논리이기 때문이다.

불교에서 우선적으로 찾아 볼 수 있다. 위에서 지적한 불교의 연기사상, 공空사상은 앞으로 대승 그리스도교회 신관을 개진하는데 공헌할 수 있다고 본다.

4) 대승신관의 논리적 구조

지금부터 대승그리스도교의 신관을 '대승신관', 소승그리스도교의 신관을 '소승신관'이라 부르기로 한다. 불교를 '소승'과 '대승'으로 나눌 때 전자는 존재의 '있음Being'에 후자는 '없음Empty'에 근거를 두고 한 말이다. 서양의 전통 그리스도교 신관은 철저하게 '있음'에 존재론적 근거를 두어 왔으며, 이 '있음'을 '실체Substance', '실재Reality', '존재자체Being Itself' 혹은 신으로 표현해 왔었다. 이러한 '있음'에 그 존재론적 근거를 둔 서양전통 그리스도교 신관은 소승신관이라고 규정해도 좋다. 적어로 이러한 규정은 필자가 대승신관에 대칭시켜 말할 때 더욱 옳다고 말 할 수 있다.

서양의 소승 신관이 딛고 전개돼 나온 배경에는 그리스철학, 특히 플라톤과 아리스토텔레스의 철학이 있었음을 간과할 수 없다. 여기서는 이들의 사상을 다 논하는 대신에 이들 철학의 배경이 되고 있는 논리적 구조에 대해서만 언급해 보려고 한다. 이들의 논리적 구조가 밝혀지면 상대적으로 대승 신관의 논리적 구조가 어떠해야 한다는 가정을 세울 수가 있게 된다.

칸트가 지적한대로 서양의 논리학은 아리스토텔레스 이후 한 걸음도 발전하지 못했었다. 거의 2천 년 간 서양의 철학과 신학은 아리스토텔레스가 구축해 놓은 논리적 구조 위에서 전개돼 내려 왔었다. 그의 논리학 『*Organon*』에 씌어진 삼단논법Syllogium은 후대의 철학자들과 신학자들에 의해서 애용돼 왔었다.

삼단논법은 대전제, 소전제, 결론의 삼단계로 추리하는 과정을 두고 한 말이다. 즉,

1. 모든 사람은 죽는다.
2. 소크라테스는 사람이다.
3. 고로 소크라테스는 죽는다.

고 할 때 1은 대전제, 2는 소전제, 3은 결론이다.

종래의 신학자들은 자기들의 신학을 전개할 때 이 삼단논법을 맹목적으로 신봉해 온 것이 사실이다. 이러한 삼단 논법에 대한 맹목적인 신봉에서 가상적 실체Substance를 전개하는 오류를 범해 고질적인 소승신관에 빠져 들어가게 되었던 것이다.

그러면 아리스토텔레스의 삼단논법의 근본적인 오류는 무엇인가? 이 오류를 지적해내기 위해서는 몇 개의 논리적 용어를 정의해 놓지 않으면 안 된다. 삼단논법 안의 대전제와 소전제는 다른 말로 명제Proposition라 할 수 있다. 명제에는 두 가지 종류가 있다. 하나는 종합적 명제Synthetic이고 다른 하나는 분석적 명제Analytic이다. 분석적 명제는 술어가 이미 주어 속에 포함돼 있는 명제이다. 예를 들어, '총각은 결혼 안 한 남자이다'라고 할 때 '결혼 안 한 남자'라는 서술은 이미 '총각'이라는 개념 속에 포함되어 있는 것이다. 수학의 2+2=4란 명제는 '2+2' 속에 4의 개념이 내포돼 있다.

이러한 분석적 명제는 'Tautology'라고도 한다. 분석적 명제에 대

해 종합적 명제란 주어에서 술어를 이끌어 낼 수 없는 명제이다. 예를 들어서 "내일 비가 올 것이다." "모든 까마귀는 검다."와 같이 경험으로 모든 사례를 다 검증해 보지 않고는 아직 개연성으로 밖에 타당성이 없는 명제 같은 것이 종합적 명제이다. 내일 비가 올런지 안 올런지는 여러 가지 가변적 현상에 의해서 좌우될 수 있으며 모든 까마귀가 다 검은지는 전 세계의 구석구석까지 다 검증해 보아야 그 타당성이 입증될 수 있다.

이러한 두 명제, 즉 분석적·종합적 명제의 정의에 근거하여 삼단논법을 검토해 보면 그 결점이 쉽게 발견된다. 우리가 신학적으로 잘 훈련된 학자들로부터 유도당하는 오류란 바로 그들의 명제가 종합적이냐 분석적이냐를 먼저 고려하지 않을 때 발생하게 된다. 그러면 도대체 아리스토텔레스의 삼단논법에서 대전제로 되는 "모든 사람은 죽는다."라는 명제가 종합적이냐 분석적이냐, 그리고 삼단논법에서 대전제가 될 수 있는 명제가 철저하게 분석적이어야 한다는 것이다. 왜냐하면 종합적인 명제는 아직 더 경험적으로 검증을 받아야 하기 때문에 삼단논법의 대전제로서 대두될 수가 없기 때문이다. 즉, 모든 사람들이 정말 죽는지는 시간적으로는 과거, 현재, 미래에 걸쳐 그리고 공간적으로는 우주의 구석까지 관찰되어져 결정되어져야 하기 때문이다. 여기서 바로 종래의 삼단논법의 허점이 있는 것이다. "모든 사람은 죽는다."라는 명제는 불충분한 검증에 의한 것이기 때문에 순수한 논리적 체계 속에 끼어들 수 없다는 것이다.

그렇다면 전통적 신관이 철저하게 삼단논법에 의존돼 내려왔는데 대전제의 성분 자체가 문제시됨에 따라서 신학의 근거도 위태롭게 된다. 즉 신학자들은 철학자들이 "모든 사람들은 죽는다."는 명제를 검증 없이 받아들였듯이 "신은 있다God Exist."란 명제를 검증 없이 받아들여 대전제로 삼고 삼단논법의 틀 속에서 신을 유추해 왔었던 것이다. 여기에 대해서 현대 논리학자들을 당신들의 대전제가 검증 될 수 있는 것인지 질문하게 된다. "신은 존재한다."란 명제가 종합적이냐고 묻는다. 이러한 도전에 대해 신학자들은 자기의 특수한 종교적 경험 즉 믿음 혹은 교회의 전통으로 '신은 있다'라고 명제가 검증된다고 강변한다. 교부 안셀름Anselm이 제시한 존재론적 신 존재 증명방법이 이러한 강변의 대표적인 예라고 할 수 있다. "신을 더 이상 위대하다고 생각할 수 없는 분."이라고 할 때 가장 완전한 존재는 이미 '존재한다Exist'는 개념을 포함하지 않고는 완전하다고 말할 수 없기 때문에 신이 존재한다는 것은 신의 성격 그 자체에 속한다고 안셀름은 신 존재 증명방법을 제시했던 것이다.[109]

이 안셀름의 존재론적 증명방법을 자세히 관찰해 보면 안셀름은 이미 교회의 전통과 자기의 신앙에 의해 신의 완전한 존재라는 가정을 받아들이고 있기 때문에 가능하다는 것을 발견하게 된다. 이와 같이 전통과 신앙에 의해서 주어진 전제를 받아들이고 출발하는 신학을 계시 신학이라 할 수 있는데 전통적인 신학방법은 거의 이러한 방법을 취하고 있으며 안셀름의 존재론적 증명방법을 현대 신학자 K. 바르트도 그대로 답습하고 있다.[110]

이와 같이 계시신학은 "신은 존재 한다"라는 명제를 대전제로 무

---

109) 안셀름의 존재론적 증명 가운데 제2증명은 핫츠혼 같은 과정신학자에 의해 재조명받았다.

110) 삼단논법에 의해 존재를 추리하는 논리를 'A형'이라 한다. Aristoteles, Aquinas, Augustine, Ansela 같은 사람들이 공통적으로 추구하고 있기 때문이다.

조건 받아들여 삼단논법에 의해 그 다음 단계를 추리해 내려가게 된다. 이런 방법의 신학적 노작이 갖는 취약점은 대전제 자체를 부정할 때 그 체계 자체가 한꺼번에 무너져 버리게 되는 것이다. 현대 논리학자들에 의해 삼단논법의 허구성이 지적됨에 따라서 신학적 추리방법도 재검토 되어지게 된다. 이 삼단논법은 신이라는 실체 Substance와 그것이 존재한다Being는 두 전제가 대전제로서 받아들여 질 때에만 가능한데 이러한 대전제 자체가 재검토 되어져야 한다.

  이러한 삼단논법의 허구성을 지적하고 그 극복의 방법으로서 러셀은 서술적 방법Descriptive Method을 제시했다. 즉 "모든 사람은 죽는다." 혹은 "신은 존재한다."라는 종래의 대전제들은 주장과 편견에 의해 된 명제이기 때문에 순수 논리적인 명제로 바꾸자면, 즉 분석적인 명제가 되게 하자면 '이르기를It is that...'의 형식으로 서술적 형식을 빌어 표현하지 않으면 안 된다는 것이다. 즉 "이르기를 모든 사람은 죽는다It is said that all men are mortal."라고 하면 문장 자체 안에서는 일관성을 갖게 되어 분석적이 될 수 있다는 것이다. 서술적 방법을 사용하게 되면 "모든 사람이 다 죽는다."라는 명제가 갖는 검증을 수고를 할 필요 없이 즉 사실들Facts에 대한 명제가 아니라 어떤 사람들이 말하기를 "모든 사람은 다 죽는다고 하더라."고 하면 순수한 말에 대한 서술하는 말이 되어 버리게 된다. 전자는 '대상언어' 후자는 '메타언어'이다. 일상생활의 말들을 그대로 직접 논리적인 말로 사용했기 때문에 전통논리학은 과오를 범해 왔다고 할 수 있다. 신학에서는 신앙 고백적 그리고 교회에서 선포한 권위적인 언어를 그대로 신학적 언어로 받아들인데 문제가 있는 것이다. 불교논리학도 '성유언'이라 하여 성인들의 말을 그대로 수용하던 것을 진아에 와서 제거해 버린다.

대승신관은 바로 이러한 잘못된 신학적 오류를 지적하는데서 새로운 논리적 기반을 발견하게 되는 것이다. 이런 점에 대승신관은 현대의 기호논리학과 언어분석학의 학문적 노작에 많이 의존하는 동시에 이 분야의 학자들이 거두어 놓은 새로운 논리적 구조를 빌어서 신관을 전개할 수밖에 없는 것이다. 그러나 현대논리학과 언어분석을 하나의 방법론으로 받아들일지라도 이들 철학들이 주장하는바 철학적 주장들을 그대로 받아들이자는 것은 아니다. 즉, 이들 철학들은 철저하게 경험주의Empiricism 바탕 위에서 경험으로 검증되어지지 않는 대상은 허구라고 배척하는 태도를 받아들이자는 것이 아니다. 이들은 신 같은 개념은 경험으로 검증될 수 없는 대상이기 때문에 학문의 영역에서 배척시키려는 극단적인 경향마저 갖고 있다. 그러나 그들이 거두어 놓은 분석적 업적은 지대하며 옛 철학과 신학의 구조자체를 바꾸어 놓을 만큼 그 비중이 막중하다고 할 수 있다. 결국 인간은 자기가 설정해 놓은 사고의 논리적 구조 이상을 넘어선 영역에 대해서는 모르는 것이다. 2천 년 동안 서양의 철학과 신학은 아리스토텔레스가 거두어 놓은 논리구조의 업적 이상을 능가할 수 없었던 것이다. 논리구조란 결국 인간의 사고 구조인데 이제는 동양에로 눈을 돌려보면 서양의 그것과는 근본적으로 다른 면을 발견하게 된다. 지금에 이르러 서양인들은 사고구조의 한계성을 동양인의 그것에서 극복할 수 있음을 발견하고 있다.[111]

---

111) 서양에도 아리스토텔레스와는 전혀 다른 논리가 있었다. '거짓말쟁이 역설'의 논리가 그것이다. Epimenides, Eubleides, Eckhart 등은 이런 논리를 알고 있었다. 이를 'E형 논리'라고 한다. A형과 대립하는 논리이다. E형은 동양적 Eastern 논리이기도 하다.

소승적인 소승신관이 의존해 있던 삼단논법이 이와 같이 재검토 되어짐에 따라서 새로운 신관의 전개 방법도 달라질 수밖에 없는 것이다. 새로운 신관으로서의 대승신관은 신앙고백적인 혹은 전통의 권위에 의해서 대전제를 결정하고 그 다음 추리를 해나가는 종래의 삼단논법적 방법을 배격 할 수밖에 없다. 고백과 권위에 의해서 신의 존재를 기정의 것으로 받아들이는 방법이 이미 잘 믿도록 훈련되어져 있는 신앙공동체 안에서는 여전히 받아들여질 수 있다는 사실을 여기서 부정하는 것은 아니다. 중세기라면 몰라도 오늘과 같은 세속사회 속에서 그리스도교인들에게 필요한 신학이란 고백이나 전통에 의해서가 아니라 이성이 납득할 수 있는 합리적인 바탕에 근거를 두어야 한다.

여기서 합리적이란 말의 뜻은 신을 합리적으로 분석하자는 것이 아니고 신의 존재를 인식하는 태도자체가 권위적이 아닌 납득의 방법이어야 한다는 것을 의미한다. 이 말은 신이 합리적이 되어야 한다는 것을 뜻하는 것이 아니고 인간이 합리적이 되어야 한다는 것을 뜻한다. 이성에 대한 '이치' 말이다. '재세이화'의 이치 같은 것을 두고 하는 말이다. 19세기 합리주의 신학이 빠진 오류란 바로 신이 합리적이게 하려는데 있었던 것이다. 대승신관이 합리적인 바탕 위에 서야 한다는 것은 신의 존재를 유추하는 인간의 태도 자체가 합리적이어야 한다는 뜻이지 신이 합리적으로 존재해야 한다는 것을 의미하는 것은 아니다. 전통적인 소승신관이 삼단논법을 사용할 때 "신은 존재한다."라는 명제를 대전제로서 사용할 때에 이미 설명한 바와 같이 이 명제는 일상적인 신앙 고백적인 언어를 아무런 검토 없이 논리적인 언어로 사용했다는 점에서 합리적이 못 된다는 것이다. 적어도 이 명제를 사용하자면 서술적인 설명이 앞에 따라야 한다. 예를 들어서 "중세기에 있었던 가톨릭이라는 그리스도교 신앙 공동체 안에서 사용 되어지던 바 신이라는 개념상에서 볼 때 신은 존재한다."고 말할 수 있다고 서술해 놓아야 할 것이다. 이것이 서술적 방법으로 펴는 신관이다. 이러한 서술 없이 신이라는 말을 보편개념으로 사용할 때 문제가 생기는 것이다. 앞으로 대승신관은 삼단논법 자체를 부정하는 것이 아니라 삼단논법의 대전제를 설정할 때에 서술이 따르지 않는 명제는 합리성이 결여된 것으로 배격할 수밖에 없다는 것을 말하자는 것일 뿐이다. .

이상에서 우리는 신관 전개에 사용돼온 삼단논법의 결점을 지적함으로써 전통 소승신관의 오류를 살펴보았다. 이러한 오류는 아리스토텔레스의 다른 논리들 즉 모순률, 배중률 등을 살펴보아도 쉽게 발견할 수 있다.

4. 개인 구원과 사회 구원

1

그리스도교가 정치적 구원을 무시하고 개인영혼 구원에만 몰두하게 된 것은 그리스도교의 본래적 전통 때문이 아니고, BCE 2~3세기에 그리스도교회 안에 흘러들어온 그리스 이원론 때문이라고 했다. 그렇다면 한국에 있어서 민중신학은 교회가 사회 참여를 하기 위한 철학적 근거를 이원론의 극복에서 찾아야 할 것이다.

'민중신학'이란 1970년대 말부터 진보적인 기독교 일각의 신학자들이 제기한 신학을 두고 하는 말이다. 요즈음 인기 있는 해방신학이 정치적 차원에서의 구원을 강하게 이야기하고 있음에도 불구하고 그 이론의 철학적 빈곤 때문에 이론의 논리적 빈곤으로 끝나고 말 위기에 서 있다. 우리 한국의 옥중 인사들이 이 해방신학에 이론적으로 의탁하고 있다고 생각할 때 이에 대응할 만한 다른 사상이 화급히 요청되고 있다.

서양사상은 2천 년 동안 이원론을 근간으로 하여 그 기틀이 전개되어 내려왔다. 궁극자의 초월성과 내재성, 주관성과 객관성, 정신과 물질, 육체와 영혼 등 철학이란 결국 이런 따위의 이원론적 범주 안에서 이쪽에서 저쪽, 저쪽에서 이쪽으로 건너오는 것에 불과하다고 할 수 있다.

신학도 이러한 철학적인 구조에 편승하여 이원론을 벗어날 수 없었다. 좀 더 이원론을 요약해서 말하면 이 다양한 현상의 세계(多, Many)와 이상적 하나(一, One)의 세계가 어떻게 관계될 수 있느냐 하는 것이다. 신학적으로 보아 '일'자에만 주력할 때 유신론Theism이 되어 하느님이 추상적 유신론적Theism 존재가 되어 버리고, '다'자에 주력할 때 이 우주 안에 존재하는 모든 것이 신이 되는 범신론Pantheism에 빠져 버린다.

어거스틴(CE 4세기) 이래로, 서구 신학은 2천여 년 동안 유신론을 바탕으로 하여 수립되었다. 이러한 유신론은 하나님은 영원Eternal하고, 절대적Absolute이고, 자의식적이고, 이 세상과는 상관하지도 영향받지도 않으면서 존재한다. 신학자들은 이러한 하느님을 찾아 그 존재를 증명해 보려고 노력했다. 그렇게 하여 찾아진 유신론적 하느님은 싸늘한 석고상 같은 인형이지 그리스도교의 참다운 인격신일 수는 없었다. 드디어 니체를 비롯하여 현대 신학자들은 이러한 유신론적 하느님은 죽었다는 '신죽음의 신학Death of God Theology'을 말하게 되었다. '신죽음신학'의 진징한 의도는 그리스 이원론적 근거 위에서 전개된 형이상학적 초월자에 대한 사망선고요, 성서적인 참 하느님을 찾자는데 있다고 본다.

미국에 있어서 세속화 신학, 해방의 신학, 여성해방운동도 같은 차원에서 이해될 수 있다고 본다. 로즈마리 루터Rosemary Ruether 같

은 여성해방 운동가들이 서양역사 속에서 여성차별을 그리스 이원
론에서부터 유래하였다고 지적한 것은 정확했다고 할 수 있다.

유신론적 신관에 도전하기 위해 나타난 위에서 말한 신학들은 그
이론의 빈곤성 때문에 유행 신학의 한계를 벗어나지 못하고 있다
하겠다. 좀 더 철저하게 현대 자연과학의 여러 이론들로부터 완벽
한 이론적 체계를 세워서 이원론을 극복하려는 사상이 바로 과정철
학Process Philosophy이다. 화이트헤드A.N.Whitehead로 부터 비롯된 과
정철학에 의하면 우주는 하나의 망같이 짜여진 유기적 관계에 있으
며 이 유기적 관계는 불교의 연기緣起 Dependent Co-origination와 같다
고 했다. 그리스의 아르케Arche란 말 대신에 '창조성'이란 말을 사용
했다. 이 창조성 안에서 이원론은 극복되고 일자一著가 다자多著가
되며 다자가 일자가 될 수 있다고 했다. 엄격한 의미에서 다자는 일
자에 의해 증가한다. 즉 "하느님이 세상 속에 있으면서, 동시에 세
상이 하느님 속에 있다." "하나님이 세계를 창조한다면 세계도 하나
님을 창조한다."

이러한 과정철학에서 말하는 하느님은 세상 밖에 있을 수 없으며,
이 세상 안에서 일어나는 모든 일에 관여하고 있다. 이를 하느님의
'결과적 본성Consequence'이라고 한다. 이 '결과적 본성'때문에 하느
님은 세상에서 고난을 겪었다. 이 고난이 예수 그리스도의 십자가
이다. 그래서 과정신학자들은 '고난 받는 하느님'의 모습을 통해 그
리스도교의 사회참여 이론을 전개하게 된다.

이것의 민중신학과 해방신학의 철학적 배경이어야 한다. '결과적
본성'에 의해 하느님은 세상 안에 참여하여 고난을 겪지만 과정신학
의 하느님은 그 '시원적 본성Primodial Nature'때문에 세상을 초월하게

된다. 하느님의 이 '시원적 본성'은 무엇을 시작시키는 힘인 초발심 Initial Aim을 가지고 있다. 이렇게 과정신학의 하느님은 초월성과 내재성을 동시에 포함하면서 끊임없이 과정 속에 있게 된다.

우리의 민중신학은 그 근저를 화이트헤드의 '창조성'의 개념에다 두고 발전되어야만 함을 거듭 강조하고 싶다. 그 안에서 일一이 다多가 되고 '다'가 일이 되는 '창조성'은 결코 그리스도교적인 것으로만 국한 시킬 수 없다. 왜냐하면 다른 종교에도 이러한 '창조성'의 현상이 나타나고 있으며 모든 종교의 위대한 인물들이 이 '창조성'을 경험했기 때문이다.[112]

서구사상이 현대의 과정철학을 통해 극복하기 시작하는 이원론을 동양에서는 이미 오래 전부터 그 극복을 체득해 오고 있었다. 대표적인 예로서 신라의 원효사상에서 찾을 수 있다.

2

원효는(617~636) 참된 종교적 자각은 현실 생활 속에서 일어난다는 것을 믿었다. 그는 불교를 일반 대중에게 생활화시키고 춤과 노래 속에서도 불타의 정신을 실현시키려고 했다. 우주의 진상은 결코 현상 이외에 실체가 따로 있는 것이 아니며 반대로 실체 이외에 현상이 따로 있다고 볼 수도 없는 것이나. 현상과 실체는 동시에 존재하므로 본체와 현상은 두 개의 별개체라고 볼 수 없다. 즉 본체 Nirvana가 현상Samsara이고 현상이 본체이다. 이 양자의 관계는 마치

---

112) 북의 헌법 67조는 '하나는 전체를 위하여 전체는 하나를 위하여'이다. 一과 多의 역동적 창조성을 강조한 표현이다. 이것이 주체사상의 핵심이다.

설탕이 달다고 하는 것과 같기도 하다.

원효가 말하는 불교의 대중화, 세속화는 이러한 본체(眞如門)와 현상(生滅門)이 하나이요 둘이라는 논리적 근거 위에 서 있다. 즉 이원론을 극복함으로써 불교의 사회참여 이론은 가능하게 되었다. 원효의 사회참여 사상은 신라 화랑도 정신에 근간을 두고 있다. 젊은 화랑들에게 불타의 정신을 실현시켜 그것을 국가적 차원으로까지 승화시킬 수 있어 삼국통일을 가능케 하는 기틀을 만들어 주었다. 삼국 가운데 가장 나중에 전개된 신라가 삼국을 통일할 수 있었던 것은 화랑정신을 통해 불교의 이원론을 극복 할 수 있었기 때문이다. 즉 화랑정신에서 부처님의 사랑이 세속오계 같은 구체적 행동규범으로 구현될 수 있었다. 물론 신라가 당이란 외세를 끌고 와 통일한 것은 만고의 역적행위이지만 원효 같은 사상가들은 통일 이후 삼국이 하나가 되는데 기여했다고 본다.

화랑들은 부처님을 믿는 신앙과 나라를 위해 정의롭게 죽을 수 있다는 애국심 사이에 갈등을 느끼지 못했다. 보통 말하기를 불교의 사상은 공空을 주장한다하여 국가사회의 도덕률을 무시하는 것인 양 인식되어 있다. 그러나 원효를 통해 체현된 신라 불교에는 진眞과 속俗이 구별되는 경지는 극복 되었다 할 수 있다. 이 극복의 경지가 화이트헤드의 '창조성' 즉 '일一'이 '다多'가 되고 '다'가 '일'이 되는 것이다. 이와같이 한국 호국불교의 전통은 '한'에 있었던 것이다.

한국의 불교에서는 공空과 정의감이 묘하게 조화를 이루고 있어서 열반이란 이것도 저것도 아닌 부정 속에 빠져 고요해지지 않고 불의가 사회 속에서 생기고 국가가 위기에 처했을때, 승려들이 법당 밖을 뛰어나와 과감히 사회 참여를 했던 것이다. 고려 무신정치에 항거하던 고려 불교와 임진왜란 때 대거 참거하여 결전을 벌인 조선의 불교는 면면히 원효의 진속일여眞俗一歟의 사상을 이어받고 있다.

이러한 불교가 끊임없이 미신화되고 내세 중심적이 되고, 속세를 떠나 산속으로 숨게 되었다. 이러한 종교사회적 현상은 그리스도교와 매우 유사한 현상을 보여주고 있다. 수도원과 성당 속에 은둔한 교회를 사회 밖으로 끌어내자는 운동이 다름 아닌 하비 콕스를 중심한 세속화 신학이다. 불교의 세속화 운동은 원효를 통해 완벽하게 성취되었다. 만해 한용운의 불교 세속화 운동은 원효 사상과도 그 맥을 같이 한다.

원효 사상이 만해 한용운에게 전승되어 삼일운동 속에 약동하게 되었다. 만해는 그의 『불교유신론』에서 "불신佛身이 법계法界현상에 충만하여 원근내외가 모두 부처의 몸인데 어찌하여 다시 부처님이 극락 저쪽에 있다고 부르는가? 서쪽으로 10억 년을 가면 불타가 있다고 하지만 항상 자기 몸 가운데 부처님은 있으니 가자고 해도 가지 못하고 불러도 오지 않는다."고 당시 미신화되고 극락·지옥의 이원론에 빠져 있던 불교를 신랄히 비난하고 있다. 불교가 자기수양으로 오해되어 속세와 무관한 은둔주의에로 전락한데 대하여 그는 사찰이 도시 중심부에 위치해야 할 것과 생산업에 중시해야 할 것을 주장했다.

한편 불교의 합리성이 미신으로 왜곡되었음에 대하여 산신당, 칠성각, 염불당 등 모든 비합리적 요소 등을 제거해야 할 것, 또 불교는 마땅히 모든 인간을 평등하게 대하여야 함에도 불구하고 일부

유산계급 또는 특권층의 전유물이 되어버린데 대하여 무산자를 구제하고 계급적 불평등을 시정하는데 앞장설 것들을 주장했다.

이는 실로 오늘날 그리스도교에도 그대로 적용시켜 수용해 볼 수 있는 예언자적 소리이다. 만해의 이러한 예언자적 태도는 미국에서 사회복음운동을 주도한 라우쉔 부쉬Walter Rauschenbusch의 사상과 상통하고 있다.[113]

3

사회복음신학자 라우센 부쉬는 말하기를 "개인의 영혼 속에 불타는 정열의 불꽃이 사회를 변혁시킨다."고 했다. 만해는 당시 국가사회와 불교계를 내다보고 "나의 갈증에 타는 불이 내 몸을 태운다."고 했다. 미신 속에 타락된 종교, 불평등과 부정 속에 휘말려 있는 사회, 존망의 위기 앞에선 국가 장래를 내다보고 그 영혼이 속에서 불타는 마음으로 만해는 '불교 유신'을 하지 않을 수 없다고 했다. 우리의 옥중 인사들이 직장에서 쫓겨나고 이리저리 쫓기면서도 싸우고 또 싸우는 것은 그 영혼이 속에서 불타고 있기 때문이다. 나라의 패망을 눈앞에 보면서 예언자 예레미야는 "나의 중심이 불 붙는 것 같아서 골수에 사무치어 답답하여 견딜 수 없다."(예20:9)고 고백하고 있다.

만해는 "타고 남은 재가 다시 기름이 됩니다. 그칠 줄 모르고 타

---

113) 2012년 과정신학자 존 캅은 『영적 파산선고Spiritual Bankruptcy』에서 기독교가 예언자처럼 전통을 회복하는 길이 영적으로 살 길이라고 했다. 2013년 한사상 15차 대회에서도 이 점을 강조해 역설했다.

는 나의 가슴은 누구의 밤을 지키는 약한 등불입니까"라고 읊고 있다. 문익환 목사는 "후, 무거운 한숨소리와 함께, 커다란 눈물 한 방울이 떨어져 핏물 들어 살 속으로 스며들면서 새로운 아픔이 가는 떨림으로 온 몸에 아래위로 번져 나갔습니다. 하느님의 응답은 그뿐입니다."하고 말했다. 작으나마 이 모든 영혼의 절규가 인류의 메시야 예수 그리스도가 십자가상에서 "나의 하느님 나의 하느님 어찌하여 나를 버리시나이까" 라고 한 외침과 다를 바 없다. '한' 은 '하(行)' 라는 요소를 첨가할 때에 실천으로 변한다.

그러면 만해 시문학의 가장 뚜렷한 핵심이 되는 '님'은 과연 누구일까? 선생의 평생의 "님은 민족이었다… 중생이요 또 한국이기 때문에 한국의 중생 곧 우리 민족이 그 님이었다."(조지훈) "님은 어떤 때는 불타도 되고, 일제에 빼앗긴 조국이 되기도 했다."(조연현) "님이란 여인이요 불교의 진리 그 자체이며 한국사람 전체를 뜻한다."(송욱)

십인십색 만해의 님은 그 님을 말하는 모든 사람의 님이다. 한 가지 분명한 것은 그 님은 시공을 초월하면서도 우리 가까이 있고 한 분이면서도 중생이다. 즉 절대 자유인이다. 이 님이야말로 만해의 말 그대로 '님만이 님이 아니라 기리는 것은 다 님'이다. 만해는 님을 통해 자아와 중생을 조화시켰으며 님을 기리는 마음으로 절대 자유 선의 경지를 티득하고 나아가 민족 독립운동의 정열을 불살랐다. 만해의 '님'은 즉 중생이요 영혼이요, 민족이요 자아이다. 영원하면서도 우리 가까이 있는 존재가 그리스도교의 메시아일 때 만해의 '님'은 메시아와 일치한다. 여기서 개인구원과 사회구원은 하나가 된다. 한사상은 양자의 균형으로 실천사상이 된다.

제2 이사야는 '고난받는 종'을 노래함으로써 그의 님을 찾고 있다. 이 고난 받는 종을 두고 후대 학자들은 "예언자 중 한 사람일 것이다, 신화적 인물(궁켈 같은 학자), 예수그리스도, 혹은 이스라엘 민족일 것이다."라고 다양하게 정의하려 했지만 모두 적합하지 않다. 왜냐하면 '고난 받는 종'은 이미 개인이요 민중이요 초월적이면서도 내재해 있기 때문에 정의가 불가능하다. 마치 만해의 '님'과 같이⋯

결국 우리의 민주화 인권투쟁은 이 모든 조화와 상징인 '님'과 '고난 받는 종'의 모습을 찾는 몸부림이어야 할 것이다. 그렇게 될 때 우리의 민중 신학도 한국이란 테두리를 넘어 전 인류에 공헌할 수 있을 것이다. 왜냐하면 만해의 님은 일자一者요 동시에 다자多者이며 초월하면서 내재한다. 즉 고질적 이원론을 극복하고 있다. 그래서 역사 속의 '옥중 인사들이 고난을 통해 겪는 경험은 창조적 경험 Creative Experience'이라 할 수 있다.

4

문화와 종교와 정치는 인간생활의 3대 요소라 할 수 있다. 인류의 역사는 이 삼대 요소가 그 우위를 차지하려는 갈등의 역사라 해도 과언이 아니다. 중국 진나라 진시황은 그의 정치권력으로 문화를 말살시키려 했다. 서양 중세기 역사 가운데 힐데브란트 같은 인물은 정치에 대해 교회의 우위성을 주장한 사람이다. 그래서 야콥 부르크하르트 같은 역사가는 말하기를 중세기는 종교가 문화와 정치에 대해 우위성을 차지했고, 문예부흥기는 문화가 종교와 정치 위에 군림했으며, 현대는 정치가 나머지 두 영역을 차지해 버렸다고 했다.

지금 우리는 바야흐로 정치적인 시대에 살고 있다고 말할 수 있다. 아리스토텔레스의 말대로 '인간은 정치적 동물'이라면 현대인은 자기의 본성에 가까운 시대에 살고 있다. 그리스신화에 나오는 마이더스가 만지는 모든 것이 금이 되듯이 인간의 행위는 모두 정치적인 것으로 귀착되고 만다. 종교와 문화도 결국 인간의 공동체 형성 속에서 나오는 것이라면 종결에 가서는 종교적·문화적 행위도 정치적일 수밖에 없다. '정치적'이라 할 때 정치란 인간행위 속에서 함수Function와 같은 작용을 한다. 종교지도자들이―불교와 그리스도교나―종단의 헤게모니를 쟁탈하기 위해 벌이는 싸움도 그들의 교리의 신성성에 상관없이 정치적 행위라 할 수 있다.

우리의 본성이 '정치적'일 때 가장 자기다움에도 불구하고 이 말은 '조작', '협잡', '의도적'이란 의미를 내포하면서 좋지 않은 인상은 주고 있다. 이러한 나쁜 선입관념에 대해 한 가장이 가정에서 주도권을 잡으려는 것도 엄밀히 말해서 '정치적' 행위라면 어느 정도 오해가 풀릴 것이다.

이러한 선입관념 때문에 정치인마저도 자기의 행위를 '정치적'이라 하기를 타부시 하고 있다. '정치적 제스추어'를 취했다는 것은 자연스런 감정의 발로가 아니라 어떤 자기 목적을 위해 의도적으로 행동했다는 말과 같은 의미로 쓰어졌다. 그래서 교회는 그 본래적으로 지니고 있는 신성성 때문에 정치와는 담을 쌓고 비정치적일 때만이 가장 교회다울 수 있다는 편견을 가져오게 되었다. 그러나 '인간은 정치적 동물'이라는 피치 못할 정의 때문에 교회는 끊임없이 정치적이 되어 왔으며 현대와 같이 정치적 시대에 들어와 그 서투른 정치적 솜씨 때문에 영악한 정치지도자들(히틀러 같은)의 손에 허수아비 같이 이용을 당하거나 아니면 정치와는 더 담벽을 굳게 쌓고 더 열광적으로 개인영혼 구원에만 몰두하게 되었던 것이다.

오늘날 교회가 정치현상에 대해 이와 같이 양극의 태도를 취하게 된 것은 대중이 급격히 빠른 속도로 정치화되는데 대해 교리적으로 신학적으로 대처할 만한 준비를 하지 않고 있었기 때문이다. 때가 늦었다고 수수방관하고만 있을 수 없으며 지금도 끊임없이 정치화 되어 가고 있는 대중을 향해 새로운 소식을 전하기 위해서는 정치 적인 교회가 되는 길밖에 없다.

그리스도교회는 유대교와 헬라철학을 두 사상적인 배경으로 삼고 있다. 그리스도교가 등장할 즈음 유대사상은 사라져가고 있었으며 헬라사상은 온 구라파를 풍미하고 있었다. 자연히 그리스도교는 전 자보다는 후자에게서 더 많은 영향을 받게 되었다. 헬라사상의 중 심은 이원론이며 이 이원론에 근거하여 그리스도교는 극단적으로 내세 중심과 영과 육의 분리주의에 빠지게 되었다.

이 이원론에서 볼 때 정치적 차원은 비본질적인 현상계의 행위에 속한 저질의 것이며 개인의 영혼 구원과 육체로부터 영혼의 해방은 고차적인, 즉 종교적 행위인 양 되어 버렸다. 그러나 유대 전통 속 에서는 현실을 내세에서, 그리고 영을 육에서 분리시키는 이원론은 없으며 예언자들 사상 속에서 죽음 이후의 내세사상은 찾을 수 없 다. 이러한 내세주의는 바벨론 포로기 이후 유대사상에 흘러들어 오게 되었다. 우리는 예수에게서도 천당과 지옥을 분화하는 이원론 은 찾을 수 없으며 이들 사상들은 바울 문서와 후기 그리스도교의 산물인 것을 분명히 알 수 있다. 예레미야, 이사야, 아모스 같은 대

예언자들의 내용은 한마디로 말해서 정치적이었다고 할 수 밖에 없다. 우리가 지금 가장 비정치적인 것이라 생각하는 묵시문학도 그 당시의 정치적 상황을 상징적인 언어로 표현해 놓은 정치적 문헌이다.

교회가 그 정치적인 본성을 다시 회복하기 위해서는 헬라적 전통에서 떠나 유대적 전통성을 회복하는 것을 의미한다. 그래서 교회가 정치적이 된다는 것은 그리스도교 사상의 원류에 다시 합한다는 말과 같다. 즉 예언자적 전통을 다시 찾는다는 의미이다. 이와 같이 그리스도교회의 정치적 성격이 분명한데도 교회는 비정치적이어야 한다고 주장하는 사람들이 있다면 아직도 그들이 그리스적 이원론적 전통에 연연히 매어 달리고 있기 때문이다. 구약의 모든 예언자들이 그러했던 바와 같이 교회가 이제부터 정치적 발언을 하기 시작한다면 국가와 교회의 양자 사이에는 필연적으로 마찰과 갈등을 겪기 마련이다. 왜냐하면 국가는 항상 현재 무엇이 일어나느냐 관심을 둔다면 교회는 이렇게 되어야 한다(ought to be)는 것을 말하지 않을 수 없기 때문이다. 이러한 갈등이 어떻게 역사 속에서 나타났는가를 살펴보기로 하자.

콘스탄틴황제(CE 313) 이전까지는 교회가 국가에 대해 정치적 영향을 미칠 만큼 자체 힘을 갖지 못했다. 콘스탄틴 이후부터 교회가 정치적인 힘을 발휘하게 되어 중세기 천 년 동안 봉건주의 체제를 굳혀오게 되었다. 종교 개혁자들도 교회가 국가에 의존하는 것을 완전히 면하게 할 수는 없었다. 그래서 오늘날에도 개신교가 국가의 체계를 굳히는데 더 앞장서고 있다. 아마도 지금의 미국이라는 국가 체계를 굳히는 데에는 그리스도교, 특히 개신교가 한몫 크게 차지했다고 해도 좋다. 종교가 정치권력에 시녀 노릇하는 것을 못마땅하게 생각한 정교 분리론자들은 정치가들이 무슨 짓을 하든 입 다물고 있자는 일종의 안일주의에 빠지게 되었다. 그러나 침묵을 주장하는 남침례교와 같은 경우 남부에서 소위 '바이블 벨트'를 만들어 더 심각하게 정치에 개입하고 있다.

이와 같이 서방 역사 속에서 그리스도교의 국가정치에 대한 관계는 절름발이 걸음과 같이 불완전했다. 라우쉔 부쉬Rauschenbush는 다음과 같이 지적하고 있다.

"교회의 윤리적 영향력이란 타락일로였고, 교회의 조직력은 자기 체제를 기르는데 힘을 다 소모했으며, 국가에 대한 영향력은 대중을 위함보다는 자기 자체의 이익 추구에 혈안이 되었으며 한마디로 말해 그리스도교회의 역사란 자기 비대증의 역사였다."
ㅡ그리스도교와 사회적 위기ㅡ

교회가 이렇게 자기 비대증에 걸려 몸체가 커가는 동안 대중들은 끊임없이 세속화의 와중 속에 방황하게 되었다. 산업혁명 이후 기업체의 비대와 함께 대중들의 노동력 착취, 이를 날카롭게 파헤친 맑스의 공산주의 선언, 제1, 2차 세계대전 전후에 등장한 독재, 전제주의의 횡포와 경제적으로는 세계 대공황을 겪으면서 대중은 추상적 개념으로서가 아니고 피부로 느끼는 정치를 경험하게 되었다. 자기 비대증에 의식이 마비된 교회는 너무나 큰 정치적 도전 앞에 스스로 자기의 기능을 포기해 버리고 개인영혼 구원이란 도피처에 안주하게 되었다. 그러나 그리스도교는 그 본질상 '정치적 구원' 없이 개인의 영혼 구원도 불가능한 것이다.

2~3세기 이후 그리스도교가 본격적으로 헬라화 되면서부터 그리스도교는 인간의 반쪽 개인구원만 성취해 왔다. 잃은 반쪽의 구원을 완성하기 위해서는 교회의 정치적 성격을 회복하는 길밖에 없다. 예수 당시 세 가지 중심 세력은 바리새당과 헤롯당과 열심당 Zealots이었다. 열심당은 반로마적 유대민족의 정치적 해방을 갈구하던 세력으로 갈릴리가 그 중심지였으며, 바리새와 헤롯당은 예루살렘을 중심한 종교 세력과 정치 세력이었다. 헤롯당은 유대민족을 로마 식민지 통치에 팔아먹은 반민족적 집단이었으며 바리새파는 쉽게 종교의 힘을 정치권력과 동화시켜 자기이익을 추구하던 세력이었다.

예수는 단연코 이 세 세력 가운데 열심당과 자기를 동일시했다. 그의 활동무대가 열심당이 있던 갈릴리였기 때문에 예수를 '갈릴리 사람'이라고 했다. 그의 제자들 가운데 시몬과 베드로는 이 열심당원이었음이 분명하다. 열심당원들은 칼을 품고 다녔으며 예수가 체포당할 때 베드로가 칼을 빼들은 것은 무기지참이 금지된 상황에서 추리할 때 그가 열심당원이었음이 분명하다는 것을 입증한다.

예수의 교훈 가운데 마태복음은 "마음이 가난한 자가 복이 있다."고 하여 '마음'이란 추상적 가난을 이야기하고 있지만, 누가복음은 그냥 "가난한 자가 복이 있다."고 했다. 정치적 경제적 차원을 말하기 위함이었다. "가이사이 것은 기이사에게 하느님의 것은 하느님에게"바치라는 것은 정치와 종교의 분리를 위함이 아니요 가이사를 섬기는 우상숭배 하느님 예배와 혼돈하지 말라는 강한 정치적 발언이다. 예수님은 가이사는 우상이니 그에게 머리를 숙이지 말라는 강한 저항정신을 표방하고 있다. 그래서 초기 그리스도교인들은 가

이사에게 절을 안 한다는 정치적 이유로 순교를 당했다. 그래서 예수의 발언은 정치적인 것이다.

가이사와 하느님의 분리를 마치 종교의 정치에 대한 비 간섭주의로 해석함으로써 오늘날 성경해석자들은 큰 오류를 범하고 있다. 예수가 십자가에 못 박힐 때 같이 달려 죽은 두 죄수는 강도범이 아니고 정치범이었다는 사실이 최근 신약학자들에 의해 밝혀지고 있다. 즉, 이들을 '레스타이'라고 했는데 이는 정치적 범인을 두고 말한다. 두 정치범과 예수를 같이 취급했음이 분명하다. 예수의 예루살렘 입성 때 벌어진 대행진은 가장 위대한 '메시아 시위Messiah Demonstration'였으며 가난하고 억눌린 자들의 시위였다.

이 힘없는 자들의 울분을 대신하여 예수는 죽음을 각오한 시위를 벌렸던 것이다. 예수는 세상에 나타날 때부터 종교와 정치세력의 상징인 성전에서 세례 받기를 거부하고 민중들의 요람이던 광야의 요단강에서 세례를 받았다는 것은 자기를 이 광야의 빈자들과 우는 자들과 동일시하려는 정치적 행위였다.

그의 첫 설교는 "내가 세상에 온 것은 가난한 자에게 복음을, 눌린 자에게 해방"을 선포하러 왔다고 했다. 그의 짧은 생애는 끊임없이 정치권력, 종교권력과 마찰, 갈등을 빚는 역사였다. 예수의 생애와 죽음을 사회, 정치적 배경으로 하여 이해할 때만이 그의 참된 모습을 발견 할 수 있다. 예수의 생애와 교훈을 비정치적이게 한 것은 헬라 이원론이었음이 새삼 분명해진다. 영지주의는 예수를 극단적으로 신비적 대상으로 풀이하게 하였으며 이러한 논쟁은 오늘날 신학에게까지 이르러 역사적 '예수'에서 믿음의 '그리스도'사이에 조화를 이루지 못해 미궁에 빠져 있는 것이 서구 신학계의 현상이다. 그

것이 오늘날 정치적 대중에게 그리스도교의 메시지가 무의미해진 이유일 것이다.

사회 구원과 개인영혼 구원의 갈등은 그리스도교만의 문제가 아니다. 불교 안에서도 소승불교의 영혼 구원이 그 한계점에 도달했을 때 대승불교가 나타나 사회 구원과 영혼 구원을 조화시키게 되었다. 한국에 소개된 대승불교에서 사회 참여운동이 일어나게 된 것도 신라의 원효에서부터 시작된 이원론의 극복 때문이다. 원효는 열반Nirvana의 세계와 현상의Samsara 세계가 결국 하나이요 둘이 아니라는 진리에 도달하여 승복을 벗고 현실참여에 앞장서게 되었다. 이러한 대승불교의 사상은 한국불교의 근간이 되었다.

고려의 무신정치에 항거한 가장 큰 세력이 불교승이였으며 몽골족이 침입했을 때 승병을 일으킨 것도 불교세력이었다. 최충헌의 무신정치에 항거하여 고려 명종 4년(1174년) 정원 귀범사의 법회서 중광사의 승려 2천여 명이 봉기함에 난계천가에서 3백여 승려가 목베임을 당했다. 조선에 들어와 임진왜란을 당해 승려들의 활약은 괄목할 만하며 서산대사의 업적은 역사에 길이 남을 것이다. 그리스도교 역사가 그러했던 바와 같이 자기 비대증에 몰두하고 있는 불교는 이미 만해가 갈파한대로 지금은 '불교유신'이 시급한 때이다.

무릇 위대한 사상은 민중에 뿌리를 내리고 있어야하고 이 뿌리에서 승화되어 표현된 것이 이념이요 정신이다. 그래서 사회운동과 정신운동은 불가분의 관계 속에 있다. 민중이 없는 이념은 뿌리 없는 가지와 같고 이념이 없는 민중은 한갓 동물의 무리에 불과하다. 그래서 영혼 구원은 대중적 사회운동 속에 깊이 뿌리를 박고서 유기적인 관계 속에 있어야 한다.

이러한 조화를 이룬 대표적 인물로서 인도의 독립운동가였던 스리 아르빈도(Sri Arobindo 1876~1950)를 손꼽을 수 있다. 그는 아쉬룸 운동의 지도자였다. 그는 대영제국으로부터 인도의 해방운동을 요가요법에서 그 비결을 찾았던 것이다.

그의 전인 요가법Integral yoga은 몸과 마음의 조화를 찾는 것이며 이 조화에서부터 독립운동이 시작된다. 몸과 마음의 이원론의 극복 없이 독립운동도 불가능하다고 보아서 그는 수도원을 만들어 철저하게 요가를 가르쳤던 것이다. 이것은 한국의 대승불교의 승려들이 그들의 열반의 세계와 사회참여운동을 일치시킨 것과 같다고 할 수 있다. 간디가 아르빈도의 제자인 것은 잘 알려진 사실이다.

가까운 예로 구한말에 일어난 동학란도 최제우란 개인의 종교적 체험이 사회운동으로 확산된 것이다. 이와 같이 개인의 깊은 종교적 체험은 사회운동에 직결되며, 사회의 부조리에서 개인의 종교적 체험은 승화되어 나오는 것이다. 이 양자의 피드백Feedback 관계에서 역학적 힘이 발생한다. 이러한 역학적 힘을 유감없이 발산한 사람이 만해 한용운인 것이다. 그는 이성적인 시를 쓴 시인이요, 선의 경지를 터득한 승려요 나아가 어느 전사도 지닐 수 없었던 백전불굴의 투사였다.

정치적 구원이 영혼 구원을 성취한다고 할 때 이는 곧 종교단체가 특정 정당을 만들자는 뜻이 아니다. 종교적 인물은 사회의 모든 현상을 그의 종교 경험 속에 심화시켜 나가야하며 그것이 요가든 기도든 선의 방법이든 상관없이 연마되어 사회 속에 다시 투사되어 '사회 정치'적인 차원에서 민중운동으로 번져야 한다는 것이다.

리우쉔 부쉬가 지적한대로 아쉽게도 이러한 운동이 초대 교회에

약간 시작되었다가 교회가 헬라화되면서 시들어지고 말았다. 초대 교회의 노예제도에 대한 반대, 로마황제의 우상화에 항거, 여성지 위향상 등은 그들의 거듭남에서 체험한 순수한 종교적 경험의 발로 에서 이와 같은 사회해방운동이 전개 되었으나 급박한 재림을 고대 하던 말세주의와 현실도피의 영지주의에 의해 참다운 하느님나라 운동은 그 자취를 감추게 되었다.

한국 그리스도교는 1910년 산정헌 교회에서 크게 영적부흥을 계 기로 전국에 구령의 물결이 번져 나간다. 이러한 개인영혼 구원운 동을 편 지도자들은 곧 바로 1919년 삼일 독립운동에 대거 참가하 게 되었다. 33인 가운데 16인이 그리스도교인이었다. 1919년 2월 28일 오후 5시 최후의 회담을 하기 위해 회의를 소집 했을 때 33인 가운데 10명이 불참이었는데 그중 여섯 명이 그리스도교 대표였다. 이보다 앞서 최종합의를 위해 2월 26일에 모였을 때는 그리스도교 대표가 한 사람도 참석하지 않았고 그리스도교 독자적으로 선언문 을 내자고 왈가왈부했다고 한다. 그 중 길선주 목사 같은 분은 양평 에서 부흥사경회를 인도하느라고 최종 모임에 나타나지 못했다고 한다.

영혼 구원과 사회 구원을 저울질 할 때 전자에 더 비중을 많이 둔 것이 한국교계 지도자들의 가치관이었음을 숨길 수 없는 사실이다. 그들이 독립운동에 참가한 깃도 민족의식 나아가 억눌린 민중의 해 방운동에 목적 했다기보다는 일제가 교회를 박해하니 자기방어상 불가피했던 것 같다. 그래서 해방이 된 지금 그리스도교가 신사참 배를 반대했다는 종교적 이유는 분명해도 한국민중의 해방운동이 란 정치적 사회적 이유는 표출되지 않고 있으며, 삼일정신이 우리

교회 안에서 신학적으로 토착화 되지 못하고 있음은 곧 교회의 주된 관심이 개인영혼 구원이지 사회 구원이 아니었음을 입증한다.

일제에 항거하는데 신사참배 같은 주제는 교회의 자기보존을 위함이기 때문에 엄격히 말해서 항거의 대상이 살아질 때 교회는 곧장 자기 비대증에 걸리게 마련이다. 교회의 비대증이 이익의 각축으로 난립된 것이 교파분열이었다. 그리스도교인의 저항운동이 해방 후에도 계속되지 못하고 신사참배한 측과 안한 측이 상호비방하면서 분열의 도화선이 되었다는 것이 3·1운동을 그리스도교인이 사회참여의 신기원으로 삼을 수 없는 주된 이유 가운데 하나이다. 해방 후 북이 기독교를 탄압했다고 하는데 기독교 그 자체 때문이 아니고 교회 지도자들의 친일행위와 반민족적 태도 때문이었다.

5. 민족종교와 '한사상'

1) 나라이름과 건국이념의 연속성

『삼국유사』에 인용된 고기에는 "먼 옛날에 환국이 있었다."는 구절이 있다. 고기는 지금 없어진 사료이지만 일연이 『삼국유사』를 쓸 때만 하더라도 구해볼 수 있었던 자료였던 것 같다. 그리고 7세기 경 신라의 최치원은 그의 『난랑비서문』에서 "나라에 현묘한 도가 있으니 그것을 풍류라 한다."고 했다. 최근 발견된 『삼성기』와 『태백일사』에 의하면, 환국의 넓이는 남북이 5만 리요, 동서가 2만여 리에 이르는데 거기에 비리국, 양운즉, 구막한국, 구다천국, 일운국, 우루국, 객현한국, 구모액국, 매구여국, 사랍아국, 선비국, 수밀이국의 열두 소국으로 나뉘어져 있었다 한다. 이 환국은 현재이 시베리아 바이칼호를 중심하여 동서남북으로 실로 광대한 동북아시아 일대를 석권하고 있던 고대왕국으로 묘사하고 있다. 이 환국에서 이어지는 민족정통의 맥이 단군조선으로 연결되어 삼국, 고려, 조선을 거쳐 지금에까지 이르는 것이 '한국' 혹은 '조선'이라는 나라의 정체이다.

우리나라의 상고대에 올라가면 여러 가지 국명이 있었다. 조선, 진, 고죽국, 부여, 예맥, 숙신, 읍루, 구려, 한 등 여러 이름으로 중국문헌 속에 기록되어 있다. 반만년에 이르는 민족역사를 살펴볼 때 왕조가 흥하고 망할 때마다 예외 없이 국명과 건국 정신을 상고대로 거슬러 올라가 취하여 온 것을 알 수 있다. 예를 들어 고구려의 건국정신은 다물多勿사상으로 '되물린다'는 한자음의 표기에 지나지 않는다. 옛 환국의 넓은 민족의 영토를 다시 되물린다는 것이 고주몽의 건국이념이었으며 그래서 나라이름을 '고구려'로 정했던 것이다. 백제도 나중에 도읍을 '부여'라 하여 자기들이 북방에서 내려온 종족으로서 부여의 옛 땅을 다시 찾는다는 뜻으로 그렇게 한 것이다. '백제'는 그 어원이 '밝'에서 나온 것으로 '맥' 혹은 환국의 중심사상인 밝사상에서 기원했음이 분명하다. 신라도 시조를 박혁거세로 하고 그 이름이 '불구내' 즉 '밝'에서 나온 것이다.

후삼국에 이르러서도 마찬가지였다. 후고구려를 세운 궁예도 그 짧은 기간이나마 처음 나라를 건국할 때 '마진국' 즉 큰 진국이라 하여 상고대의 진국을 그대로 되살리려 했던 것이다. 이에 앞서 일본이 우리 역사에서 제외시키려고 하는 발해도 그 시조인 대조영이 나라이름을 대진국이라 한 것으로 보아 옛 진국의 영광을 다시 찾으려 한 것이 분명하므로 우리 역사의 맥락에서 발해를 제외시킬 수 없음은 당연하다. '고려'는 말 그대로 고구려의 옛 강토를 찾기 위해 세워진 것이요, 고려 5백년 역사는 끊임없는 북벌정책의 역사였던 것이다. 비록 북벌의 말고삐를 돌려 수천 년 민족의 다물정신을 좌절시키기는 했지만 이성계마저도 나라이름을 '조선'이라 하여 단군의 뒤를 잇는 왕국임을 확인했던 것이다. 조선이 망할 때 세워진 '대한제국', 혹은 건국 후 대한민국(남한)과 북조선(북한), 어찌되었든 반만년 민족역사 속에 끊임없이 줄기차게 흐르는 잃은 환국과 조선의 옛 강토를 다시 찾자는 데는 변함없는 것이다.

이 꿈을 좌절시키려고 일본 식민지사학은 '반도사관'이라는 것을 꾸며대어 반도를 넘어 대륙으로 뻗으려는 민족의 꿈을 꺾어 버리려 했으며 이에 장단을 맞추어 아직껏 "무궁화 삼천리 화려강산"이라 하며 애국가를 부르고 있으니 한심하다 아니 할 수 없다. 남북이 5만리요, 동서가 2만리였던 환국은 어디에다 팽개치고 반도 삼천리를 노래한단 말인가? 천지창조가 팔레스타인에서 시작된 것처럼 묘사하는 창세기가 단순히 한 역사기록이란 말인가? 우리 역사학자들은 왜 창세기를 쓰지 못하는가?

2) 민족 고유의 전통사상

최치원이 말한 나라 안의 '오묘한 도'는 한을 그리고 계속되는 민족종교·철학·신앙을 의미한다. 최남선은 그의 『불함문화론』에서 '풍류'도 '밝'의 한자 전음으로 보고 있다. 이 '밝사상'은 부여에는 영고, 고구려에는 동맹으로 그리고 고려에서는 팔관회로 조선에서는 부군(편집자주: 마을마다 돈 시닝당 같은 곳)사상으로 끊임없이 지속되고 있는 우리 민족의 고유사상이다. 이 사상이 서양종교적 개념으로서의 샤머니즘Shamanism으로 규정되어져 버렸지만 결코 이 밝사상이 샤머니즘하고는 다르다. 물론 정령숭배, 동물숭배, 서물숭배 같은 것이 없는 것은 아니지만 우리 민족은 태양의 환한 빛, 밝은 빛을 좋아해서 환국─한국 거기서의 밝은 사상을 얘기했지만, 바빌론이나 이집트 같이 태양을 신격화하여 그것을 숭배하지는 않는 즉, 자연을 신비화하지 않고 유일한 한 분신인 하느님 신앙을 지켜왔던 것이다. 이러한 고유 정통사상을 신채호는 낭교 혹은 선(이것은 중국의 선사상과 다름)사상이라 하여 낭교와 선교가 강성할 때는 나라도 강성했지만 우리 고유사상이 쇠약할 때는 나라도 쇠퇴하고 말았다고 했다. 비록 불교와 유교가 소개되기는 했으나 우리 고유사상인 밝, 낭, 혹은 신사상에 융화되어 더 탁월한 불교·유교가 되었던 것이다.

필자는 이 민족고유 정통사상을 통 털어 '한'으로 정의한 바 있다. 이 한사상은 실로 어디에도 막힘이나 닫음이나 끝이 없는 비시원적인 것을 특징으로 하고 있으며 이러한 한의 특징이 우리 민족을 역사 속에서 지금까지 생존시켜 온 원동력이라 본다. 그러나 한사상도 순탄한 길을 걸어 온 것만은 아니다. 가장 위험한 것은 통속화다. 샤머니즘의 정령숭배, 토템숭배나 풍수지리, 도참설 등과 불교, 유교의 교조주의에 얽매어 한 때는 억눌리기도 하고 감금당하기도 했던 것이다. 더우기 조선의 경직된 성리학은 한사상의 유례없는 위기를 가져오게도 했다. 그리고 통속, 저속화된 고려 말의 불교에 휩쓸려 거리의 발길에 차이는 창기 같은 꼴이 되기도 했던 것이다. 함석헌은 이를 두고『뜻으로 본 한국역사』에서 길거리에 내 앉은 창기에 비유하기도 했다.

한사상의 생동할 때는 그 끝 가는 데 없는 비시원적 성격 때문에 우리들의 심성이 생동하여 찬란한 민족문화를 창조하고, 고구려의 조의선인, 신라의 화랑도 같은 운동을 통해 민족정기를 고취시키기도 했지만 한사상이 시들 때에 사회는 계층적 계급이 생겨 노예제도가 사회를 침울하게 만들고 남녀의 사회적 친분의 차별로 극단적으로 피폐케한 것이 구한말의 나라 꼴이었던 것이다.

3) 동학과 증산교

"불교 · 유교 수천 년에 그 운세가 다하였다"하면서 억눌렸던 민족 정통사상을 되찾은 분이 최제우이다. "사람이 하늘이다"라는 사상은 실로 조선의 주자학에 의해 경직화된 사회제도를 하루 아침에 뒤엎고도 남을 만큼 강한 힘을 가졌었다. 그 이유는 최제우가 없던 것에서 만든 것이 아니고, 있었지만 묻혀있었던 민족정통의 얼을 재부활시켰던 것이기 때문이다. 요즘 그리스도교회가 부흥한다지만 동학의 외침만큼 더 큰 부흥이 어디에 있겠는가? 그것은 감정의 흥분이 아니요, 뿌리의 움틀거림이었다. 우리 한사상은 한번도 개인과 사회 구원을 구별해 본 일이 없었다. 옛 선인들은 자기자각을 한 후에는 꼭 애국적 운동에 선봉자들이 되었다. 이점에서 최제우도 예외는 아니었다. 동학 혹은 천도교는 실로 거의 수천 년 동안 그늘 속에 시달려오던 환국의 고유의 얼을 해방시켜낸 최초의 종교 혹은 사회변혁운동이었다 할 수 있다.

동학과 같은 맥락 속에서 이해되어져야 할 하나의 민족종교가 있으니 증산교이다. 증산은 강일순의 호다. 강일순은 단기 4204(서기 1871)년에 전라도 고부군 우덕면 객망리(지금 정읍군 덕천면 신월리)에서 태어났다. 고부라면 동학혁명의 지도자인 전봉준의 고장이요 그의 태어난 시대는 조선이 서산의 해같이 떨어질 때이며, 동학혁명군

이 한창 그 세력을 확장할 때였다.

증산 강일순은 절망과 좌절 속에 빠져있던 민중들에게 미래의 민족적 그리고 민중적 꿈을 약속해준 분이며 어떤 면에서 동학사상을 완성한 분이며, 민족이 다시 살길은 옛 민족의 선 땅과 얼로 되돌아가는 길 뿐이라는 것과 우리 민족이 세계사적으로 어떤 위치에 설 것이라는 꿈을 분명히 설계해 준 분으로 39세의 아까운 나이로 돌아가신 분이다.

증산은 원시반본原始返本을 외쳤다. 이 말은 우리 민족뿐만 아니라 전 인류가 지금 혼란 가운데 해매고 저렇게 서양이 득세하는 것은 모두 그 근본을 잃은 데서 온 것이기 때문에 결코 오래가지 못할 것으로 보았다. 그가 옛으로 되돌아가라고 한 것은 한갖 복고조의 그것과는 다른 차원에서 이해되어져야 한다. 그것은 고구려의 다물 정신과 같은 것이요. 신채호의 낭교와 선교의 부활을 뜻한 것과 같았다. 한마디로 말해서 우리의 본성이 있는 데 그것을 상실하면 안 된다는 것이다. 규원사화를 쓴 북애자의 보성론(본성을 지킴)과 같은 것이다. 쥐는 쥐의 본성, 새는 새의 본성을 가질 때 강할 수 있다는 것이다. 우리 조선·한민족은 우리의 고유한 본성을 되찾아야 사는 데 그것은 옛 원시시대의 우리 조상의 때로 되돌아가야 함을 의미한다. 그래서 증산은 "환부역조하는 자와 환골하는 자는 죽으리라" (대순전경 6-124)했다. 제 부모를 바꾸고 제 조상을 거역하고, 자기의 살과 뼈를 바꾸는 자는 죽으리라는 뜻이다. 심하게 들릴지 모르지만 민족 얼의 보존을 이만큼 얘기하기도 어렵다고 본다.

증산이 원시반본을 얘기하는 두 번째 이유는 인류문명은 동쪽이며 서양문명도 결국 여기서 근원적으로 시작했기 때문에 세계의 질서와 평화를 유지하려면 그 근원되는 점에서 서로 만나야 한다는 것이다. 그는 원시반본을 얘기했을 뿐만 아니라 미래선경도 약속했다. 우리민족이 궁극적으로는 외세를 모두 몰아내고 세계를 정신적으로 주도할 때가 올 것을 약속했다.

그가 동학에 대해 미온적인 태도를 가진 것처럼 말하고 행동한 것은 사실이다. 그러나 이를 오해하면 안 된다. 증산의 제자 가운데 차경석과 김형렬 등은 동학도였다. 증산은 이들 제자들이 동학운동에 참가하는 것을 만류했다. 그 이유는 동학운동은 결국 성공하지 못하고 많은 인명의 희생만 가져올 것이라 예견했기 때문이다. 그렇다고 증산이 관군의 편이었거나 친일이기 때문은 아니다. 증산은 일본은 잠시 조선을 다스려도 필경 망할 것으로 예견했다. 일본은 자기를 가르쳐 준 스승되는 조선을 배신한 배사율에 의해 망할 것이라 했다.

필자가 보기에는 수운 최제우와 증산 강일순의 관계를 예언자와 묵시론자로 구분해 봄이 옳을 것 같다. 즉, 전자는 지금 여기에서 역사적 책임성을 강조하지만, 후자는 지금 여기서 한계상황에 부딪힐 때 미래를 전망하고 꿈꾸는 것이다. 이스라엘에서도 소예언자, 대예언자 운동이 끝나고 거의 왕국이 멸망당해 소생의 전망이 전혀 안 보일 때 묵시론자들이 나타나 미래에 도래할 이상향 혹은 메시야사상을 제시하며 민족을 향도했던 것이나. 다니엘이 그 예이다. 즉, 수운과 증산을 이렇게 구분해 생각하면 거의 틀림없고 증산에 대한 오해도 풀릴 것이다. 증산은 우주의 도수로 보아 역사뿐만 아니라 앞으로 우주의 변화까지 내다보면서 현재의 시점에서 무엇을 해야할 것인가를 알려주었다.

증산은 역사구분을 천존시대, 지존시대, 인존시대의 세 시대로 나누고 앞의 두 시대는 선천시대라 하고 마지막 인존시대를 후천시대라 했다. 즉 앞의 두 시대는 하늘과 땅이 높임 받는 시대이지만 앞으로 올 시대는 그 무엇보다 사람이 제일 높임을 받는 시대로 본 것이다.

　이 우주에 인간만큼 귀한 것은 없다. 이런 점에서 동학 사상을 따르고 있으나 수운이 "사람이 하늘이다."라 한데 대하여 증산은 "내가 하느님이다."라 하여 모든 개개인이 하느님됨을 깨달아 알라고 했다. 그는 스스로 '상제'라고 했는데 자칫 잘못 이해하면 자기 우상화가 아닌가 할 수 있으나, 그것이 아니고 인간 '나'가 하느님 자리를 자각할 때 인간이 그 무엇보다 높다는 것을 알게 된다는 사상의 발로이다. 그래서 부처는 "천상천하에 유아독존"이라 했고 예수는 "내가 곧 진리요 생명"이라 하지 않았던가?

　증산은 철저하게 남녀평등을 주장했다. 증산은 "이 때는 해원시대라 몇 천 년 동안 깊이 깊이 갇혀있어 남자의 우롱거리와 사역거리에 지나지 않던 여자의 원을 풀어⋯이 뒤로는 예법을 다시 꾸며 여자의 말을 듣지 않고는 남자의 권리를 행하지 못하게 되리라." (대순전경1-134)고 했다. 어느 역사가 얼마나 오래되었느냐를 알자면 그 역사에 모계사회가 있었는가를 보면 알 수 있다. 우리나라의 고대사회는 중국에도 희미한 모계중심사회가 분명히 존재했으며, 신라가 삼국을 통일하기 이전까지만 해도 '남녀가 서로 즐기는 일'이 국중행사 때 마다 있었고 남녀에게 아무런 성차별이 없던 때가 있었던 것이다.

　이것이 본래 한사상의 남녀의 어느 쪽에도 시원을 두고 생각하지 않는 비시원적인 남녀관이다. 그러나 이러한 비시원적인 남녀관을 남성 중심·남성 우위적으로 만든 장본인은 공자, 맹자 같은 중국의 유가들이었다. 유교가 점차로 국가의 기강을 잡는 철학이 되면서 수천 년 동안 여성은 실로 남성의 희롱거리, 사역거리, 씨주머니 역할밖에 못해왔다. 이러한 비본래적인 사상에서 본래적인 남녀관을 되찾은 이가 수운이요, 증산이다. 이들도 별 특별한 사상에서가 아니고 원시반본으로 되돌아가 옛조선 진국시대의 고유 전통사상 즉 한의 맥락에서 남녀관을 찾음으로써 남녀평등사상을 제창하게 되었다. 이와 같이 우리 한사상은 남녀관에 있어서도 유교·불교·기독교의 어느 종교에도 비길 바 없는 기상천외의 남녀관을 갖고 있었으니 이것이 후천선경에서 수립될 이상적인 세계 속에 살 인류의 남자가 여자에게, 여자가 남자에게 대해야 할 철학이었던 것이다.

우리는 여기서 수천 년 동안 눌렀던 남성에 대한 여성의 원한을 얘기하면서 증산사상의 핵심되는 사상이라 할 수 있는 해원사상을 검토해보지 알을 수 없다. 원한이란 억울하게 눌려 풀려지지 않고 맺혀 있는 감정 같은 응어리이다. 증산은 "한 사람이라도 원망에 차 있으면 천지공사가 아니다"라고 했다. 천지공사란 하늘과 땅이 하나로 조화되어지는 큰 역사를 의미하는데 천지공사 가운데 바로 이 해원공사가 있다. 땅 위에 딘 한 사람이라도 한 맺힌 사람이 있으면 천지공사가 제대로 될 수 없다는 것이다.

증산은 해원해 주어야 할 한 가운데는

① 요왕에 버림받은 아들 단주의 한

② 역적으로 몰려 죽은 신하들의 한

③ 남자에 학대받다 죽은 여자의 한

④ 약소민족이 강대국가에 설움 받은 한

⑤ 한문에 천시당한 언문의 한

⑥ 미물곤충들이 억울하게 죽은 한

등등이 들어 있다. 실로 증산이 꼽는 한恨의 종류는 역사적인 것뿐만 아니라 우주적인 차원에까지 미치고 있다. 참으로 서양문명은 증산의 해원공사사상에 크게 경각심을 가질 필요가 있다. 강대국들은 군함 · 대포 · 핵무기를 생산하여 마구잡이로 약소국가들에게 전쟁무기를 쏟아 지금 세계도처에서 살인청부전쟁을 벌리고 있는 실정이며 특히 증산도 지적한 바와 같이 아랍민족의 한을 풀어주지 않고는 정녕 세계평화를 기하기는 어려울 것이다.[114] 그리고 인간의 무분별한 자연정복은 지금 생태학적 위기 즉, 수질 · 공기오염에 의한 심각한 공해문제를 가져오고 있다. 실로 20세기말적 징조를 이미 내다본 증산의 형안은 경탄을 금할 수밖에 없다.

증산은 우리 민족이 낳은 대사상가요 이미 21세기에 이르러 인류세계가 가야할 방향마저 제시해준 선각자라 할 수 있다. 그의 사상은 결국 그의 사상의 출발점인 원시반본 즉, 민족고유 정통사상에서 얻어진 결과 그 이외에 아무것도 아니라는 것을 알 때 우리 한민족의 심성 속에 잠자고 있는 얼을 다시 한번 각성시킬 때가 아닌가 생각된다.

---

114) 1948년에 이스라엘이 팔레스타인을 정착지에서 몰아내고 나라를 강제로 세웠는데, 증산은 100년이나 전에 아랍인민의 한을 말하고 있다.

결 론

증산의 동학에 대한 부정적 태도 때문에 혹시 그의 사상을 오해할 사람들도 있겠지만 위에서 지적한 바와 같이 수운은 예언자요. 증산은 묵시론자이다. 말이 통할 때 그리고 그 말을 알아듣는 사람들이 있을 때 예언자가 발붙일 땅이 있지만, 그러한 터전이 없어진 곳에서는 예언자가 피리를 불어도 듣는 자가 없게 된다. 그땐 예언대신 나타나는 것이 묵시이다. 이스라엘 민족사에도 예레미야 이사야 같은 대예언자들 다음에는 묵시문학이 등장하게 되었고 신약시대에도 복음서와 바울 서신이 그 한계선상에 서게 되었을 때 요한계시록 같은 묵시록 글이 나오게 된 것이다. 묵시문학은 가장 비현실적인 언어를 구사하여 가장 현실적인 내용을 담는 것이 그 특징이다. 그렇다면 요한계시록은 미래의 것이 아니고 현재의 책인 것이다.

수운과 증산은 모두 저물어가는 국운 그리고 홍수같이 밀려와 삼킬 듯이 덮치는 외세를 강하게 의식하면서 우환의식을 가지고 서로 같은 의지를 그러나 다른 필법으로 경세의 도를 내놓고 가실 분들이 아닐까? 실로 이 두 분이 있어 수천 년 빛을 못 보던 민족사상이 빛을 보게 되었고 좌절에 빠져 있던 민중 속에 들어가 민족혼을 불러일으킨 것이 아닐까?

6. 선禪으로서의 신학

1) 신수와 혜능

달마대사로부터 시작된 중국의 선종은 혜가, 승찬, 도신, 홍인, 그리고 혜능과 신수의 순으로 계승되어 왔다. 특히 신수와 혜능에 이르러 선종의 꽃은 활짝 피어났다. 6조 혜능은 5조 홍인선사의 문하에 들어갔다. 그는 하루 종일 쌀을 찧는 일만 거듭하였을 뿐, 법당에서 스승의 설법을 듣는 자리에는 끼일 수 없었다. 불교에서는 이렇게 고난 받는 중을 행자行者라고 한다. 혜능은 다만 절간생활에 익숙한 스님네들에게 간청으로 홍인대사의 가르침을 들었을 따름이다. 이와는 반대로 신수神秀는 오랫동안 제대로 교육을 받은 홍인의 수제자 가운데 하나였다.

어느 날 홍인대사는 그의 제자들에게 "모두들 자기의 득도한 바를 나에게 제시하라. 그 가운데서 마음을 깨친자를 6조六祖에 임명하겠다."라고 선언했다. 가장 물방에 오른 수제자 신수가 법당으로 통하는 마루의 벽에 게偈를 써 붙였다.

身是菩提樹 心如明鏡臺
時時勤拂拭 勿使惹塵埃
이 몸은 보리수
이 마음은 거울과 같아
닦고 또 닦아
한오리의 먼지도 쌓이지 않게 하라!

즉, 깨우침의 수행태도를 표시한 말이다. 다음 날 이것을 본 대사
는 신수의 글귀임을 직감 할 수 있었다. 홍인대사는 "후대에 이에
의하여 여실히 수행하는 자는 상당한 성과를 얻을 것이다."라고 칭
찬하는 척 했다. 신수의 게는 수행의 마음가짐에 멈추는 것이며, 깨
우침에 이른 심경 그 자체는 아니었기 때문이다. 혜능은 그날밤 젊
은 스님에게 자기의 게를 대필시켰다. 혜능은 글도 볼 줄 몰랐기 때
문이다. 그리고 신수의 글씨 옆에 자기 글을 부착시켜 놓았다.

菩提本無樹 明鏡亦非臺
本來無一物 何處惹塵埃
보리는 나무가 아니요
거울 또한 비추일 곳 없으니
어디 또한 먼지가 낄 곳이
따로 있단 말인가?

이 뜻은 이렇다. 보리의 나무나 거울의 밑받침은 원래 없다. 본디
인간이나 천지의 사이에는 항구불변의 물질이란 것은 아무 것도 없

다. 그러므로 없는 거울에 없는 먼지가 끼일 턱이 없다. 그날 깊은 밤중에 흥인은 스스로 혜능을 찾아가 법통을 넘겨주고 말았다.

훗날 이 신수파의 선을 북종선이라 불렀고, 혜능의 선을 남종선이라 불렀다. 두 파는 자연히 대립되고 말았다. 북종선의 특색은 수행을 쌓아 올려 차차 깨닫는 태도 즉 점수漸修를 강조하게 되었고, 남종선은 학문에 의존하지 않고 단도직입적으로 해탈에 들어가는 태도 즉 돈오頓悟를 주장하게 되었다. 이 두 파의 선은 혜능과 신수의 성격과 사상처럼 차이가 생겼다. 신수는 황실에 접근하여 나라의 중앙에 종세를 펴나갔는데 반해, 혜능은 스승의 권위를 지켜 남쪽의 변경에서 선풍을 자연스럽게 불러 일으켰다. 북종선은 당조 말기에 와서는 이미 시들어 버렸다. 그러다 남종선을 시대를 초월하고 경계를 넘어서 융성한 발전을 하게 되었다.

2) 베드로와 바울

신수와 혜능의 성격차이 때문에 그들이 선생의 도를 깨닫는 차이는 마치 초대 교회만의 베드로와 바울의 차이와도 같았다. 베드로는 오랜 세월을 두고 선생의 가르침을 들은 후에 깨달았지만 바울은 그러한 가르침에 의존하지 않고 깨달았다. 베드로를 점수형型이라면 바울은 돈오형이다. 이러한 두 사람의 깨달음의 태도 차이 때문에 초대 교회는 예루살렘 교회와 안디옥 교회로 나뉘어 질 수밖에 없었다. 북종선과 남종선의 갈라짐에 비유할 수 있다.

베드로를 중심한 예루살렘 교회는 할례 받음을 구원의 필수조건으로 강조하게 되었다. 이에 맞서 바울은 "할례를 받고 안 받는 것이 문제가 아니다."(갈 6: 15)라고 했다. 다만 새로 지음받은 것만이 중요하다고 강조한다. 이 할례 논쟁은 매우 심각할 상태에까지 이르게 되었다.

바울과 베드로를 중심한 할례논쟁은 혜능과 신수의 두 글 속에 나타난 차이와 일치된다. 신수는 보리수나 거울 같은 객관적인 규범을 설정해 두고 그것을 갈고 닦아 마음의 깨달음을 얻을 것을 강조했다. 이와 같이 베드로는 구원의 체험을 위한 할례같은 유대의 전통적 율법을 지킴으로써 그 체험을 확인할 것을 요구했다. 바울은 할례받는 것이 종의 멍에를 다시 지는 것과 같다고 하여 "그리스도께서 우리를 해방하여 자유하게 하셨습니다. 그러므로 굳게 서서 다시는 종의 멍에를 메지 맙시다."라고 갈라디아 교인들에게 권고한다.

혜능의 행자로서 어떤 선생이나 전통의 도움 없이 깨달은 것과 같이 바울도 "사람에게서 온 것도 아니요 오직 예수 그리스도와 그를 죽은 자들 가운데서 다시 살리신 하느님 아버지에게서 임명받아 사도된 나 바울은"(갈1:1)이라고 하였는데 이것은 '직지인심 불립문자'를 주장한 달마선의 입장을 반영하고 있다. 바울이 예수그리스도를 할례같은 행위를 통해 마음 속에 인증 받으려는 것이 아니고, 마음 자체가 이미 예수 그리스도를 닮고 있는 그릇으로 생각한 것이다. 이는 혜능이 "거울 또한 비추일 곳 없으니 어디 또한 먼지가 낄 곳이 따로 있단 말인가?"라고 하여 깨달음에서 주객主客을 분리시키지 않음과 같다.

물론 이러한 비교는 불교와 그리스도교의 본질이 동일하다는 것을 말하는 것은 아니다. 불교나 그리스도교가 그 대상을 인간으로 삼고 있는 한, 인간이 진리를 받아들이는 마음의 바탕에서 어떤 유형적인 비교를 할 수 있다는 것이다. 씨앗의 비교가 아니고 씨앗이 떨어져 자라는 마음 밭의 비교라 할 수 있다. 베드로와 신수, 바울과 혜능은 서로 같은 마음의 밭을 가지고 있었다.

3) 구교와 신교

신수와 혜능의 차이 때문에 북종선과 남종선이 둘로 나뉘어 전자는 체제적 불교가 되었고, 후자는 대중적 불교가 되었다. 베드로는 서방 그리스도교의 열쇠를 가진 자가 되었으며. 가톨릭교회는 그를 처음 교황으로 하여 체제적 종교로 화하고 말았다. 가톨릭교회는 유대교의 할례 대신에 수많은 신앙의 행동규범을 만들어 그것을 통해서만 구원을 얻을 수 있다고 강조하게 되었다. 중세기 천 년 동안 가톨릭 사제들은 그들의 수도원에서 "이 몸은 보리수 /이 마음은 거울과 같아 닦고 또 닦아…"란 신수의 게송을 계속 읊조리게 되었던 것이다.

이에 대해 루터가 "율법으로는 하나님 앞에서 의롭다 함을 얻을 사람이 하나도 없다는 것이 분명합니다. 그것은 의인은 믿음으로 살리라고 했기 때문입니다."라 하고 수도원 밖을 뛰어 나올 수 있었던 용기는 혜능의 신수에 대한 도전과 같다. '다만 믿음으로만'이란 루터의 명제를 혜능의 '거울 또한 비추일 곳 없으니 어디 또한 먼지가 낄 곳이 따로 있단 말인가?'에 비교해 볼 수 있다. 예수도 바울도 루터도 선禪을 깨달았다. 바리새인들은 사람을 죽이는 것을 살인이라고 했지만 예수는 이웃을 미워하는 마음 자체가 살인이라고 했다. 살인 그것을 대상의 죽음에서 찾지 말고 네 마음속의 동기에서 찾으라는 것이 바로 선의 태도이다. 선은 인간 마음 속에서 창조적으로 자각 될 수 있는 모든 것을 두고 한 말이다. 예수는 하늘의 비둘기 모습에서 이를 깨달았다면, 베드로는 닭의 울음 속에서, 바울은 하늘의 우뢰소리에서 이를 깨달았다. 선은 이 세상 모든 것이 선 아닌 것이 없다고 주장한다. 불당 안에 있는 불상은 우상이요, 불경은 마음을 어지럽히고 시장거리에서 산에서 새소리에서 어디서나 인간은 선의 경지를 터득 할 수 있다고 한다. 그래서 "너희가 길을 가다 붓다를 만나면 그를 죽여라."라고 했다. 길가에 있은 붓다는 참 붓다가 아니기 때문이다.

선禪이란 결국 인간 마음 속에서 일어나는 허상들, 곧 우상을 철저하게 배격하자는데 그 근본적인 취지가 있다. 틸리히는 "개신교원리改新敎原理란 끊임없이 우상을 타파하는 것, 즉 유형, 무형의 모든 가치들이 절대화되는 것을 철저히 배격하는 것."이라 했다. 선이란 다름아닌 이러한 개신교원리를 두고 하는 말이다.

바울은 율법을 몽학선생이라 보고 이러한 몽학선생에 유도되는 종교를 "유치한 원시종교"(갈 4:9)라 했다. 인간내면의 창조적 자발성에서 출발하지 않고 율법, 전통 행위의 규범에 믿음의 척도를 두는 것을 원시종교라 했으며 이러한 것은 쉽게 우상화되어 버리며, 인간은 이 우상을 참신으로 껴안고 있는데 개신교원리는 끊임없이 이러한 우상을 타파하고 나서는데 궁극적 목표가 있다.

요즈음 유행하는 불교의 선은 그 보편적 성격을 잊어버리고 정좌하고 명상하는 것인 양 되어 또한 그렇게 하기 위한 율법주의에 빠지는 오류를 범하고 있다. 선의 실상은 인간본연의 모습을 찾는 것이요. 불교는 그 상태를 공空으로 보았지만 바울은 "성령을 힘입어 믿음으로 의롭게 함을 얻을 희망을 품고 있는"(갈 5 : 5) 상태라고 했다.

체제적 종교로서의 북종선은 시세에 따라 시들고 말았지만 혜능의 남종선은 시대와 국경을 초월하여 번창했던 바와 같이 문화와 전통의 타성 속에 있던 그리스도교는 죽고 말았지만 성령과 믿음과 희망을 본질로 삼고 있는 선으로의 그리스도교는 언제 어디서나 인간에게 창조적 힘을 주어 왔다. 오늘날 그리스도교가 또 다른 형태의 할례를 현대인들에게 강조하고 있다면 혜능이 신수에 도전한 게송을 음미함으로써 현대신학의 방향을 모색해야 할 것이다.

루터의 종교개혁이 그리스도교 자체 안에서가 아니라 문예부흥의 인문주의적 충격에서 가능했고, 천여 년 동안 침체상태에 빠져 있던 유교가 불교나 타교의 충격을 받아 신유교로 발전된 것과 같이 오늘날 그리스도교는 선불교 같은 다른 종교의 충격을 받아야만 그 활력을 회복 할 수 있을 것이다.

7. 여성해방신학과 '한사상'

1

서구에서 일어난 모든 운동이 한국에 소개되어 그 전후가 바뀌어 이해되어진 것같이 여성해방운동도 그 예외는 아니다. 지금 서구에서 진행되고 있는 여성해방운동은 서구문화의 방향을 바꾸어 놓을 만큼 그 힘이 크다고 할 수 있다. 이 여성해방운동은 바깥 사회에서 일어난 운동이지만 강의실에서까지 문제시되어 여성해방의 신학 같은 것이 정규 신학 교과과정 속에 포함될 정도이다.

이 여성해방운동은 하나의 종합학문 분야로서 등장되는 느낌마저 있다. 즉, 생물학, 생리학, 심리학, 사회학, 철학, 역사, 신학, 윤리학 등 전 학문의 분야가 총동원되어 이 운동을 분석하고 있다. 필자는 여기서 전 분야를 망라한 접근을 시도 할 수는 없다. 다만 전공인 종교철학 특히 교회역사에서 그리스도교 논리적 관점에서 분석 이해한 후 그것이 어떻게 한국에 잘못 수용 되어지고 있는가를 지적하고 여성해방운동을 깊이의 차원에서 새롭게 이해하는 길을 모색해 볼까 한다.

보통 여성해방운동을 여성이 남성으로부터 무조건 해방 받는 것으로 피상적으로 이해하고 있어 지금 우리의 전통 가정 구조마저 이 운동의 여파로 파괴 당해가고 있는 느낌마저 있다. 애기 기르고, 밥 짓고, 남편 시중드는 모든 행위들로부터 여성이 자유롭게 되는 것이 여성해방운동으로 이해되어져 있지만, 그렇지 않기를 바라고 있는 한국사회에 큰 파문을 던지고 있는 것이 사실이다.

여기서 필자는 그 반론을 제기하여 이 운동에 제동을 가해 남성 우위론적 지위를 고수하자는 의도로 이 글을 쓰는 것은 아니다. 다만 역사의 대세 앞에서 오랫동안 남성의 그늘에서 빛을 못보고 살아오던 여성들이 다음 세기에 다시 주도권을 잡아보겠다는 시도는 운동의 기원과 본래 의미를 바로 알게 하자는 것이 취지이다. 여성은 이 운동을 더 힘 있게 전개시키고 나아가 한국에서 이 운동이 바로 인식되도록 하자는 뜻에서 생각을 정리하여 보았다. 여성해방운동을 바로 이해하자면 당장이라도 한사상 내지 민족종교에로 눈길을 돌려야 한다는 것이다.

무엇보다 먼저 인류역사 속에서 여성이 차별대우를 받게 된 기원부터 더듬어 살펴보아야 할 것이다. 여성해방운동가들은 여성 차별의 기원을 구약 창세기에서부터 찾고 있다. 그렇다고 인류 창조의 태초부터 여성차별이 있었다는 것은 아니다. 이 창세기가 하나의 문헌으로서 기록된 역사적 상황이 우선 고려되어져야 할 것이다. 그 다음에 신약성서의 시대와 초대 교회들이 가졌던 여성관이 다음으로 다루어져야 할 것이다. R. 루터 같은 여성해방운동 신학자는 이러한 교회사적 입장에서 문제에 접근하고 있다. 대략 이런 순서로 서양에 있어서 여성 차별의 유래와 역사를 고찰한 후에 동양인들이 생각해 온 여성관을 비교한 후 그 차이점을 발견하고 새로운 이해의 방향을 제시해 볼까 한다.

2

구약성서 안의 창세기 1, 2, 3장은 여성해방운동가들이 겨누는 화살의 표적이 되고 있다. 인류역사는 여자의 행위로 오염되어 온갖 죄악이 이 세상에 들어와 그것이 병과 고달픔과 죽음의 원인이 되었다고 한다. 신이 창조한 것 가운데 뱀이 이브에게 유혹을 걸어 죄악의 씨를 전염시켜 이 세상은 혼란과 파괴와 다툼의 아수라장이 되었다. 창세기 6장은 땅의 여자와 하늘의 아들이 간음하여 죄악이 세상에 퍼지니 신이 물로 세상을 심판하려고 했다고 한다.

고고학적 증명에 의하면 청동기시대 이전까지는 여성상위적 모계 중심사회였다고 한다. 농경기 시대에 들어옴에 따라 부계사회로 변했다고 한다. 그렇다면 이 창세기 기록은 이 부계중심사회에서 기록된 것이 사실이다. 신은 남성이요 여성이 아니다. 이것이 여성해방 운동가들에게는 제일 못마땅하다. 요즘 신학교 교실에서 교수가 신을 남성대명사 'He'로 불러서는 안된다. 반드시 He/She 라 하여야 한다. 구약성서에서 민수기에도 인구조사에서 여성을 넣지 않고 있다.

그러면 왜 구약성서는 여성을 악의 상징으로 묘사하지 않을 수밖에 없었던가? 창세기 1, 2장은 제사문서Priest Writings라 하여 BCE 400년 전후에 기록되어진 것이다. 이 때는 이스라엘의 남북 왕조가 모두 망하고 모든 사람들이 실의에 잠겨 있을 때이다. 이런 때일수록 사람들은 회한에 잠기게 되고 자책을 하면서 도대체 우리가 왜 이렇게 불행하게 되었는가, 왜 남의 나라에 포로로 가 노예생활을 하고 나라까지 망하게 되었는가, 하면서 자탄에 빠진다. 이런 심리 상태에서 생겨나는 것이 희생양Scape Goat이다. 우리를 불행하게 만든 대상물을 찾아 그것에 온갖 죄악을 뒤집어 씌워 제거시켜 버려야 소위 직성이 풀린다. 여기서 희생제물로 등장한 것이 여자이다. 그렇다. 우리가 이렇게 비참해진 것은 여자 때문이다. 여자가 남자를 타락시켰고 그 결과로 윤리 도덕이 허물어졌고 그 다음으로 신이 우리를 심판하여 이 고생을 당하게 되었다.

현재 우리 불행의 모든 원인은 여자 때문이다. 마치 2차대전 말기에 일본이 전쟁에 패하여 실의 속에서 동경대지진 터졌을 때에 그 지진의 원인을 한국 사람들 때문이라고 대량 학살한 경우와 같다. 같은 이유로 사회 죄악상의 총본산인 양 허물을 뒤집어쓰고 죽은 예수나 스케이프 고트는 어느 시대 어느 장소에서나 있어 왔다. 여성해방운동의 신학자는 이러한 초기단계의 여성 차별을 '여성의 악마화Demonization of Woman'라 한다. 이 악마화의 과정은 위에서 지적한 대로 여성에게만 국한되는 것이 아니고 오늘날 미국사회에서 흑인과 소수민족이 겪는 것도 하나의 악마화의 과정이다. 어느 지역에서 범죄가 발생하면 우선 흑인, 멕시칸, 아시아인들이 그것을 했을 것이라 추정하고 수사하는 태도도 악마화의 한 과정이다.

이렇게 하여 BCE 5세기경부터 여성은 남성들로부터 악마화되어 타락한 천사들과 간음하여 죄의 씨를 전염시켜 국가사회를 타락시킨 장본인이 되었다. 바빌론포로 이전까지는 여자들이 성전에 들어

갈 수 있었다. 그러나 그 이후부터 여자는 거룩한 성소에 들어갈 수 있는 자격을 박탈당하고 말았다. 거룩한 것에 대한 불결한 존재로 되었다. 오늘날 한국교회가 여자가 강대상 위에 올라가는 것을 타부시하는 경우와 비슷하다.[115]

　이러한 여성의 악마화 과정은 신약성서 속에서도 그대로 나타나 있다. 바울이 여자가 교회에서 가져야 할 태도 같은 것이 요즘 논란의 대상이 되고 있다. 그러나 예수의 교훈 속에는 남녀와 같은 창조의 질서에 속하는 상대적인 존재로 나타나 있다. 여러 가지 짧은 표현의 오해 때문에 바울이 여성차별주의자 같이 보일지 모르나 초대교회가 크게 로마사회에 공헌한 것은 노예해방과 여성지위의 향상이다. 그리스도교가 다른 곳에 전래되어서도 마찬가지이다. 여성들의 지위가 신장된 것은 성서 속에 그러한 왜곡된 표현에도 불구하고 그리스도교 자체가 그 깊이에서 가지고 있는 인간 이해 때문에 그리스도교 진리를 통해 여성의 지위가 확보된 것으로 보인다. 그러나 그리스도교 본래의 인간 이해에 기반을 둔 여성관은 전체 교회역사와 발전과정 속에서 어리석게도 오도되어 온 것이 사실이다.

3

　초대 교회가 로마사회 속에서 노예해방과 여성해방의 짧은 역사에도 불구하고 중세기 천 년 간은 본격적으로 여성 차별의 기간이었으며, 오늘날 우리가 여성해방을 얘기할 때 제기되는 문제가 바

---

115) 30여 년이 지난 지금 여자 사제(성공회의 경우), 여자 목사까지 가능하게 되었다.

로 이 기간 동안에 나타난 것이라 할 수 있다.

　성 어거스틴은 여성해방운동가들에 의해 역사에 나타난 추물로 대우를 받는다. 서구사회에서 받는 여자의 잘못된 대우가 바로 어거스틴의 신학 때문이라고 생각하고 있기 때문이다. 그들의 얘기를 들어보면 납득이 갈만하다. 지금까지의 전통신학이 어거스틴의 신학에 근거를 두고 있는데, 갑자기 그의 사상을 괴물의 장난에 불과한 것으로 이해하자면 많은 생각의 여과기간이 있어야 충격없이 이해될 수 있다. 여기서 여성해방 신학자 특히 R.루터Rosmary Ruether가 전개한 어거스틴 신학에 대한 비판은 다음과 같다. 첫째로 어거스틴이 그의 참회록에서 기술하고 있는 여자상은 구약성서의 악마의 화신 그대로 답습 아닌 심화시키고 있다는 점이다. 어거스틴은 18세 때 여자의 유혹 때문에 타락하여 사생아의 아버지가 되었다. 어거스틴에게서 여자란 철두철미 육체의 아름다움으로 남자를 유혹하는 악마의 후예였다.

　남자는 사람이고 여자는 악마로서 그 본질이 오염된 존재로 오늘날 많은 목사들이 설교하고 있을 때 그것은 틀림없이 어거스틴이 끼친 영향이다. 신학의 내용이 영혼과 육체Soul and Body라는 이원론적 틀 속에 조직되면서부터 전자는 남성적인 것 그리고 후자는 여성적인 것으로 양분되어졌다. 그리고 하나는 선하고 다른 하나는 악하다는 가치까지 거기에 부여되어졌다.

　이러한 결과는 매우 심각했으며 중세기 어느 종교회의에서는 "여자도 영혼이 있는가? 여자도 천국에 갈 수 있는가?"가 토론의 주제가 되어진 적이 있었다. 한마디로 말해서 여자도 인간의 범주에 들어갈 수 있느냐에 대한 질문이다. 이와 같이 서양역사 속에서 여성은 철저하게 인간으로서의 가치 자체가 의문시 되어졌다. 그래서 한국에서는 무당에 남자(박수)도 여자도 있지만, 서양에서는 귀신 들린 자Witch는 여자이지 남자는 아니다. 마녀는 있었어도 마남은 없다. 우리는 서양동화 속에서 마녀에 관한 수많은 얘기들을 읽는 다. 가장 끔찍한 사건은 중세기 14세기부터 시작된 마녀사냥Witch Hunting에서 잡혀 죽은 마녀가 600만이 넘는다는 것이다. 히틀러가 죽인 유대인들의 숫자와 같다. 그때도 마녀 때문에 중세사회가 어 지러워지고 온갖 사회악이 생긴다고 보았기 때문이다. 이 마녀사냥 에 대해 오늘날 여성해방운동가들이 중세 가톨릭교회와 남자들에 대해 분노하는 것도 이해할 만하다.

문예부흥과 종교개혁은 이러한 여성의 악마화에 대한 새로운 전 망을 가져다 주었다. 이 때부터 여자가 미화Beautiful of Woman되기 시작했다. 오월의 여왕May Queen 미스 아무개 하면서 어느 집단에서 미의 상징으로서 여자를 뽑아 여자를 악마시해 온 죄책감에서 해방 되려고 했었다. 악마가 미의 우상으로 승격 되어졌다. 여성의 우상 화는 결국 여성을 인격적 개체로 보지 못했다는 점에서 악마화와 별다른 점이 없다. 어느 신학교 교장이 여성학자를 강연에 초대하 여 소개하는 자리에서 "이 분은 Intelligence할 뿐 아니라 Beautiful 하 다."고 소개했다. 이 소개를 들은 여학생들이 노발대발하여 왜 남자 교수는 소개할 때 "Intelligence할 뿐 아니라 Handsome하다."고 하지 않는데 여자는 왜 "뿐만 아니라 Beautiful하다"고 해야 하느냐고 항 의를 제기해 그 신학교 교장이 사과를 하고 여학생들의 노기를 진 정시킨 적이 있다. 여자를 남자의 눈요기감으로 만든 것이 여성의 악마화이다. 이만큼 민감하게 지금 서구에서는 여성을 악마로도 여왕으로도 보지말고 한 인간으로 대우해 달라고 몸부림치고 있다.

하비 콕스는 그의 『세속도시』 9장에서 여성의 미화는 곧 여성의 상품화Commercialization of Woman로 변했다고 했다. 미스·아메리카, 미스·유니버스의 육체미가 곧 담배선전용 커버로 사용되고, 토요타 승용차 광고 선전용이 되는 등, 오늘날 TV 광고에서 여성의 미가 곧 상품화 되는 것을 우리는 목격하고 있다.

이렇게 여자는 서양역사 속에서 악마화, 미화, 상품화의 3단계를 거쳐 오늘에 이르고 있다. 서양 사람들의 여성관은 과히 이 세 단어에서 떠나지 않고 있는 것을 발견할 것이다. 영국 신사들이 "Lady First"라 할 때 그것은 모두 남성들이 여성들에게 저지른 죄책감에서 나온 위선적 표현에 지나지 않거나 여자에게 독약 든 음식 실험을 위해 먼저 먹인 데서 유래한 것이란 사실을 안 여성들은 지금 이 말에 분노하고 있다. 그래서 오늘날 여성해방 운동은 지위향상 정도의 운동이 아니고 어쩌면 우리도 인간이 될 수 있느냐의 운동이다. 남자들의 눈요기나 만족시키고 성적 대여물이나 되는 그것It의 상대에서 나와 너I-Thou의 인격적 관계를 성취하자는 운동이다. 극단적인 어떤 운동의 신봉자들 가운데는 여성 악마화의 역작용으로 같은 잘못을 남성들에게 보복하여 보려는 시도도 해보고 있다. 이 운동이 효과적으로 성공되는 날에는 지금까지 서구문명은 밑바닥에서부터 재검토 되어져야 한다. 신은 이제부터 절대로 남성 일변도적일 수 없으며 모든 신학 서적은 신의 대명사를 반드시 He/She로 쓰여 져야 할 것이다. 그 여파란 상상만 해도 크다고 아니할 수 없다. 성경 해석자들이 기독교 탄생 이래로 가장 곤혹을 치르는 주제가 '여성해방'이라 한다.

4

서구의 관점에서 볼 때에 동양에는 서양과 같은 여성차별이 없었다고 단언하고 싶다. 이 말에 강한 반발을 보일 줄 기대한다. 그러나 적어도 동양역사 어느 구석에서도 여자를 악마화, 미화, 상품화시킨 역사는 찾을 수 없다. 유·불·도 삼교에 그 예외는 없다. 즉, 여자를 아무리 학대했어도 여자를 인간이란 카테고리에서 생각해온 것이 동양인의 여성관이다. 음·양이 우주의 질서를 형성시키는 양대원리인 것 같이 남·녀는 서로 보완되어져야 할 상보적 존재이다. 서당에서 천자문 다음에 배우는 계몽편 첫 서두에 夫婦二性之合 生民之始 萬福之源이라 했다. 모든 생명과 복의 근원은 남녀가 하나로 합하는 데서 나온다고 보았다. 그러나 이러한 본원적인 유교의 여성이해에도 불구하고 유교 봉건사회 속에서의 여성차별 대우는 여기서 그 말로 다 표현할 수 없었던 것이 사실이다. 여자의 "女"가 들어가는 말치고 과히 좋은 말은 없다. 간요망姦妖妄 등 속담에도 암탉이 울면 집안이 망한다고 했다. 이 모든 경우에도 불구하고 동양의 여성관은 서양의 그것과는 근본적으로 다르다.

적어도 동양에서는 사회적 제도가 여성의 위치를 그렇게 만들었을지는 몰라도 인간으로서의 본질자체를 악마시하지는 않았다. 그래서 사회제도가 변할 때 쉽게 동양에서는 여성의 지위가 향상될 수 있었다. Herbert W. 리차슨은 정확히 이렇게 말하고 있다. "서양여성의 지위는 동양여성의 지위보다 훨씬 낮았다."라고. 우리나라에서 해방후 첫 개각이 여성 상공장관이 들어갈 수 있었는가 하면 미국에서는 겨우 지금에야 가능하며 세계에서 여성 수상이 제일 먼저 생긴 곳도 서양이 아니고 동양의 스리랑카, 인도, 그리고 이스라엘이었다. 이와 같이 봉건제도에서 공화제도로 사회제도 자체가 바뀔 때 쉽게 동양여성은 남자와 동등한 아니 그 우위의 자리를 확보할 수 있었지만 서양은 아직 그 길이 요원하다고 본다.[116]

5

서양에서 여성의 권리가 강한 것 같으나 지위 확보에 있어서는 그렇게 어려움이 있는 내력을 알 수 있게 되었다. 동양의 노자는 인류 최대의 여성철학을 창안한 인물이다. 도덕경 6장에 여성의 힘은 가장 강한 힘인 동시에 여성이 생산하는 힘은 우주의 본원적인 힘이기에 39장에서는 "수컷을 알고 암컷을 잘 지켜나갈 때 조화가 거기에 있다."고 했다.

이런 여러 가지 관점에서 생각할 때 한국 안에 있는 여성들이나 미국 안에 살고 있는 동양여성 특히 한국여성들이 여성해방운동을 배울 때 우리가 가지고 있는 문제점에서부터 여성해방운동의 방향과 이념을 설정하고 이해해야 될 줄로 안다. 과연 그들이 안고 씨름하는 인간화의 투쟁이 얼마나 서양사회 속에 고질화되어 있으며 그것을 극복하기 위한 시도 속에 내포된 문제의 핵심을 바로 파악치 못하고 무조건 여자가 남자에 대항하고 독립하고 분리되는 것을 여성해방운동으로 착각한다면 우리의 미풍양속은 파괴되고 가정은

---

116) 김지하는 박근혜 대통령을 지지하면서 문명사적으로 여성대통령이 나와야 한다고 했다. 그러나 박근혜는 아버지 박정희의 후광으로 대통령이 된 것이지 여성으로서 자기 자신의 힘으로 된 것이라 볼 수 없다.

거기에 따라 풍파를 만날 것이다.

한마디로 말해서 서양의 여성해방운동은 "여자도 사람"이라는 외침에 근거를 두고 있다. 그래서 여성운동의 선봉 철학자들은 이는 곧 인종차별 철폐 즉 흑인해방운동과 보조를 같이 해야 한다고 말하고 있다. 여자와 같이 서양사회에서 악마화된 다른 존재는 흑인이다(다른 유색 인종도 포함). 서양의 이원론적 관점에서 볼 때 흰색은 선과 빛의 상징이요, 검은 것은 악과 어둠의 상징이다. 이 때문에 온갖 유색인은 악마시되어 왔다. 그런가 하면 우리 동양사회에서는 아무리 종과 노예가 있었다하더라도 그들을 인간의 범주가 아니라고 까지는 생각하지 않았다. 이 점에서도 서양식 노예 개념과 동양의 노예 개념은 다르다. 노예제도가 없어짐에 따라 쉽게 우리는 인간을 보는 눈을 바꿀 수 있었지만 미국사회는 민주주의를 한다고 하더라도 그들이 인간을 악마화시키는 고정관념에서 벗어날 수가 없다. 서양에서 인종주의는 성차별과 그 궤를 같이한다. 비인간화란 점에서 같다. 이런 관점에서 볼 때에 우리는 우리 나름대로 주체의식에 의해서 여성해방을 받아들여 수용해야 할 것이다. 여성해방운동은 생리적, 심리적, 역사적으로 여러 가지 문제성을 제기시켰다. 우리가 받아들여야 할 점과 배워야 할 점, 또한 이러한 여러 분야에서 다원적으로 받아들여야지 여성해방운동을 서양의 그것으로 획일하하는 것은 위험친민이라고 아니할 수 없다.[117]

---

117) 필자의 이런 주장에 따라 여성해방을 전개하던 여성들이 박사학위 진학에 좌절당하고 논문심사에서 탈락하는 예들이 생기고 있는 것은 실로 통탄할 일이라 아니 할 수 없다.

8. 신바람과 정치의식

머리말

몇 가지 특징에 있어서, 한국역사에 나타난 혁명들의 성격을 고찰할 때 다른 나라와는 달리 종교적인 특징이 농후하다고 할 수 있을 것이다. 즉, 고려 묘청의 난은 한국역사가 시작된 이래 최초로 한민족의 자아의식에서 발단된 혁명이었다고 할 수 있을 것이다. 조선동학란은 그 다음으로 손꼽을 수 있다. 그 다음이 3·1운동 그리고 4·19혁명이다. 이러한 제혁명의 성격을 그 내면 속으로 들어가 보면 그 깊은 곳에 종교적인 요소가 작용했음을 간파할 수 있다.

하비 콕스가 말한 혁명의 삼단계는 다음과 같다. 즉 민중은 부조리와 부정 속에서 차츰 심리적 현상으로서 경강증Cataleptic을 느끼기 시작한다. 경강증이란 심리치료의 용어로서 중압감 속에서 이러지도 저러지도 못하고 안절부절하는 상태이다. 민중이 이 증상에 걸리는 것은 모두 혁명의 초기단계에서이다. 이 경강증에서 해방되려고 몸부림치던 대중은 거리로 쏟아져 나온 것이다. 그래서 자기들을 억압하던 대상을 제거시키려고 돌진하게 된다. 이것을 대변혁 Catastrophe이라 할 수 있다. 이 기간에 대중은 강력한 폭력의 수단으로 물불을 가리지 않고 권력있는 자들과 대결하여 피를 흘리게 된다음 혁명은 성공하여 거리는 평온을 회복하고 대중들은 자기가 앓던 병, 경강증에서 해방되어 정화Catharsis를 느끼게 된다. 그래서 경강증, 대변혁, 정화기는 혁명의 삼단계(3C)라 할 수 있다. 필자는 이러한 혁명의 삼단계 이론을 한국인의 종교적 성격에 비교하여 아래와 같이 고찰해 보려고 한다.

1) 신바람과 혁명

위에서 말한 경강증은 우리말로 '미치겠다'라는 말로 표현할 수 있다. 4·19전 민중이 겪었던 미칠 상태가 한마디로 말해서 경강증의 상태였다. 미친다는 것은 어디에 도달한다는 뜻인데 의식이 어느 극점에 도달하여 앞으로 더 나아갈 수 없는 단계이다. 의식도 신진대사를 하여 순환하는 법인데 어느 극점에서 그 순환이 막히는 상태를 미친다고 한다.

미쳤다면, 즉 미쳤으면 그것을 풀어야 한다. '푸닥거리'란 바로 이런 미친 상태에서 풀어내는 의식이다. 한국사람에게 미치는 상태는 매사가 극단적으로 치닫는 성지적 형태로 나타난다. 김열규는 이를 한국인의 '점지향성'적 특징이라고 했다. 이러한 점지향성은 한국적 정치형태 속에 여실히 반영되어 있다. 즉, 여야의 극한적 대립, 단식 농성, 분신자살, 극한 데모 등이 그 예이다. 야당의원의 집단사퇴, 한 가족의 집단자살 등은 한국인의 특이한 점지향적 성격 즉,

미치는 상태의 표현이다. 필자는 이러한 한국의 미치는 상태를 혁명의 초기단계인 경강증Cataleptic의 단계로 규정하고 싶다. 이 미치는 상태에서 해방되려는 민중적 절규가 4 · 19전에 "못살겠다 갈아보자"는 구호에 잘 반영되 있었으며, 이 또한 미친 상태에 있는 민중들에게 그대로 먹혀들어가게 되었던 것이다.

이 미친 상태에서 푸는 상태가 즉, 혁명의 둘째 단계인 대변혁Catastrophe의 단계이다. 그리고 이 둘째 단계로 매개시켜 주는 역할을 하는 것이 '신바람'이다. 민중이 거리로 쏟아져 나오자면 먼저 그들이 신바람이 나야 한다. 총탄이 날아오는 거리를 육탄돌격하자면 제 정신을 가지고는 도저히 불가능하다. 먼저 신이 들려야 한다. 무당이 접신되어 열광상태에서 자기를 잃어버린 상태가 곧 혁명주체자들의 의식상태인 것이다.

"신바람은 우리 삶의 세계에서 우리를 선택하는 지팡이요, 그래서 우리는 신바람을 원천적 믿음으로 여긴다. 우리가 신바람을 선택한 것이 아니고 신바람이 우리를 선택한다. 그러므로, 신바람은 우리로 하여금 태어난 삶의 세계 속으로 귀속케 하며, 우리의 모든 자유에의 미래적 삶을 특정화하고 제약화한다." (김형효 저, 『한국사상 산고』, 23쪽)

위에서 열거한 한국적 혁명의 모든 특징을 규정지어 요약하면,

(1) 우리는 신바람이 나야 감정이 자발적으로 발동한다.
(2) 우리에게 있어서 신바람은 활화산과 같이 폭발력을 잠재적으로 갖고 있다.
(3) 신바람은 한번에 전인적으로 몰입하는 열정과 열광성을 갖기 쉽다

필자가 볼 때 한국의 제 혁명은 위와 같은 신바람의 성격이 잘 갖추어져 있다고 본다.

2) 동학란과 신바람

구한말 농민이 얼마나 탐관오리의 억압과 착취 속에서 미치는 상태인 경강증에 걸려 있었던가는 동학란을 선두 지휘한 전봉준의 고발 내용 속에 잘 요약되어 있다.

(1) 쓸 데 없는 저수지를 만들게 하여 논 한 두락에 '물세' 라 하여 상답에 두 말, 하답에 한 말의 쌀을 거두어 700여 석을 착복했다.
(2) 황무지 개간을 쓸 데 없이 벌이고 추수 때 강제로 세금을 징수했다.
(3) 백성들에게 온갖 죄를 뒤집어 씌워 2만 냥의 돈을 수탈했다.

"이러한 경강증에 걸려 때를 기다리며 혁명을 준비하는 민중을 허균은 호민이란 사회적 불만이 심리적으로 축적되어가 경강증이란 증상을 사회혁명에 일치시키는 세력이다." 이러한 경강증에 걸려 참다못한 전봉준은 1894년 2월 15일 새벽 천여 명의 농민을 지휘하여 고부군 군청을 습격했다. 군수 조병갑은 전주로 도망가고 그 부하들은 처벌되고, 농민은 무기고를 개방하여 무장을 했다.

이에 대해 정부에서는 전라도 장흥부사 이용덕을 고부군 수습책임자로 보냈는데, 그는 민란 책임을 농민들에게 돌리고 역졸 800여 명을 고부군 내에 난입시켜 돌아다니면서 재산을 약탈하게 되었다. 이에 전봉준은 각 포의 접주들에게 통문을 돌려 일제히 봉기를 진행시켰던 것이다. 아깝게도 이 동학란은 외세의 개입으로 무참히 진압되고 말았지만 5,000년 역사 속에서 한민족 자아의식 발로의 극점인 동시에 이는 한사상의 종교적인 감정을 유감없이 혁명에 투입시킨 사건이라고 말할 수 있다.

동학란을 두고 몇 가지로 평가해 보자. 첫째, 동학란은 외래사상의 영향을 받은 흔적이 전혀 없다. 그 무엇보다 놀라운 것은 그렇게 많은 농민이 어떻게 한꺼번에 일어날 수 있었는가이다. 한국 농민들은 한번도 자기 권리를 찾기 위해 고개든 적이 없지 않았던가? 전후관계로 추리해 볼 때 동학란은 그 유래를 한국민의 고유한 종교적 심성에서 찾지 않을 수 없을 것이다. 즉, 자발적인 감정의 발호, 잠재적 폭발력, 그 전일적인 열광성은 한마디로 '신바람'의 작용이라고 밖에 규정할 수 없다. 우리가 보통 '신난다'고 할 때는 누가 시킨 것이 아니고, 누가 곁에서 말려도 말릴 수 없는 상태를 두고 한 말이다. 한국 속담에 "잘 놀다가도 멍석 깔면 안 논다."고 한다. 자연스럽게 흥이 나야지 흥나라고 주위에서 분위기를 조성시키는 것은 도리어 분위기를 깨고 만다는 것이다. 외국사람들은, 한국인들은 봉건주의적 보수적 경향 때문에 민주주의를 할 수 없고 강한 독재자가 지도해야 한다고 생각한다. 그러나 한국인들은 제도를 만들고 기구를 만들어서 즉, 멍석을 깔아놓고 정치를 하는 흥을 낼 줄은 몰라도 그 이전에 그 제도 자체에 구애받지 않는 자발적 도취에서 우러나는 민주적 역량을 가지고 있는 국민임을 간과해서는 안될 것이다.

그런 의미에서 한국민은 민도가 낮아서 민주주의를 할 수 없다는 생각은 재고되어져야 할 것이다. 이것은 일본 식민지사관을 그대로 물려받은 어용사가들과 독재자의 변일 뿐이다. 한국에서 민주주의를 할 수 있는 정신상태를 가장 갖고 있지 못한 자들은 첫째로 서구에서 교육받아 한국인의 고유한 마음 바탕이 무엇인가를 망각한 자요, 둘째로 일본 제국주의 식민지교육에 물들어 이를 편승한 정치가들이다. 이 양자만이 진정한 한국의 민주주의를 불가능하게 만드는 암이다. "위정자들이여! 우리의 자발성과 자의성을 파괴하는 멍석을 우리 앞에 깔지 말아라. 그러면 한국인은 온통 흥에 겨워 춤을 추고 민주주의를 구가할 것이다."[118]

우리는 동학란을 통해서 이러한 한국 민족의 특이한 혁명구조와 정치역량을 발견하게 되었다.

3) 3·1 운동과 신바람

이러한 동학란의 경우는 3·1운동에서도 마찬가지이다. 세계 혁명사에 한날 한시에 온 민족이 한꺼번에 봉기한 예는 3·1운동뿐이다. 교통, 통신수단이 발달되지 못했던 당시에 이와 같은 기적현상을 만들었던 것은 한국인의 '신바람'에 나타난 특징을 이해하지 않고는 도저히 알 수 없는 수수께끼일 것이다. 4·19도 같은 차원에서 이해되어져야 한다고 본다. 4·19는 세계 혁명사에서 학생이 한 정권을 뒤엎은 최초의 사건이다. 프랑스혁명은 시민이, 러시아혁명은 농민이 주동했지만 4·19는 순수한 학생 세력에 의한 것이었

118) 이젠 선거라는 명석도 집어치울 단계에 왔는지도 모른다. 정부기구가 정보화 시대에 조직적으로 개입하는 선거가 더 이상 민주주의를 가능케 할지는 앞으로 의심스럽다.

다. 신바람이 그 당시 학생들의 의식 속에 불어 넣어졌다. 이 '신바람'이야말로 최치원이 말한 '풍류'이다. 화랑들도 화랑이 되기 전에 국선國仙이 먼저 되어야 함은 민족혼인 한의 얼을 먼저 되받아야 화랑이 될 수 있는 조건을 갖추게 된다. 신바람은 항상 혁명의 마지막 단계인 차분한 이성으로 정화시키는 작업에까지 연결되어져야 한다. 이것이 혁명의 완성이기 때문이다.

제 3부 삶 속의 '한사상'

I. 한의 땅

> "나 이제 내려가서 그들을 이집트인들의 손아귀에서 빼내어 그 땅에서 이
> 끌고 젖과 꿀이 흐르는 아름답고 넓은 땅, 가나안족과 헷족과 아모리족
> 과 브리즈족과 히위족과 여부스족이 사는 땅으로 데려 가고자 한다"
> (출애굽기 3장 8절)

위의 성경구절은 모세가 저 유명한 호렙산에서 야훼 하느님으로
부터 소명을 받는 부분이다. 한 구절의 글 속에 땅이라는 말이 세
번이나 나온다. 처음 땅은 해방되어 나와야 할 땅, 두 번째 땅은 찾
아가야 할 이상향의 땅, 세 번째 땅은 남의 땅이지만 빼앗아야 할
땅이다.

『환단고기』에 의하면 환인이 다스리던 땅이 동서가 오만 리요 남
북이 이만 리였다고 했다. 황당무계한 소리라고 역사학자들은 일소
에 부치고 말았지만 나라가 12분국이 있었고 그 분국의 이름까지
하나하나 기록되어 있다. 지금은 고증할 길이 없다. 그러나 숨겨져
내려온 비장의 도서 속에 나오는 글이니 더 이상 무엇이라 더 얘기
할 수는 없다. 지금 모세가 호렙산에서 하나님의 계시를 받을 때 그
내용의 핵심이 땅의 문제였고 그 이후 구약의 역사는 전체가 '해방

의 땅', '이상향의 땅', '빼앗을 땅'으로 점철되는 역사였다고 간추려 말해도 과히 잘못은 아닐 것이다. 『환단고기』를 쓴 기자도 이 세 가지 땅을 알려준 것이 분명하다. 『환단고기』에서 읽어야 할 것은 고증이 아니라 바로 이 점이 아닐까?

일본은 우리를 식민지화 하자마자 우리에게 반도사관 즉, 한국역사를 한반도에 국한된 역사로 그 무엇보다도 땅의 감각에 민감한 사관을 수립했었다. 일전에(1986년 6월 1일부터 15일까지) 홍콩을 방문하여 홍콩 섬Hong Kong Island에 영국 국기가 걸려 있는 것을 보고 같은 아시아인으로 분노같은 것을 느꼈다. 여기가 과연 중국땅이 아니고 지금은 앞으로 10년 후면 되돌려 주기로 하기는 했지만 영국의 엄연한 식민지로 잔존하고 있는 사실을 목격하고 우리 현실을 생각해 보지 않을 수 없었다. 남북이 2만리요 동서가 5만리이던 그 땅은 다 어디가고 이젠 손바닥만한 땅바닥에 그것도 남북이 두 동강나 언제 다시 붙을지 아니면 영원히 이대로 두 동강나고 말 것인지 실로 착잡하지 않을 수 없다.

마치 모세가 그러했던 바와 같이 우리 건국의 영웅들도 끊임없이 잃어버린 옛 강역을 다시 찾으려 했던 것이다. 건국의 창시자들은 끊임없이 그 구호를 옛적 땅 이름을 따와 사용한 것으로 보아서도 알 수 있다. 그들은 우리들의 모세였고 그들도 하느님으로부터 하느님이 이 민족에게 부여해 준 땅을 잘 지켜 나가라는 계시를 받았던 것이다. 고구려를 건국한 주몽은 다물흥방가多勿興邦歌를 지어 민중들로 하여금 부르게 했으며 다물을 건국이념으로 세웠다. 다물이란 순수한 우리말이 '되물린다'를 한자로 전음시킨 것이다. 고주몽은 옛 고조선의 광대한 땅을 되물리는 것을 건국이념으로 삼았다.

고구려의 원래 국명은 '구려'였다. 구려는 지금의 '구릉'과 같은 산 Mountain을 의미 했다. 여기에다 높을 '高'를 붙여 고구려라 했던 것이다. 이상하게도 슈메르어에도 '쿠르KUR'가 있는데 이것도 산을 의미하며 슈메르 신화에 있어서 쿠르가 특별히 중요한 의미를 갖는다. 그리스의 신전Partheon 같은 산으로 신들이 모여 사는 신성한 곳이기 때문이다. 여기에 두무즈Dumuzi란 활 잘쏘고 양을 지키는 목자牧者 신이 있는데 '주몽' 도 원래는 한글 이름으로 '두무즈'이며 이 말은 '善射者', 즉 활을 잘쏜다는 뜻이다. 인도의 산악민족인 산달 Santal족에도 쿠르라는 말이 있는데 역시 산을 의미하고 또한 높은 사람을 의미하기도 한다. 산탈족은 아리안들이 들어오기 전에 살았던 산악 원주민들이다.

아무튼 고주몽은 우리 역사 속에서 한민족의 잃은 옛 영토를 다시 찾기 위해 하느님의 부름을 받은 우리의 모세였다. 고주몽이 다물을 건국이념으로 내세울 때에는 고주몽이 이미 그 이전에 민족의 영광과 빼앗긴 영토가 얼마나 컸었다는 것을 의미하는 것이 아닐까? 마치 모세가 애굽으로부터 해방되어 가나안땅으로 향해 갈려는 의지가 자기 조상들이 원래 그 땅에 살았던 기억을 민족 공동체가 알고 있었기 때문에 그러했던 바와 같다. 다물 정신에서 같다.

땅은 민족 공동체의 꿈과 기억이 함께 어우러져 있는 곳이다. 우리는 땅에서 살고 죽으면 땅으로 돌아간다. 그래서 땅은 우리 생명의 한 부분이며 전체이다. 고구려의 다물 정신은 김유신과 김춘추의 무모한 삼국통일 의지에 의해 꺾이고 그때부터 우리 땅은 호랑이에게 팔·다리를 다 떼어주고 만 어머니 같아 이젠 두 아이만 집에 남아 어머니를 집어삼킨 호랑이가 두 아이마저 잡아먹으려 하고 있다. 동아줄이 하늘에서 내려와 주기만을 기다리는 우리들의 신세가 되었다.

고려는 고구려의 옛 땅을 다시 찾으려 나라 이름을 '고려'라 하고 북벌정책을 끊임없이 펴 나갔으나 그것은 김부식 같은 모화주의자 부류에 의해 꺾이고 묘청이 그 꿈을 다시 세우려 했으나 묘청의 난 또한 좌절되고 말았다. 수도를 평양으로 옮기고 칭제건원을 제창한 묘청은 제2의 모세였다. 그 역시 하느님의 음성을 들었으며 "이 고을을 지키라 내가 너희에게 준 저 넓은 만주 땅을 이민족에 다 **빼앗**기고 사람구실 다 못하고 있구나 일어나 어서 칼을 **뽑으라.**"는 하느님의 음성을 듣고 묘청은 분기했던 것이다. 여호수아, 다윗, 솔로몬 등 구약의 왕들은 예외 없이 땅으로 그리고 땅을 되찾기 위해 하나님으로부터 계시를 받았다.

후고구려, 후백제가 왜 일어났겠는가? 나라가 망한지 이미 오래되었지만 옛 땅을 다시 찾겠다는 부름 때문에 궁예도 견훤도 봉기했던 것이다. 보라, 궁예는 자칭 미륵메시야로 자처하고 '대진국大辰國'이라 나라 이름을 정했다. 즉, 옛 고조선의 다른 이름으로 진이 있었으니 고조선의 영광을 다시 찾겠다는 것이 아닌가? 우리 역사 속에서 '조선', '구려', '진', '한'은 모두 우리 민족의 '가나안'과 같은 이름이다. 비록 이성계가 위화도에서 회군은 했을망정 국호를 '조선'이라 함으로써 왕건이나 궁예 같이 옛 고조선의 영광을 다시 찾으려고 했던 것이다. 근대 조선이 망해갈 때 대한제국을 세우려 했던 분들도 '한'이란 옛 고조선 때의 국호를 그대로 땄던 것이다. 이제 '조선'과 '한국'을 남북이 서로 나누어 사용하고 있으나 앞으로 이 민족이 이 땅에 영존하는 한 우리의 가나안 땅도 옛 고조선 땅일

것이다. [119]

　중국의 명예를 훼손시켜서는 안 되고 역사 상한선이 중국이상 올라가서는 안 되겠다고 스스로 꼽추 노릇한 저 썩은 유생들은 고조선을 한국사에서 말살시켰고 이를 이용한 식민지 사학은 반도사관을 세우기에 한층 쉬웠던 것이다. 땅은 하느님으로부터 각 민족에게 고루고루 나누어진 몫인 것이다. 모세의 임종시에

지존하신 이께서 만방에 땅을 나누어 주시고
인류를 갈라 흩으실 때,
신의 아들들은[혹은 신들의] 수효만큼 경계를 그으시고
민족들을 내셨지만
야곱이 야훼의 몫이 되고
이스라엘이 그가 차지한 유산이 되었다(신 32 : 8-9)

　여기에 보면 하느님은 여러 아들들이 있어서 각 민족에 따라 그 땅을 나누어 주어 다스리게 했다고 한다. 실로 하느님은 그 아들 환웅을 보내어 세계 그 어느 민족에게보다도 더 많은 땅을 허락해 주셨다. 『환단고기』에 기록된 그 12분국을 고증할 길 없다고 하더라도 최근 윤내현이 『한국고대사신론』에서 여러 문헌적 혹은 고증학적 고증에 의하여 밝혀놓은 연구에 의하면 고조선의 위치는 요동, 산동 반도와 만주일대 그리고 중국 하북성의 난하가 경계였다고 한다. 윤내현의 업적은 종래의 실증사관과 기록사관을 조화시킨 것으로 『삼국유사』에 나오는 단군의 도읍지인 평양→아사달→장당경→

---

119) 통일조국 때는 '조선'과 '한국'을 동시에 사용해도 좋을 것이다. 영국도 England와 British를 독일도 German과 Deutschland를 같이 사용하듯.

아사달이 모두 근거 있는 것이며 그 도읍의 위치들도 지금의 요녕성 부근과 난하 근처라고 했다. 더 자세한 내용은 이 책을 한 번 읽기를 추천하면서 끝내기로 한다.

일찍이 단재 신채호 선생은 일본 식민지 사학은 대륙에 있던 우리 땅들의 이름을 반도 안에다 옮겨다 붙여 놓았다고 했다. 사대주의 식민지 사학자들은 조선의 땅이 절대로 압록강을 넘어서는 안 된다는 입장에서 압록강 이북에 있던 고대국가의 지명을 전부 압록강 이남으로 정하고 심지어는 발해와 고구려를 우리 민족역사 무대에서 별개의 것으로 제외시키려 했다. 최근 만주를 다녀온 어떤 후배가 중국에 가보니[120] 발해와 고구려를 중국역사 혹은 중국역사 전체 속에 포함된 소수민족의 역사로 가르치고 있더라는 사실을 알려주었다. 우리는 중국이 우리 역사를 왜곡시킨 예는 일본을 훨씬 능가하고 있다는 사실을 알지 않으면 안 될 것이다.

홍콩의 어느 유치원에 가니 아이들을 가르치는 역사도표 속에 삼황오제를 중국역사의 시조들로 그려놓고 있었다.

중국정부가 길림성의 연길시를 조선족 자치정부로 인정하고 다른 소수민족과 달리 특혜를 베풀어 자녀를 두 사람까지 낳도록 허락했다고 그들의 관용을 예찬하는 사람도 있지만 그 땅이 본래 우리 땅이요 중국이 우리 것을 빼앗아 강점하고 있으니 하루 속히 만주 땅을 우리에게 돌려주어야 하고 이미 반 이상을 강점하고 있는 백두산 천지를 즉시 반환해야 할 것이다. 이것은 홍콩, 마카오, 구룡반도를 영국에서 되돌려 받으려면 중국 자신도 강점하고 있는 조선 땅을 되돌려 주어 마땅할 것이다.

---

120) 이 책을 쓸 당시 이미 동북공정은 시작되고 있었다.

300여 년 전에『규원사화』를 쓴 북애자는 "환인이여 환인이여 이 땅이 앞으로 어떻게 될 것인가." 탄식하며 붓을 놓고 있다. 우리 민족사는 잃은 만주 땅을 다시 찾으려는 고주몽과 광개토대왕과 왕건의 꿈을 일깨우는 데 사관을 세우고 기록되어져야 할 것이다. 이런 사학자의 가슴 속에 웅비하는 꿈이 없을진대 스스로 사학자임을 포기해야 할 것이다. 언제부터 과학적인 두뇌가 발달하여 "실증 실증 實證"만을 실증失症이 나도록 찾고 있는가? 우리시대에 신채호 이후 과연 사학자 다운 사학자가 있었던가? 역사 지식을 많이 안다고 사학자란 말인가? 우리 대학의 사학과는 그 입학조건에 있어서 위대한 시인, 철학자, 신학자가 되기 이전에는 입학을 보류해야 할 것이다.

"도깨비도 뜨지 못하는 땅 뜨는 재주를 부리어 졸본을 떠다가 성천 또는 영변에 놓으며… 가슬라를 떠다가 강원도 강릉군을 만들었다."고 신채호는『조선 통사론』에서 사대주의 사관을 통박하고 있었다. 윤내현도 위의 책에서 낙랑은 평양성 부근에 있었던 것이 아니라 만주에 있었다고 논증했다. 1979년 평양 덕흥리에서 발굴된 고구려 태수 진鎭의 무덤에 의하면 고구려 광개토대왕 당시 고구려의 영토가 내몽골, 시베리아, 동부아시아 전역에 이르고 있었음이 실증되었다. 일본사학자들 마저도 이 고분 하나로 동북아시아의 역사를 전면 수정해야 한다고 하는데 우리 고고학자란 분들은 국사청문회에서 진鎭이란 무덤의 주인공이 중국에서 귀화한 중국인일지도 모른다고 실로 아연실색할 주장을 하고 나왔다. 중국과 일본 사학자들은 역사를 왜곡시켜가면서까지 자기들의 역사의 자랑스러움을 3세들에게 가르치려 하는데 우리 역사학자들은 우리 것이 실증적으로 나타나는 데도 우리 것이 아니고 남의 것이라 넘겨 팔아먹고 있으니 차관 좀 더 들여오려다 팥죽 한그릇에 장자권 팔아먹는 것 같은 속물인간적 속성의 발로가 아니고 무엇이겠는가?

이제 어릴 때 잃어버렸던 자식을 다시 찾았지만 그 자식이 자기 자신이라는 것을 증명할 만한 자료가 없어서 영원히 남에게 빼앗길지도 모르는 부모의 심경 같은 것이 지금 우리의 심경이다.[121] 땅에는 문서가 있어야하고 문서란 역사기록이다. 열개가 넘는 큰 난리를 통해 민족사로는 다 불타버리고 그 중 겨우 하나 남아 있던 전주사고 마저 강화도에 옮겨 놓았다가 병인양요 때 프랑스함대의 포격을 받아 잿더미로 사라지고 말았다. 이 때부터 우리 민족은 누가 데려가도 족보 없는 자식 즉, 천애 고아 같이 내동댕이쳐지고 만 것이다. 그 때부터 온갖 불량배들이 지나가면서 서로 제 땅이라 선을 이리저리 그어가며 우리의 몸을 윤간하고 있으니 이제 얼마 안 있으면 '남북 2만리 동서 5만리'는 고사하고 무궁화 삼천리도 옛 말이 되고 말것이 아니겠는가? '내 땅 내 놓아라' 자그마한 문전옥답 하나 빼앗기고도 땅 빼앗긴 한이 가슴에 사무치는 법인데 우리가 거기서 왔고 거기에 묻힐 땅을 불량배에 다 빼앗기고 우리가 죽어 묻힐 땅이 없다면 우리의 영혼은 고히 눈을 감지 못할 것이다.

끝으로 말해둘 것은 지금 국제적인 국명인 'Korea'는 '고려'에서 나왔고 '고려'는 '고구려'에서 유래했고 '고구려'는 슈메르어의 'KUR'와 같다면 'Korea'는 세계에서 가장 오래된 국명이라 할 수 있을 것이다.[122]

---

121) 물론 이는 DNA 검사가 불가능했던 시대의 이야기이다.

122) 사실 '한류'는 '구류kuryu'라 해도 좋을 것이다.

2. 한의 말

아시아 여러 국가들 가운데 한 국가, 한 민족, 한 언어를 사용하는 나라는 아마도 한국뿐인 것 같다. 버마는 친족, 카친족, 카린족, 버마족 등 크게 네 종족으로 나뉘어져 있는데 그 언어가 모두 다르고 공동어는 버마어이다. 중국만 하더라도 50여 개 소수민족들이 북경 관어인 만도린과 광동어인 칸토니안은 통역없이는 통화할 수 없을 정도로 다르다. 인도네시아도 크게 네 개의 섬으로 나뉘어져 종족과 말이 다르고 필리핀은 더 말할 것 없다. 인도, 말레이시아 등 이에 예외되는 나라는 거의 없다. 미국은 인종시장이라 할 정도이다. 그러나 한국은 남에 살던 북에 살던, 도시에 살던 시골에 살던, 그 언어가 달라 불통일 정도이지는 않다.

우리말의 기원은 일제시대 때에 일본에 외교관으로 와 있던 람스테드라는 덴마크 학자가 그 당시 동경에서 만난 한국 학생으로부터 '히숙빙에서 체계 없이 주워들은 한국말을 공부하여 한국어는 우랄·알타이계라고 단정하기에 이르렀고 이것이 거의 정설처럼 지금까지 주장되어 내려왔다. 그러나 지금은 그 누구도 한국말을 우랄-알타이계라고 주장하는 학자는 없다. 한국어는 근원을 알 수 없는 원시언어에서 출발하여 도중에 내려오다가 우랄 · 알타이계와 만나 많은 우랄계가 섞여 들어와 있는 것이지 우리말이 우랄 · 알타이계에서만 유래했다고는 말할 수 없다는 것이다.

그런데 원시공동어라고 여겨지는 말들 가운데 '구지' 같은 것은 금金이란 뜻인데 그것이 슈메르어에서 그대로 금을 의미하고 있어서 원시공동어와 슈메르어 사이에 연구를 집중해 볼 필요가 있음을 여기서 지적해 둔다. 우리 옛 문헌에는 신지神誌라는 옛 문자가 있었다는 기록이 나오는 데 지금 우리가 확인할 길은 없다. 평양 법수교 다리 밑에서 발견된 법수교 문자, 남해 낭하리에 있는 석벽에서 발견된 문자. 얼마 전 단양의 석굴에서 발견된 신석기시대의 문자 등은 우리 옛 조상들이 지금은 잃어버린 문자를 사용하고 있었음이 분명하다고 본다. 우리에게 고유한 문자가 있었던 흔적은 투전의 산가지에 그려져 있는 그림문자도 고대 문자의 자형에도 남아있을 것으로 본다. 우리가 '문자文字'라 하는 것도 문文은 그림을 자字는 글자를 의미하는데 '글'의 유래가 그림에서 유래했기 때문이다. 그런데 중국어로 '文'과 '字'를 나누어 하나로 붙여 쓰지만 우리말의 '글'은 '그림'에서 글이 나왔음을 시사하고 있다. 즉, 이것을 보아 언어의 기원이 중국보다 우리가 앞서 있었을 것이라고 최남선은 촌평하고 있다. 이러한 우리의 글이 어찌되어 없어졌는지 모르겠다. 짐작컨대는 철기시대에 들어와 한사군이 설치되면서 중국의 한자문명이 홍수같이 밀려 들어오면서부터 그런 현상이 생기지 않았나 추리되어진다.

세종대왕이 한글을 창제하시기 위하여 신하들을 만주, 몽골 지방까지 잃어버린 문자를 찾으러 보내는 기록이 나온다. 이 말은 세종대왕이 한글을 창제한 것이 아니라 이미 고려부터 있었던 것을 발견했음을 시사하는 것이라 본다. 한글과 비슷한 문자가 대마도에서 연전에 발견되어 이를 아히루문자라 했고, 또한 일본의 이세신궁伊勢神宮에서 왕이 사용하던 거울 주변에 한글 자형과 같은 것이 씌어져 있음이 발견되어졌다. 한편 마야 인디안이 계산한 숫자가 한글의 모음구조와 비슷하고 북구의 오감문자 등도 한글 자형과 비슷하여 한글이 어느 원시언어와 반드시 상관되어 있었음은 틀림없는 사실인 것 같다. 인류 최초의 문자인 슈메르문자도 설형문자로서 한글과 같이 한 글자를 만드는데 있어서 △ ▷ ≫의 세가지로 변화를 만들어 구성하는 것이 마치 우리 한글의 천·지·인(ㅡ, ㅣ, ·)의 그것과 비슷하다고 할 수 있다. 기하학적으로 가로, 세로, 대각선 개념이다.

원시공동어로서 순수한 우리말이 있었을 것이고 거기에 해당되는 글도 있었을 것이다. 그러나 어느 것이나 용불용설用不用說에 의하여 쓰면 점점 발달하고 안 사용하면 죽어버리고 만다. 말과 글은 가장 보수적이어서 가장 느리게 변하고 쉽게 사라지지도 않는다. 그러나 한 종족이 사용하던 언어가 그 종족이 멸종되면서 그 종족의 언어가 지상에서 영원히 사라진 예도 있다. 그래서 죽는 언어도 수두룩하다. 죽은 언어 가운데는 종족이 없어졌기 때문에 죽어버리는 경우도 있지만 그 언어가 너무 국제화됨에 따라서 언어의 깊이가 엷어져 죽어버린 경우도 있다. 언어도 하나의 생명력 같은 것이어서 너무 사용하여도 죽고 너무 사용하지 않아도 죽는다. 헬레니즘 문화가 지중해 연안을 석권할 때에 헬라어가 국제어였다. 그러나 헬레니즘의 종말과 함께 언어도 사장되고 말았고 중세기 천 년 동안은 라틴어가 국제어였지만 지금은 교황청과 미사 때 사용하는 것 이외에 생활언어로서는 사장되고 말았다. 지금은 영어가 국제어이지만 영어 역시 언제 사장되어질지 모른다.

우리 옛글은 한자문화가 들어오면서부터 쇠퇴하기 시작했다. 삼국 통일 이후 신라 경덕여왕과 진평왕대에 와서 순수 한글로 된 지명을 한자로 고치기 시작했으니 민족 언어의 큰 수난이 이때부터 시작되었다. 제국주의 일본의 조선어 말살 교육은 민족 언어 최대의 수난사라 할 수 있다. 언어를 없애버리려면 가장 쉽게 그 민족의 얼을 뽑아 버릴 수 있다고 착안한 일제는 우리말을 완전 말살시키려 했던 것이다.

홍콩을 방문해 본 사람이면 누구나 거의 백 년이나 영국의 식민지 통치를 받는 홍콩의 중국 사람들이 거의 영어는 사용하고 있지 않는데 놀랄 것이다. 백인들이 도리어 중국어를 배워 사무실 공용어로 사용하고 있다. 중국이 영국화한 것이 아니라 도리어 영국이 중국화되었다. 문화는 상호 삼투작용을 하고 있어서 농도가 짙은 것이 얕은 것을 흡수하기 마련이다. 몽골족이 중국을 정치적으로는 지배했지만 문화적으로는 도리어 지배당하고 말지 않았던가?

서울 명동 상점 간판 총 850개 가운데 한글 간판은 348개이고 외래어 간판은 502개 였으며 KBS와 MBC 상품광고 2,530개 가운데 한국명은 790개이고 외국명은 1,740개였다고 한다.[123] 이제는 영어 섞인 외래어를 몇 마디 사용할 줄 알아야 선진국민 행세하는 것인 양 착각하고 있는데 이러다간 중국말에 일본말에 영어에 우리

---

123) 이 조사는 책을 쓸 당시의 것이다. 물론 2013년 현재 외래어 빈도는 훨씬 심할 것이다.

순수한 말들이 빼앗기고 앞으로는 겨우 몇 마디 정도가 남을 지 의심스럽다. 정부와 문화계는 총동원하여 외래어 안 쓰기 운동, 순수 우리말 복원 운동에 심혈을 기울여야 한다.[124]

왜 우리말의 순수성을 지켜야 하는가? 그 이유는 절대로 국수주의적인 폐쇄주의 때문에서가 아니라 위에서 누누히 지적한 바와 같이 우리말이 이 지상에서 사라지는 날 인류문명의 여명기에 최초의 언어가 무엇인지 모르게 될 것이다. 실로 우리 한글은 국제 언어사회 속에서 보호어로 지켜져야 할 것이다. 슈메르어는 서기 전후하여 사라지고 말았다. 인류의 가장 고대어인 슈메르어가 우리 한글과 유사한 점이 많이 있다는 것은 이젠 우리말을 통해 바벨탑 이전의 원시 공통어를 복원시킬 수 있을지도 모른다.

구약성서의 바벨탑의 붕괴는 슈메르의 지구라트의 붕괴를 의미하고 지구라트의 붕괴는 슈메르의 초고대문명의 종말을 의미한다. 그래서 바벨탑 붕괴이후 언어의 혼란이 생겼다는 것은 원시공동어였던 슈메르어가 없어지면서 공동어가 없어졌다는 것을 의미하는 것이다. 슈메르어는 앗시리아 바벨론어의 아카디아어 속에 스며 잔존하게 되었다. 우리가 믿기로는 슈메르인들은 메소포타미아 지역에 내려가기 전에 중앙아시아 지대에서 한민족의 원시 부족과 공동언어를 사용했을 것으로 본다.

우리 한국어는 중구 음운체계 보다 넌서 구성되어져 있었고 『강희 자전』을 만들 때에는 우리말에서 문자에 해당하는 음표를 만들어 붙였다고 한다. 우리말은 세계에서 가장 많은 소리를 낼 수 있는

---

124) 한글회관 앞에는 버젓이 '한글전용 캠페인'이란 현수막이 걸려 있을 정도이다. '우리말 전용 프로젝트' 이 얼마나 얼간이 짓인가?

언어이며 세계에서 가장 합리적이고도 논리적인 짜임새에 의해 구성되어진 언어이다. 아마도 미국 IBM 타자기에 한글 본을 그대로 바꾸어 사용할 수 있는 것을 중국이나 일본은 흉내도 못 낼 것이다. 전자식 타이프 기계가 나오면서부터 한글의 문자혁명은 이젠 타의 추종을 불허할 정도가 되었다.

우리말의 새로운 철학적, 그리고 신학적 의미의 중요성은 아무리 강조해도 부족함이 없을 것이다. 세계의 모든 철학은 이제 이원론의 극복을 주안으로 하고 있는 만큼 언어 자체가 이미 이원론적으로 되어 그 어려움이 여간 크지 않다. 그러나 우리 한국어는 거의 모두가 비이원론적으로 되어 미래 유기체적 비이원론적 철학을 설명하기에는 가장 알맞은 언어라 할 수 있다. 우리말은 삶에서 생동감을 주는 언어이다. '인분'이라 하면 점잖게 들리며 거의 말에서 냄새를 느낄 수 없으나 '똥'이라 하면 지저분한 모양과 냄새가 금방 말과 함께 생기는 것 같다. 그만큼 언어가 살아 있음을 의미한다.

그런데 유교 선비들은 군자들이 감각이나 감정에 민감해서는 안 되므로 그런 말을 사용하는 것을 타부 내지 금기로 했기 때문에 우리말이 뒷전에서 아낙네가 천민들이 사용하게 되었으며 양반계급들은 자기 체면을 유지하기 위해서라도 순수한 우리말을 사용하기를 꺼려해 왔다. 이제는 'Toilet'이라 하면 영국 신사, 숙녀 같이 보이기 위해 화장실이란 말마저 사용치 않으려 한다. 아마도 화장실 대신에 순수한 우리말로 '뒷간'이라 써 붙인다면 더 쌍스럽게 들릴 것이다. 그렇게 하면 할수록 언어는 생활과 동떨어지게 되고 생명력을 잃어버리게 된다. 그러면 언어는 죽는다. 순수한 우리 말일수록 생동감 있게 느껴지는 것은 그 말의 역사가 우리 민족사와 함께 갈 만큼 오래되었다는 것을 의미한다.

이젠 한문에 가리워 도저히 우리말의 원형을 찾을 길 없이 사라진 말들을 이제 와서 찾는다 해도 생소해서 쓸모없이 되어 버린 현상을 볼 때 안타깝기만 한다. 증산 강일순 선생은 언어의 한을 풀어야 한다고 했다. 그의 원시반본原始返本 사상은 우리 민족이 태고의 영광으로 되돌아가야 한다는 것을 의미하고 중국 언어에 짓눌려 아낙네나 천민들이나 사용해 오던 언문을 다시 찾아야 하고 어느 한 말이 다른 말에 가리워 빛을 못보게 되는 것도 언어의 한恨이라 했다. 이 한을 풀어주신 분이 세종임금이다. 나랏말씀이 중국과 달라 백성들이 쉬 배워 익히지 못했기 때문에 한글 28자를 창제했다고 했다.

한의 땅에 못지 않게 홍수같이 밀려오는 외래어의 홍수를 막아내어야 하며 잃어버린 우리말의 순수성을 다시 찾아야 할 것이다. 한의 말과 글이 영어같이 국제어가 되는 것도 반갑지 않다. 국제어가 항상 좋은 것만은 아니다. 위에서 본 바와 같이 언어의 국제화 다음 단계는 고사화이기 때문에 차라리 규방에 깊이 간직된 언어가 되기를 바란다. 그 순수한 모습대로 말이다.

3. 한의 멋

1

한의 멋은 중국의 중용의 멋을 한 단계 넘어서는 멋이다. 공자는 제자들에게 끊임없이 중용의 멋을 가르치기에 평생 심혈을 기울였다. 자로같은 성격이 급한 제자에게는 좀 느리게 행동하도록, 그리고 자공같이 행동이 느린 제자에게는 좀 행동을 결단성 있게 행동하도록 중용을 잡아 나가도록 가르쳤다. 그래서 군자상은 '中'을 항상 이상으로 삼고 그대로 살려고 한 사람들이라고 할 수 있다. 그러나 원효의 삶을 보면 그리고 화랑들의 행동규범을 보면 집안에서와 밖에서와 개인적일 때와 사회적일 때 시의 적절하게 알맞게 어디에 구애됨이 없이 행동했던 것이다. 나라에는 충성하니 유가의 군자 같고 생물은 때와 장소에 따라 죽으니 그것을 불가의 가르침을 따르는 것 같고 행함이 없이 자유자적 하게 하니 이는 도가의 가르침을 그대로 실천하는 것 같다. 이것이 풍류도적 삶의 태도요 '한 멋진 삶'인 것이다. 즉, 그냥 어디에 매이지 않는 '어떤Aboutness' 삶인 것이다. 이 '어'로 추상되어지는 불확정적 그러나 매 상황에 따라 확정되어지는 삶의 태도는 풍만한 인간성과 거기서 나오는 자유를 만끽하기 위해서 있다.[125] 잘 놀다가도 한국사람은 멍석 깔아 주면 안 논다고 한다. 무슨 격식을 갖추어 무대를 만들어 그 무대적 격식에 갇히어 관객과 광대 사이에 구별이 생기는 것을 싫어한다.

이것이 '어'의 삶의 태도이다. 이런 한의 멋진 삶을 지닌 한국인들에게 유교가 들어와 걸을 때는 갈지자 걸음을 걷고 빵을 먹을 때는 고개를 들고 숟가락이 입까지 올라오도록 하고 남녀 간에는 내외를 하고 남녀는 7세가 되면 자리를 함께 않고는 온갖 규범을 만들어 덮어 씌울 때 우리의 한의 멋은 숨통이 터져 질식하지 않을 수 없게 될 것이다. 불교는 후기에 와서 탈속을 강요하고 내세지향적이 되어 버려 한의 멋과는 먼 인간상을 강요하게 되었다.

그리스도교가 들어와서는 어떠했던가? 서양에서 이미 고착된 예정설·자유의지설 등이 우리의 심성구조와는 상관없이 장로교인이 되면 예정설을 믿어야 하고 감리교인이 되면 자유의지를 주장해야 한다. 예정과 자유의지는 사실상 불가분의 관계에 있으며 상황에 따라 인간의 심성은 양쪽 다 필요하다는 것을 절실히 느끼게 될 것이다. 어느 교회에서는 악기를 사용하는 것을 어느 다른 교회에서 악기를 사용해서는 안 되는 것이 이미 서양에서부터 고착되어 들어와 우리 심성에 상관없이 율법직 교소로서 믿는 사람들에게 강요하게 되었던 것이다.

이 모든 것은 모두 최치원이 말한 풍류도적 한의 멋과는 상관도 없는 것이다. 일본의 멋이 있고, 중국의 멋이 있다. 우리가 우리의

---

125) '어'가 '어찌' '얼마' '어느' '어디'가 되면 불확실성이 확실성으로 변하려 한다.

고유한 멋을 상실할 때 우리의 생명력은 시들고 말 것이다. 정원에 자연스럽게 자라나는 잡초와 그 속에 어우러져 화초가 피고 담장에는 나팔꽃이 피어오르고 이 모든 것이 한국적 정원의 멋일 것이다. 이제는 정원 가꾸기 기계가 과학화하여 잔디를 중머리 치듯 빡빡 깎고는 그 둘레를 또한 직선적으로 각을 만드는 것을 볼 때에 서양의 멋이 우리의 멋과는 너무 멀다는 것을 새삼 느끼게 한다.

일렬로 네모 반듯한 가로에 집 한 채씩 있어 우편주소는 일련번호로 적듯이 그대로 매겨져 있다. 동쪽과 북쪽은 짝수를 서쪽과 남쪽에는 홀수를 그래서 주소만 보아도 찾는 집의 위치가 어디 쯤이라는 것을 알 수 있게 되어 있는 미국적 우편제도는 우리는 흉내도 낼 수 없을 것이다. 길은 가다가 휘어지고 휘어지다 꼬부라지고 휘어지고 꼬부라진 와중 속에 집들이 빽빽하게 밀집되어 있어 통과 반으로 밖에는 분류할 수 없는 우리의 주거 현실이 미국적 멋에서 볼 때는 무질서, 그것으로 밖에는 보이지 않을 것이다. 그러나 그들이 생각하는 만큼 그렇게 무질서한 것은 아니고 질서가 있는 것도 아니다. 그것은 우리의 멋 속에 나온 것이기 때문에 질서도 그 질서 속에서 마음이 편해서 질서이지 마음의 안정이 잡히지 않는 질서는 질서 그것만으로는 질서가 아닐 것이다.

2

미국에 오래 산 사람의 입에서도 종종 미국사람들은 사는 멋을 모른다는 말을 하는 것을 들을 수 있다. 미국에 갓 이민 온 사람들이나 한국 내에 있는 사람들은 이 말이 무엇을 의미하는 지를 잘 모를 것이다. 왜냐하면 한국사람들에게 있어서 '멋쟁이' 하면 서구화된 사람을 연상하기 때문이다. 그러나 막상 미국에 와 오래 살다보면 미국이 멋없다고 생각하게 되는 데는 이유가 있는 것이다.

필자가 미국 생활에서 미국인들이 멋없다고 느껴지는 것은 그들이 정원을 가꾸는 데서 였다. 미국인들은 그들의 여가를 거의 정원 가꾸기에 보내고 있다. 그런데 잘 가꾸어진 집의 정원을 지날 때마다 '멋없다'라는 생각을 하지 않을 수 없었다. 서양의 정원이 멋없다고 느낀 것은 나의 생각이지 그들이 멋없다고 생각하지는 않을 것이다. 그와는 반대로 그들은 그것이 멋있다고 생각했기 때문에 그렇게 정원을 만들어 놓았다고 할 수 있다. 그렇다면 동양인이 생각하는 멋과 서양인이 멋있다고 생각하는 것 사이에는 차이가 있다는 것을 뜻하게 된다.

동양인이 서양 정원을 볼 때 직감적으로 느낄 수 있는 것은 그것이 너무 자연스럽지 못하다는 것일 것이다. 사정없이 칼날을 가해 직선적으로 네모 반듯하게 정원을 만들어 놓는 것을 보면 그것이 살아있는 생물이라는 것을 느끼지 못할 때가 많았다. 자연에는 직선도 있고 곡선도 있다. 그러나 서양인들은 직선미를 멋의 특징으로 삼고 있는 것 같다. 건물이며 도로며 모두 직선적이다. 이에 반해 한국의 아름다움은 곡선적이다. 곡선은 직선의 휘어짐을 뜻한다. 이러한 굴절이 없기 때문에 서양에는 '예'와 '아니오'가 분명하고 '싫다', '좋다'는 것이 뚜렷하다.

그러나 우리 한국사람들은 항상 굴절된 표현을 많이 쓴다. 그래야 멋있다고 한다. 예를 들어 '밉다'하면 그대로 영어의 Hate가 아니다. 할머니가 손주가 귀엽다고 할 때 직선적으로 '귀엽다'고 말하지 않고 그 대신에 '그놈 밉다'고 한다. 부부끼리 '당신 미워'하면 좋다는 뜻이다. 만약 한국사람들이 이러한 휘어진 표현을 미국인들에게 사용했다가는 당장 문제가 심각하게 생길 것이다. 한옥지붕 끝이 밑으로 향하다가 휘어져 다시 위로 향하는 듯한 굴절을 통해 우리 한국사람들은 반대로 일치의 논리를 찾았던 것이다. 이것이 한의 멋이다. [126)

이러한 멋은 인간상 속에서 더욱 뚜렷이 나타난다. 이러한 한의 멋을 지닌 인물로 원효를 손꼽고 싶다. 서양의 인간상에는 아폴로적인 것과 디오니소스적인 것이 있다고 한다. 전자를 지성과 이성을 대표하는 상이라면 후자는 감성과 본능을 대표하는 상이다. 이 양자는 항상 한 개인 속에서 갈등을 빚어온 것이 서양역사 속의 인간상이었다. 그러나 동양에서는 이 둘을 엄격하게 구별지어 인간상을 논하는 것은 무리인 것 같다. 서양역사에서 감성과 본능이 지배하던 시대는 원시시대이고, 지성과 이성이 지배하던 시대는 차축시대 즉 BCE 2백 년에서 8백 년 사이로 본다. 그러나 최치원이 나라에 현묘한 도가 있는데 '풍류'라 할 때 풍류도 속에는 유교, 불교, 도교 삼교의 내용을 다 포함하고 있다고 하여 서양 역사의 차축시대 이론과는 걸맞지 않는 점이 있다. 즉 우리에게는 원시시대부터 이미 지성과 감정이 조화된 풍류도가 있었다. 최남선은 이를 '부루도' 혹은 '밝' 나중에 '한'사상이라 했는 데 한사상 속에는 양쪽의 극이 절묘하게 조화를 이루고 있어서 현묘지도라 했던 것이다.

---

126) 위클리드 기하학은 직선만 다룬다. 그러나 2500여년이 지나서 19세기 중엽부터 리만에 의해 곡선을 다루는 비유클리드 기하학이 등장한다. 한국의 미는 비유클리드적이 아닌가 한다.

원효는 7세기 한국이 낳은 최고의 사상가이다. 그는 당대의 지성을 통달한 분인 동시에 일반 시중의 잡상배들 속에서 자기 지성을 용해시킨 아폴로적, 그리고 디오니소스적인 면을 함께 지닌 분이었다. 우리는 야성이 없는 지식만을 지닌 지식인을 멋있다 하지 않는다. 그리고 지성이 없는 야성만 지닌 시중의 어중이 떠중이도 멋있다고 하지 않는다. 이 양면성을 함께 지닌 사람을 멋있다고 한다. 그렇다면 원효야말로 가장 멋있었던 분이고 그의 인간상에 나타난 것이 곧 한의 멋인 것이다. 그는 대사의 몸으로 홍등가를 출입했었다. 그 날 밤에 곧 불후의 명작 대승기승론소를 쓸 수 있을 만큼 색계와 공계를 자유스럽게 넘나들 수 있었던 것이다. 서양에 와서 대가라는 인물들 곁에 가까이서 아무리 관찰해도 그들은 너무나도 지식에 치우쳐 있었다. 헐리우드에는 그 반대의 인간상들이 헤매고 있다. 원효 같은 인간상 그리고 그 속에서 우러나는 멋의 향기를 찾기란 어려웠다.

원효의 영향을 받은 화랑들은 한의 멋에서 그들의 진정한 힘의 원천을 찾을 수 있었다. 한의 멋은 휘어지는데 있다. 향하던 직선의 방향을 끝가는 데서 휘어 처음과 끝을 일치시키는 데서 생기는 시원이 없는 비시원적인 멋이다. 민족경전인 천부경의 '일시무일종무'는 하나는 무에서 시작하여 무에서 끝난다는 의미이다. 즉, 처음과 끝이 일치하는 논리이다. 이러한 논리에서 나오는 멋을 일본인은 '엽전'이라 조롱했던 것이다. 아무리 남이 우리의 비시원적인 멋을 흉보고 조롱하더라도 이 멋이 본성을 잃어서는 안 된다. 곧 우리가 이 한의 멋을 잃을 때 우리의 주체성을 잃는 것과 같고 이는 곧 자기를 잃는 것과 같아진다.

구한말 우리의 사회는 경직되고 주자학은 이성일변도에 치우쳐 한의 멋 가운데 다른 한 면인 야성을 잃었기 때문에 나라를 잃고 말았다는 사실을 명심하지 않으면 안 된다. 이러한 멋의 상실은 서구화되면서 가중화되어 그 피해가 심각하다 못해 그 한계의 도를 넘은 상태이다. 미국에 사는 우리 한국사람들은 큰 덩어리의 미국문화권 속에 살면서도 우리의 고유한 한의 멋을 가지고 살 때에 마음의 여유와 기쁨을 지니고 살 수 있을 것이다. 스트레스는 왜 생기는가? 생각을 직선적으로 하기 때문에 생긴다. 그 해소책은 곡선적으로 생각을 바꾸는 것이다.

생각을 한번 원점에서 휘어 생각해 보자. 그러면 마음은 평화로와지고 멋있어 보일 것이다. 그리고 한국인 부부끼리 '당신 미워'하면서도 평생같이 사는 이치를 '당신을 사랑해'하면서 이혼을 죽 먹듯이 하는 서양인들에게 우리 한의 멋이 무엇인지 알게 해주어야 할 것이다.

4. 한의 짓

우리는 미국 안에서 수많은 다른 민족이 하는 짓을 보고 산다. 백인이 하는 짓, 흑인이 하는 짓, 멕시칸이 하는 짓, 같은 동양인이 하는 짓이 조금씩 다르다. 공자도 '성상근습상원性相近習相遠'이라 했다. 즉 인간의 성품은 같지만 풍습이 조금씩 다르다는 뜻이다. 같은 인간의 마음에서 나오는 짓은 조금씩 다르다. 이 다른 것이 곧 그 나라 민족성을 결정한다. 한국인이 하는 짓, 즉 한의 짓은 우리와 다른 외국인들의 눈에 더 쉽게 나타날 수도 있다. 우리와 가장 가까이 있는 일본인들이 수도 없이 우리가 하는 짓에 이름을 붙여 놓았다. 그 가운데 좋은 것은 하나도 없다. '조센징'이라 할 때 앞뒤가 없어 발전할 줄 모르고 그래서 역사는 정체되고, 모이기만 하면 분열하기 좋아하는 사색당쟁으로 역사는 점철되어 있고, 힘센 자에 의존해 살려는 사대근성이 우리의 전부라고 우리를 먹칠해 놓았다.

그들이 먼저 서양문물에 접하여 우리는 우리 스스로가 자기를 소개할 겨를도 없이 일본에 의해 우리의 모습이 손상된 채 소개돼 있음을 외국에 나와보면 뼈저리게 느낀다. 해방은 되어도 서양 속의 한국의 상을 고치기에는 아직 요원하다.

인간은 자기의 열등의식을 남에게 투사하기 마련이다. 일본역사와 일본 민족성을 자세히 들여다보면 그들이야말로 명치유신 이전까지 역사가 정체되어 있었으며, 우리의 사색당쟁을 뺨칠 정도의 파벌싸움이 있었으며, 그들이야말로 높고 힘센자 밑에서는 굽실거리고 약자 앞에서는 난폭했던 것이다. 이러한 약점을 모두 한국사람들에게 뒤집어 씌웠던 것이다. 일본인들의 이러한 괴팍한 열등의식에서 나온 음모에서 우리들 스스로가 아직 해방되지 못하고 있는 정도가 아니라 고칠 수 없는 지경이다.

지금도 한국의 초등학교(책을 쓸 당시에는 '국민학교')에서 하는 일렬로 똑바로 손들고 서는 '앞으로 나란히'는 일본 식민지 교육이 남기고 간 잔재인 것이다. 그 이전까지 아마도 한국사람들은 앞으로 나란히를 해본 적이 없었을 것이다. 여기에 잘 훈련돼 있지 않았던 것이 사실이다. '앞으로 나란히' 교육은 획일성에 대한 훈련일 것이다. 디즈니랜드에서 종종 볼 수 있는 깃발을 든 리더를 따라 앞으로 나란히 줄지어 획일적으로 따라가는 일본 관광단을 볼 때 참 질서 잘 지키는 일등국민으로 예찬하는 사람들도 있으리라! 한국 관광단에게서 기대할 수 없는 풍경이다. 한편 돌이켜 생각해보면 이것은 질서를 지키느냐 아니냐의 문제가 아니다. 일본인이 하는 짓과 한국인이 하는 짓이 다르기 때문이다. 한국인은 도저히 획일적으로 이끌어 갈 수 없도록 어쩌면 운명 지워진 민족이다.

농악의 율동에서 보면 그 자유분망이 한의 짓이다. 한국인의 심성에서 나오는 이 짓의 정체를 파악하지 않고는 정치가는 정치를 할 수 없고, 예술가는 예술을 할 수 없고, 종교인은 신을 찾을 수 없을 것이다.

'한'이라는 말 자체가 이미 '하나'라는 뜻과 '많다'는 뜻을 동시에 지니고 있는 만큼 한의 짓도 그만큼 획일성과 다양성을 동시에 지니고 있는 것이다.

 정치가는 이 한의 사람을 획일적으로 묶어 놓으려 할 때 그의 정치는 실패할 것이다. 이는 한국사람들의 운명적 성격, 즉 한의 짓에 그것이 작용하는 것이기 때문이다. '한' 의 짓이 바로 '하–' 다 이다. 한의 짓에 따르는 자는 흥할 것이고 거역하는 자는 망할 것이다. 한의 역사, 오천 년 역사 속에서 이 불문율을 어겨 된 일이 있는지 손꼽아보라! 한국 관광단을 깃발을 든 안내자가 일렬종대로 이끌고 간다는 것은 상상도 못할 일이다. 일본인들은 일렬종대에서 자기가 벗어나는 날 그것은 자기 개인의 죽음과 같은 것으로 생각한다. 자기 대열에서 벗어나는 충격 때문에 일본에는 많은 자살자가 생기는 줄로 안다. 일본 천황에 대한 충성심 그리고 병적인 단결력은 모두 앞으로 나란히 서지 않으면 죽는다는 강박관념 때문에 나온 것이라 본다.

 아마도 일본의 기업정신도 이를 떠나서는 생각 할 수 없을 것이다. 이것은 일본의 장점인 동시에 단점인 것이다. 그러나 보라! 외국 공항에 내리자 뿔뿔이 제멋대로 행동하고 제멋대로 갈 곳 다 헤매다 저녁이 되어서야 어디선가 나타나 만나지는 한국 관광단의 모습을, 일본인들과 서구인들은 이깃을 무실서로 보리라. 일본인들과 앵글로 미국인들은 같은 섬나라 사람들이기 때문에 규격에 맞추어 격식대로 행동하는 점에서는 비슷한 것 같다. 유클리드 기하학적이다. 그러나 한국사람들의 하는 짓은 그들과는 판이하다. 뉴욕에서 시가지 전체가 밤중에 정전이 된 적이 있었다. 온 시가지가 난장판이 되었다. 절도, 살인, 강도, 방화로 온 시가지가 수라장이 된 일이 불과 몇 년 전에 있었다. 텍사스에서 토네이도란 돌개바람이 지나가자 온 시가지가 폐허가 되었다. 주정부는 그 지역에 비상 경계령을 내렸다. 절도범을 방지하기 위해서다. 어떻게 질서가 잘 지켜지는 나라에서 이런 일이 있을 수 있었을까? 반대로 무질서한 나라로 알려진 한국에서 1천만 이상이 살고 있는 서울시가 정전된다고 과연 뉴욕시 같이 살인, 절도, 강도로 시가 뒤범벅이 될까? 아마도 서울의 경우 이웃끼리 촛불을 서로 빌려주고 서로 불을 밝혀 주리라.

서양식 질서개념이란 법이란 격식 안에서 생기는 것이다. 그래서 법이 무너지는 날 그 사회는 삽시간에 무질서에 빠져들고 만다. 반대로 한국인의 경우는 법 이전의 마음의 심성에서 우러나는 것이기 때문에 법이 무너진다고 해서 곧 무질서로 사회가 수라장이 되지는 않는다. 비유클리드적이기 때문이다. 서울시내 버스 탈 때에 벌떼 같이 서로 승차하려는 풍경을 보고 한국민족은 질서없는 민족이라 일본인과 서양인들은 말하리라. 사실 미국에서 버스 정류장에 가보면 수많은 사람들이 일렬로 서 순서를 기다리는 것을 볼 때 우리와는 다른 선진국민다운 모습을 보는 것 같다. 그러나 분명히 알아야 할 사실은 미국에서 버스 타는 사람들은 장거리 여행자이거나 별 급한 일 없이 이용하는 사람들이다. 그러나 한국에서 공중버스를 이용하는 경우는 대부분이 직장에 분·초를 다투어 출근하는 사람들이다. 같은 경우 즉 미국인들은 자가용을 타고 대부분 직장에 출근한다. 고속도로 어디서나 출근시간에 미국 사람들도 직장에 지각을 않으려 분·초를 타투어 일루의 양보도 없이 앞지르고 가로질러 들어오고, 과속하고, 난폭하게 앞차를 박고하는 모습이 꼭 그 하는 짓이 한국인들이 버스 탈 때 하는 짓과 꼭 같다. 하나는 자기 차를 타고 길 위에서 하는 짓이고 다른 하나는 맨몸으로 서로 버스를 탈려고 하는 것의 차이 일뿐, 직장에 늦지 않으려 조급해 하는 짓은 꼭 같더라는 것이다. 그렇게 질서 잘지키는 미국에 왜 그렇게 많은 살인, 강도율이 많으며 집집마다 권총 한 자루 갖지 않고는 살 수 없는 공포의 사회가 되었는가? 카우보이 총잡이가 세운 질서이니 총으로 밖에는 유지될 수 없는 질서, 그 국민들이 한국에 와 무슨 질서 없다 큰 소리 할 수 있단 말인가? 미국에서 총기는 이미 공격용인 동시에 방어용이라 서로 모순이기 때문에 제거할 수가 없다.

천부경에 '本本心'이란 말이 있다. 본래의 마음을 본래대로 지킨다는 뜻이다. 본심이란 하늘이 준 그대로의 마음이다. 한의 짓은 이 본심에서 저절로 우러러 나온 것이다. 본심이란 좌우 어디에도 치우치지 않는 비시원적 마음이다. 농악의 율동미에서 보는 바와 같은 자유 분망한 마음이 우리의 본심이요, 이 본심에서 우러나오는 것은 그 누구도 강제로 규제할 수 없다. 한국의 정치인도, 종교인도, 그 누구도 이 한국인의 본심을 파악하지 못하는 한 성공하기 어려울 것이다. 명치유신이래 앞으로 나란히 세우기로 이끌어온 일본 국민같이 우리 국민을 유신 백 번해도 이끌어 나 갈 수 없을 것이다.

죠센징온 돌 모이면 두 파로 나누어 싸우고 셋 모이면 세파가 나누어 파당질을 한다고 하여 한국역사를 완전히 사색당쟁사로 엮어 놓았다. 그러나 우리네의 마음바탕은 한의 마음 바탕 즉, '많음'과 '하나'를 종합하는 마음 바탕을 가지고 있기 때문에 많음으로 나뉘어지나 그것이 서양이나 일본인 같이 무우 자르듯 영원히 뒤돌아보지 않는 나뉘어짐이 아니요, 하나로 묶여질 수 있는 잠재력을 가진 나누어짐이다. 그래서 한국역사는 금방 파국이 날 역사인 것 같으면서도 하나로 뭉쳐져 유구한 역사를 이어오고 있는 것이다.

한국사람이 미국에 이민 갔다고 해서 그 다음날부터 미국사람 짓을 해보라. 그 얼마나 미국 사람들로부터 웃음거리로 보이겠는가? 모든 존재는 자기 존재의 신비를 가지고 있어야 다른 존재들로부터 존경과 두려움을 받게 되는 것이다. 하늘이 부여해 준 본심을 지키면서 어디에도 구애받지 않으려는 자유 분망한 자유정신은 우리 민족의 기상이요 기백이요, 우리는 이러한 기상과 기백을 고구려의 백제고분 벽화에 나타나는 청룡, 백호, 주작, 현무 같은 그림에서와 신라의 천마총 같은 데서 발견할 수 있는 것이다.[127]

그래서 한국역사를 보면 산산조각 분열이나 파국이 날 역사일 것 같으면서도 다시금 뭉쳐 하나가 되어 흩어짐과 다시 모여짐의 율동의 역사인 것이다. 그래서 한국역사는 당쟁 붕당을 하는 것 자체가 위험한 것이 아니라 분열이 다시 묶여지는 수축작용을 하지 못하는 때에 위기가 있는 것이다. 우리는 수렴과 확산 기능을 제대로 발휘하지 못하여 여러 번 국난을 당하였다. 한사상이 살아 생동할 때에는 이런 기능을 제대로 발휘했었고 그렇지 못했을 당시에는 국운이 쇠하고 말았다. 한의 짓은 그래서 '생명의 짓'이다. 이 짓이 없으면 그것이 죽음이다.

이러한 한사상이 신비한 역동성Dynamics을 일렬로 나란히 서는 것만이 힘인 줄 아는 일본인들이 백 번 죽었다 깨도 이해할 턱이 없

---

127) 이러한 '한의 짓'이 한류를 통해 연예인들과 운동선수들을 통해 나타나고 있다. 이 글을 쓸 당시에만 하더라도 '한의 짓'은 공염불 같았었다.

다. 그래서 그들이 민주주의를 한답시고 자랑은 하지만 고작 수십 년 동안 자민당 안에서 파벌 간의 자리 바뀜으로 밖에 정권교체를 할 줄 몰랐던 것이다.[128] 이것은 그들이 민주주의를 할 수 있는 정치능력의 한계일지도 모른다. 그들에게서 한사상을 기대할 수는 없다. 산산조각이 나 풍지박산이 났다가도 삽시간에 하나로 뭉쳐질 줄 아는 3·1운동이나 동학란에서 보는 바와 같이 한사상적 역동성을 이해할 리 만무하다.

우리는 이러한 한의 고유한 '하나'와 '많음'을 신축 작용시켜 '같음 Same'이 되게 하는 능력을 다시금 발휘하여 분단된 조국을 하루속히 통일시켜야 할 것이다. 그리고 길거리에서 학교에서 교회에서 서로서로 던지고 방어하는 분열을 삽시간에 하나로 묶어 내는 힘을 발휘해야 할 것이다. 우리에게 '한'이 있기에 그렇게 될 것을 믿는다.

128) 2000년대에 들어와 자민당에서 민주당으로 교체했지만 다시 자민당으로 원위치하고 말았다.

5. 한의 꼴

'짓'이 시간 속에 연속되어지는 행위라면 '꼴'은 공간 속에 생겨진 모양이라 할 수 있다. 하는 '짓'과 생긴 '꼴'을 보면 개인이나 민족의 '됨'을 알 수 있게 되는 것이다. 어느 나라고 처음 방문해 보면 그 나라 민족의 됨됨을 그 나라 민족이 만든 건물의 꼴을 통해서 금방 쉽게 파악하게 된다. 그리고 입고 다니는 옷이 그 다음이라 할 수 있다. 미국을 비롯한 구미 세계는 네모 반듯하고 선이 90도로 꺾여진 건물을 어디를 가나 쉽게 볼 수 있다. 그리고 서양 사람들은 좌, 우선이 분명히 나뉘어진 양복을 입고 다니는 '꼴'을 보고 서양 사람들의 '됨'을 알 수 있게 된다. 즉, 그들은 그들의 생긴 꼴 그대로 모든 생각을 직선과 같이 정확하게 생각하고, 전·후·좌·우를 분명하게 나누어 이분법적으로 생각한다.

마음속의 생각이 밖에 나타난 꼴과 다르지 않다. 이제는 세계가 서구화 되어 가는 곳마다 그 나라 그 민족의 특색이 없이 서구적 건물과 서양 양복을 입고 다니기 때문에 민족 고유의 꼴을 발견하기가 어렵게 되었다. 얼마 전까지만 하여도 남산에 올라가 보면 창경궁 일대와 종로 일대의 인가의 지붕이 한 마리의 살아 있는 용이 꿈

틀거리는 것 같았다. 즉, 한옥집들의 지붕과 지붕의 연속은 한 마리의 큰 용의 등허리 같이 굽이쳤다. 그러나 그 자리에 서구식 건물이 다 차지한 이후 이러한 운치는 사라지고 성냥곽을 쌓아 올려놓은 듯한 인조도시가 되어버리고 말았다.

고층건물의 밑바닥에 깔려 숨을 못 쉬고 있는 듯한 동대문, 남대문, 그리고 고궁들의 건물을 보면 무언가 우리에게 평안함과 평화로움을 준다. 그것은 건물의 생긴 꼴이 우리의 심성에서 나온 것이기 때문에 우리의 마음과 갈등을 빚고 있지 않다는 것을 의미한다.

그러면 우리의 꼴 즉 '한의 꼴'은 어떻게 정의할 수 있겠는가? 나름대로 생각키로는 한의 꼴은 '꼬여짐'에 있다고 보고 싶다. 건물의 지붕도 서양식 지붕같이 좌·우·상·하가 직선으로 올라가거나 내려오지도 않고 밑으로 내려오다 꼬여져 다시 위로 올라가고, 여성들의 버선코도 일단 앞으로 향하다가 다시 위로 꼬여 올라가다 다시 꼬여 앞으로 휘어진다. 춤을 추는 모습도, 머리가 왼쪽으로 향하면 팔과 손은 오른쪽으로 꼬고, 몸의 상체와 하체도 서로 상반된 방향으로 꼬여지게 한다. 아무튼 직선은 우리의 감각에 맞지 않는 꼴임에 분명하다. 서양 사람같이 반듯한 길을 만들지 못해서가 아니다. 직선적인 길은 우리를 도리어 불안케 한다. 요즘 새마을 사업을 하며 농촌의 꾸불꾸불하던 길을 모두 네모 반듯하게 바로 잡아 놓았다. 어쩐지 도리어 우리에게 불안감을 주고 편안함을 주지 못하는 원인이 무엇일까? 그것은 그러한 꼴이 우리 심성에 어우러지지 않고 무언가 불협화음을 빚고 있기 때문이다. 강북의 아직 근대화가 덜된 꼬불꼬불한 공간에 살던 사람들이 강남에 오면 무언가 공포증 같은 것을 느낀다고 한다. 즉, 강남의 직선적인 도로와 훤한 공간이 도리어 불안감을 준다는 것이다.

　박지원의 『열하일기』에 보면 벽돌과 돌멩이를 비교하는 글이 나온다. 벽돌은 네모반듯하여 얼마든지 상·하 좌·우로 쌓아 올릴 수 있지만 돌멩이는 그 모양이 모두 다르기 때문에 그렇지 못하다고 했다. 실용주의자 박지원은 하루속히 벽돌을 개발하여 고층 건물을 세울 것을 권하고 있다. 그러나 한갓 낭만적인 생각일지는 몰라도 돌멩이가 벽돌 시멘트에 밀려남으로 우리의 고유한 꼴을 상실해 가는 안타까움이 있다. 서양의 꼴과 우리의 꼴을 조화시키는 방법을 연구했어야 할 것이 아닌가? 적어도 김포공항이나 세종문화회관 정도 혹은 국립예술극장 같은 것은 순수한 우리의 양식을 지었더라면 하는 아쉬움이 있다.[129]

　그러면 왜 한국사람들은 꼬이는 꼴을 좋아했던가? 한복바지를 양복바지 같이 그냥 앞, 뒤를 붙여 만들지 않고 앞, 뒤를 180도 꼬아서 서로 마주 붙여 '큰사폭'과 '작은사폭'을 만들고, 한국의 전통적인 자루도 한 천을 그냥 마주 붙여 만드는 것이 아니라 한 번 비틀어 붙여 좌·우선이 나선형으로 꼬여지게 되어 있다. 한복바지와 자루는 수학의 '뫼비우스 고리'를 그대로 응용하고 있다.[130] 한국인이 직선보다 꼬이는 곡선을 좋아하는 이유를 알자면 뫼비우스 고리가 갖는 수학적인 의미를 파악하면 자연히 알 수 있게 될 것이다. 유클리드 기하학은 곡선을 기하학에서 다루지 않았다. 곡선을 수학의 영역으로 다루는 분야를 특별히 위상수학Topology이라 한다. 위상수

---

129) 사대강 사업으로 꼬부라진 강을 똑바로 만든 결과 생물이 죽고 녹조 현상도 나타난다. 꼬부라진 소용돌이가 있어야 물고기가 쉴 수가 있기 때문이다.

130) 『한철학』과 『초공간과 한국문화』(1999) 참고.

학이란 휘어지고 굽어지며 겹쳐지는 선을 다루는 수학이다. 독일의 수학자 뫼비우스A.F. Moebius(1790~1868)는 직사각형의 한쪽 끝을 한 번 비틀어 마주 붙임으로 전·후 좌·우가 없는 하나의 고리를 만들었다. 이 뫼비우스 고리에는 전·후 좌·우 상·하 의 3차원적 대칭이 마주붙어 된 단곡면이다. 두 개의 면이 하나로 붙어 하나의 면이 되어 버린다. 물론 '뫼비우스 고리'는 2차원적 평면이 아닌 3차원적 입체이다. '꼬임'은 바로 2차원을 3차원으로, 한 차원 높이는 원리인 것이다. 2차원의 천으로 3차원의 인체가 들어 갈수 있는 3차원으로 바꾸기 위해 비틀어서 마주 붙이게 되는 것이다. 서양식 양복바지는 비틀어 꼬임이 없이 2차원을 겹으로 마주 붙인 것에 불과하기 때문에 여전히 2차원의 평면이며 실올이 갖는 탄력 때문에 3차원의 인체가 겨우 그 속을 비집고 들어가는 격이다. 그래서 서양식 양복바지는 입고서는 기거활동에 불편한 것이다.

2차원에 3차원이 들어가 있으니 한 차원이 모자람에서 오는 불편함이다. 그러나 한복바지는 '뫼비우스 고리'에 의해 만들어졌기 때문에 3차원 속에 3차원의 인체가 들어가 아무런 불편을 못 느끼고 앉으나 서나 편안함을 느끼게 한다. 양복바지를 보면 천의 실올이 전·후 좌·우 직선으로 바둑판같이 짜여져 있지만, 한복바지를 보면 실올이 큰 사폭은 경사지게 얽혀 있고 마루폭은 아래위로 얽혀져 있어서 물리학적으로 말하면 벡토르Vector 효과를 내고 있는 것이다. 즉, 좌·우에서 경사진 힘으로 잡아당기면 가운데 강한 직선적인 힘이 나오게 되는 것이다. 시골에서 삽질을 할 때 이 원리를 이용하고 있다. 한복바지의 실올들은 바로 이러한 벡토르 효과를 백분 내고 있는 것이다. 양복의 실올은 ♯와 같이 직각으로 짜여져 있는데 반하여 한복바지의 실올은 人와 같이 사선으로 그리고 직선으로 배합되어 얽혀지게 된다. 만약 물리학자들이 한복의 실올이 짜여져 있는 힘의 효과를 연구한다면 확실히 한복바지는 벡터 효과를 십분 발휘하고 있음을 발견하게 될 것이다.[131]

자루의 좌·우선이 나선형 운동을 하면서 꼬여지는 꼴은 한의 꼴이 그 절정을 이루는 모습이다. 현대물리학과 생물학이 아무리 발달해도 소립자의 구조나 DNA의 구조가 나선형 이상의 것이 아님은 이미 자연 과학계에서는 고전적 이론이 되어가고 있다. 은하계를 구성하는 수억 개의 별들이 나선형의 꼴로 배열되어 있고 태풍의 움직임도 나선형으로 되어 있다. 우리 조상들은 수천 년의 역사를 겪어 내려오면서 처음에는 수직적이고 직선적인 꼴을 이용했을 것이다. 그러나 이것이 완전한 꼴이 안 됨을 다시 발견 곡선의 꼴을 그리고 마지막으로 나선의 꼴을 발견했을 것이다. 이 과정은 하루 아침에 발견한 것이 아니고 적어도 수천 년의 시간을 두고 터득한 지혜이다. 서울의 저 고층건물의 직선 꼴이 사라지고 서울이 곡선으로 굽이칠 날이 오기를 바란다.

---

131) 2000년대에 들어와 필자는 한복을 대각선 논법으로 논리화하였다.

6. 한의 맛

1

정부는 1986년 7월 12일 서울중심가에 위치한 모든 보신탕과 뱀탕업소에 대해 국제의원연맹총회 개최전인 9월 20일까지 폐쇄할 것을 명령했다. 같은 날 신문보도는 맥도날드 햄버거가 올해 안에 한국에 들어갈 것을 알리고 있다.

보신탕이 밀려나고 햄버거가 그 자리에 메울 듯한 인상을 받게 되었다. 언제부터인지는 모르지만 우리나라에는 오뉴월이 되면 개를 잡아 몸을 보신하는 풍습이 생기게 되었다. 의학적으로 보아 개가 여름 사람 인체에 얼마나 좋은 영향을 미치는 지에 관해서는 모를 일이지만 그렇게 많은 사람들이 보신탕을 즐긴다는 것은 상당한 이유가 있어서 일 것이다.

서양 사람인 미국 병사들은 전쟁의 참호 속에서도 개를 안고 들어갈 만큼 개를 애완동물 가운데 으뜸으로 삼고 있다. 요즘 외신보도에 의하면 뉴욕의 어떤 여인은 자기의 애완견이 암에 걸렸는데 수

천달러를 들여 암을 수술했다고 한다. 개에게 심지어는 콘택트렌즈까지 해 끼운다고 한다. 미국에서 개밥과 그것을 선전하는 비용이 일년에도 기만 불이 소요된다고 한다.

　물론 풍습과 관습의 차이겠지만 서양인들의 개에 대한 애착은 정도가 지나친 감이 없지 않아 있다. 이런 개에 대한 관념을 가지고 있는 서양인들의 눈으로서 그것을 잡아 식용으로 하고 있는 한국사람들을 볼 때 한국인을 야만시할 것은 틀림없는 사실일 것이다. 이와 같이 개를 극진히 사랑하는 서구인들에게 보이지 않으려고 보신탕집 소탕령을 내리고 그 대신 햄버거가 영양식으로 상륙케 된 것 같다.

　필자는 보신탕과 햄버거의 관계를 생각하면서 착잡한 마음을 가지지 않을 수 없었다. 한국음식 맛을 두고 타임지 특집에서 기분 좋지 않은 소리를 들은 것이 불과 수주 전이고 보면 더욱 그러하다. 세상에 맛있다, 맛없다, 아름답다, 아름답지 않다, 좋다, 나쁘다 하는 것이 따로 있는 것이 아니다. 그 이전에 시각적 관념적인 것이 힘이란 것과 밀착되어 있는데 문제가 있는 것 같다. 동네 가난뱅이 하는 짓은 무엇이나 망나니 같아 보이고 미워 보인다. 반면 부잣집 자식은 우는 것까지 귀여워 보인다. 이 논리는 힘센 자가 먹는 음식은 맛이 없어도 있어 보이고 그들이 입는 옷은 흉해도 아름다워 보인다.

　한번 경우를 바꾸어 놓고 생각해 보라. 만약 서양인들이 소를 잡아 햄버거를 만들어 먹지를 않고 개를 잡아 보신탕을 만들어 먹는다 치자. 아마도 이쯤 되면 서울장 안에는 개가 씨도 없어질 것이며 골목마다 보신탕집을 하라고 권장할 것이다. 한국에는 E·T라는 영화가 수입도 되기 전에 'E·T' 선풍이 굉장했다고 한다. 언제부터 우리네 사람들이 그렇게 상상력이 우수했는지를 모르겠다. 왜 우리는 입는 옷에서부터 먹는 음식에 이르기까지 우리의 자아의식과 주체성을 상실하고 있을까? 없는 것이 죄이고 약한 것이 죄라고 밖에 할 수 없을까? 우리나라를 찾아오는 국제관광객들에게 떳떳하게 보신탕 뱀탕 한 그릇 잡수시고 가라고 권해볼 만큼 배짱이 없을까? 만약 실용적이고 현실적인 서구인들이 보신탕 맛을 한번 보고 그 효과를 경험하고 나서 자기나라에 돌아가면 자기 집에 기르는 애완견을 그냥두지 않을 것이다.

그렇게 될 때 서양인들이 개밥 선전에 낭비하는 돈으로 지금도 굶어 죽어가는 인간들을 도울 수 있지 않겠는가? 개의 암까지 수술해주고 콘택트렌즈까지 해서 끼우는 것이 잘하는 짓인가? 소 대신 개를 잡아 인간의 몸을 값싸게 보신하는 것이 옳은가 그른가? 그것은 관념의 차이이고 힘이 있느냐 없느냐의 차이일 뿐이다. 언젠가 우리도 강대국이 되어 우리가 먹는 음식 맛과 냄새가 국제적인 표준이 될 날이 오기를 바란다. 언제부터 그렇게 일본음식에 맛을 들였는지 사족을 못 쓰게 일본음식점을 찾는 한국인들 정신들 차려야 할 것이다. 외제음식을 먹는 것으로 자신의 신분을 확인하려는 맛의 사대주의 족속들이 문제가 아니겠는가?

미국을 처음 방문한 어느 노파가 미국은 삼강오륜이 없는 나라라고 했나고 한다. 이 얼마나 자기주관으로 서양문화를 보는 태도인가. 우리가 보신탕, 뱀탕을 먹는다고 무엇이 어떻다는 것인가? 우리같이 소가 부족한 나라에 햄버거가 들어와 어쩌자는 것인가? 윷놀이에서 보는 바와 같이 '개'는 '도(돼지)' 다음으로 취급되는 하급

동물이다. 서양 사람들만큼의 고급 동물이 아니다. 개 같다고 하면 아주 천한 말이다. 그래서 개가 방안에 들어온다는 것은 있을 수 없는 일이다. 개는 가축의 하나일 뿐이다. 그래서 돼지나 닭 양같이 잡아먹을 수 있는 것이 단군이래 우리들의 개에 대한 개념이다. 개는 들판에 돌아다니던 늑대가 가축화된 것이다. 이 말은 우리 민족의 역사가 오래되어 늑대로부터 개가 변한 과정을 알고 있음을 의미한다. 서양이나 중국마저도 개가 애완동물인 그때부터 역사밖에 없으니 개에 대한 관념부터 다르다. 우리도 서양이상으로 개를 존중하여 심지어는 '견공犬公'이라고 까지 한다. 이에 대해 식용은 '구狗'라 한다. 그런데 서양사람들이 개를 껴안고 자니까 그것마저 흉내 내려 수십만 달러짜리 개를 하나 집안에 두어야 선진국의 국민 행세쯤 하는 양 하는 풍토가 아닌가.

서울에 보신탕집을 그냥 둘 수는 없을까? 전 서강대 총장인 데노 신부가 자기는 보신탕을 자주 즐긴다하고 말한 것 같이 우리는 우리 것을 먹는 것에서 입는 것에 이르기까지 자랑스럽게 여겨야 할 것이다. 인도인들은 원숭이를, 프랑스인들은 달팽이를, 일본인들은 말고기를 먹는다. 그러나 이런 것들이 우리에겐 금기이다.

2

그 민족이 먹는 음식 맛을 보면 그 민족의 민족성을 대략 알 수 있다. 미국사람들이 즐겨 먹는 음식이 햄버거라면 한국사람들에게는 김치이다. 그래서 햄버거의 맛과 김치의 맛은 미국과 한국 사람들의 국민성을 대략 대표할 수 있는 것이다.

우리나라 단군신화에 보면 곰이 사람으로 변신하기 위해 쑥과 마늘을 먹으면서 동굴 속에서 백일을 견디어야 했다. 상식적으로 생각해 볼 때 가능한 얘기이다. 쑥과 마늘은 모두 약초이다. 한약 본초학에서 쑥은 '양'에 마늘은 '음'에 속한다고 한다. 한약은 원칙적으로 두 가지 이상의 생약을 배합해서 쓰고 있다. 음과 양에 속하는 두 가지 이상의 요소가 용해될 때 그 합성 성분의 종합작용을 해서 개개의 성분은 없어지고 새롭게 종합돼 전혀 또 다른 제3의 성질의 맛과 효과를 내어 기하급수적인 상승효과를 일으키는데 이를, '시너리즘 효과Synerisem Effect(혹은 종합의 효과)' 라고 한다. 곰은 쑥과 마늘을 배합하여 시너리즘 효과를 내어서 백일을 동굴 속에서 견딜 수 있었을 것이다. 한국인의 음식 맛, 나아가 국민성을 이해하는데 있어서 단군신화는 매우 중요한 위치에 있다. 시너리즘, 이 말이 '한'의 다른 말이다.

한국의 맛은 대부분이 시너리즘 효과에서 찾아보아야 한다. 비근한 예로 가장 시너리즘을 잘 내는 것은 돼지고기와 배추, 그리고 참깨와 소금인데 우리가 즐기는 김치찌개는 이러한 시너리즘 효과를 가장 잘 낸 음식이다. 배추로 된 김치는 반드시 돼지고기를 넣어야 제 맛이 난다. 그리고 참깨는 볶아 반드시 소금을 쳐야 맛이 난다.

'시너리즘'을 우리말로 '종합', '조화', '통합'이라고 번역할 수 있을 것이다. 한국음식이 모두 시너리즘 효과에 의해 만들어진 것이라면 한국사람들은 '통합', '조화', '종합'의 명수라는 것을 의미하게 된다. 한사상에 의해서 말이다.

유동식은『민속 종교와 한국문화』에서 한국의 대표적인 3대 음식으로 비빔밥, 곰탕, 김치를 손꼽고 있다. 비빔밥은 콩나물, 고사리,

오이무침, 김, 다시마, 달걀, 산나물, 고추장, 참기름을 밥에 넣어 비빈 것으로 하늘과 땅, 바다에서 나는 것을 모두 섞어 그 어느 것의 맛도 넘어선 새로운 또 다른 하나의 맛을 창조해낸 것이라고 했다. 곰탕도 '음'에 속하는 오장과 '양'에 속하는 육부를 한 솥에 넣고 끓인 것으로서 곧 우주의 축소판인 것이다.

이러한 종합 혹은 복합효과를 내는 한국음식이 김치에 와서 절정을 이루게 된다. 고추, 배, 밤 따위와 무우, 마늘 등 땅에서 나는 것과 굴젓, 새우젓 등 바다에서 나는 것을 모두 복합시켜 만든 것이 김치이다.

그런데 외국사람들이 종종 한국음식이 맛은 좋은데 왜 냄새는 그렇게 고약하냐고 묻는다. 거기에는 이유가 있다. 음·양이 대칭되는 요소들을 섞어 시너리즘의 상승효과를 내자면 반드시 '절이고', '삭히고', '뜸들이'는 과정을 밟지 않으면 안 된다.

이 과정을 밟을 때에 음·양이 조화되어 제3의 맛의 효과를 내게 된다. 서양음식도 서로 다른 요소를 섞어서 먹는다. 예를 들어 샐러드Salad가 그 경우이다. 종종 김치를 코리언 샐러드Korean Salad라고 하는데 당치 않은 비유이다. 불고기를 코리안 바비큐Korean Bar-B-Q라 하는데 이것도 잘못된 비유이다. 샐러드나 바비큐는 '절이고', '삭히고', '뜸들이'는 과정이 없는 즉, 시너리즘 효과가 없는 음식이다. 그래서 그네들에게는 신선하게 음식을 보전하기 위해 냉장고가 꼭 있어야 한다. 그러나 한국의 김치, 간장, 된장은 냉장고 없이도 오랫동안 그 맛을 보존할 수 있다. 곰탕의 구수한 맛, 막걸리의 텁텁한 맛은 그대로 우리 한민족의 민족성을 나타내 보여주고 있다.

우리는 주위에 서로 다른 복합문화권 속에서 시너리즘 효과를 내고 살아야 한다. 그때 우리의 고유한 구수하고 텁텁한 맛을 다른 민족에게 보여 주어가며 살아야 하지 않을까?[132]

3

싱싱한 맛을 좋아하지 않을 사람이 누가 있겠는가? 그러나 그 싱싱함을 보존하기 위해서 수많은 에너지를 소모해야 한다. 우리 한민족이 김치 만들고 고추장, 된장, 간장 만드는 기술이 하루아침에 습득한 것 인줄 아는가? 절이고, 졸이고, 삭히고, 뜸들여 음식을 영구보존 할 수 있는 지혜가 결코 하루아침 아니 몇 백 년 사이에 이룩되어진 것이 아니다.

환웅천황이 선포했고 단군이 조화경으로 사용했다던 천부경天符經의 天二三, 地二三, 人二三 속에 한국음식의 맛 즉, 한의 맛이 결정 되었으리라고 본다. 이 천부경의 한구절이 위에서 말한 시너리즘의 효과(종합의 효과)를 그대로 말해 주고 있기 때문이다. 즉, 二三의 논리는 두 개의 양극 되는 맛(二)을 졸이고 삭히어 제삼(三)의 종합된 가운데 맛을 내게 하는 것이, 그래서 종합의 가운데 맛마저 초월하여 전혀 별개의 새 맛을 창조하는 것이 한국 맛의 특징이다. 비빔밥은 콩나물, 고사리, 오이무침, 김, 다시마, 고추장, 달걀 등 잡다한 맛을 섞어 만들지만 비빔밥 자체는 이미 이 모든 맛들을 초월한 또 다른 하나의 맛을 내는 것이다. 즉, 잡다한(Many) 요소들을 섞어서 별개의 또 다른 종합된 하나(One)의 맛을 내니 'One'과

---

132) 레비 스토르스는 음식을 세 가지로 분류한다. 날 것, 썩은 것, 삭인 것이 그것이다. 우리 음식은 주로 삭인 것이다. 음악도 곰삭인 것에서 나와야 한다.

'Many'는 절묘하게 조화되어져 있다고 할 수 있다. 그래서 우리의 한의 맛은 한의 철학적 근본을 떠나서 이해할 수 없고 한의 묘는 맛에까지 스며 나타나 있는 것이다. 삭힘은 3:2의 비례에서 나오며 피타고라스는 이 비례를 '완전 5도 음정'이라 했다.

7. 한의 힘

옛날 서당의 가장 기본적인 교과서였던 천자문에 인잠우상鱗潛羽翔이란 구절이 있다. "비늘 달린 물고기는 물에 잠기고 날개달린 새는 하늘을 날은다."는 뜻이다. 평범한 말이다. 이것은 우주의 큰 질서를 두고 하는 말이며, 모든 존재는 자기 나름대로 기능을 발휘해야 제 힘을 낼 수 있음을 의미하는 말이다. 한의 짓이나 꼴에서 본 바와 같이 한국 민족은 한의 짓이나 꼴을 행하고 모양낼 때 진정한 자기 힘을 발휘할 수 있다. 『규원사화』를 쓴 북애자는 보성론保性論을 주장한다. 즉, 우리의 본성을 지켜야 힘을 잃지 않고 적을 만났을 때 싸워 이길 수 있다고 했다. 북애자의 시대만 하더라도 유교·불교에 의해 우리의 근본본성을 잃고 있었을 때이다. 그는 이를 개탄하고 보성론을 주장했으리라 본다. 어떠한가? 만약 북애자가 지금 살아 우리가 사는 모습을 본다면 아연실색을 할 것이다.

단군이 물려수신 우리 본성은 다 잃고 있다. 혀는 꼬부라진 소리를 내야 사람 행세하고, 옷은 우리 몸에 맞지도 않는 양복을 걸치고 목을 조르는 넥타이를 매고 다녀야 신사 행세를 하게 되었다. 여기에 성형수술을 하여 단군이 곰자손인지 아닌지 분간도 할 수 없는 지경이 되었다. 북애자는 결코 남의 것을 배척하는 것만이 보성이 아니라고 보았다. 남의 좋은 것과 나의 좋은 것을 다 취할 줄 아는 것이 진정한 보성이라 했다. 강증산도 원시반본原始返本을 주장했다. 지금은 너무 다른 것에 우리가 정신을 잃고 있다고 보았으며 우리 민족이 살아남는 길은 옛 본성을 다시 찾는 길 뿐이라고 했다.

그것은 한의 힘이다. 우리의 진정한 원시적인 힘은 '한'에서 나온다. 그것은 사무라이 같이 앞으로 나란히 서는 데서 나오는 힘도 아니고, 유대인 같이 "이에는 이로 눈에는 눈으로 갚는" 힘도 아니고, 쌍권총을 휘두르는 카우보이의 힘도 아니다. 분명히 한민족에게는 한의 힘이 있다. 한의 얼에서 나오는 힘이 있다. 그것은 분명히 직선적인 데서 나오는 힘이 아닌 것만은 분명하다. 과정신학자인 B.루머Bernard Loomer교수는 힘을 두 종류로 나누어 직선적인 힘Linear Power과 관계적인 힘Relational Power으로 나누어 지금까지 서양의 힘은 직선적인 힘만 알아 왔기 때문에 제국주의와 침략주의가 발달해 왔다고 비판한다. 직선적인 힘이란 시원적Orientable인 힘이다. 한 쪽에서 다른 방향으로 직선적으로 움직이는 힘이다. 남자가 여자에게로, 강한자가 약한자에게로, 있는 자가 없는 자에게로 명령 하달 식으로 움직이는 힘이다.

이런 힘을 화이트헤드는 강압적 힘Coercive Power이라고 한다. 전통적 신관에 있어서 하나님은 세계에 대하여 이러한 강압적인 힘을 사용해 왔다. 이에 대해 관계적인 힘이란 모든 존재는 유기적 관계성 속에서만 존재할 수 있기 때문에 어떤 특정한 존재가—그것이 비록 신이라 하더라도—다른 한 존재를 떠나 강압적인 힘을 쓸 수가 없는 힘이다. 이런 힘을 '설득하는 힘Persuasive Power'이라고 한다. 과정신학에서는 이러한 설득하는 힘을 신의 진정한 힘이라고 본다.

신도 세계와 관계성 속에 있기 때문에 신이 세계에 영향을 주고 있는 만큼, 세계도 신에게 영향을 주고 있다. 그렇기 때문에 신도 세계를 함부로 좌지우지 못한다. 이러한 관계를 내인적 관계Internal Relation라고 했다.

한국 민족은 오래 전부터 직선적 그리고 강압적 힘이 진정한 힘이 아니라는 것을 알았다. 단군의 통치이념 가운데 '재세이화在世理化'가 바로 그것이다. 세상을 이치理致로 다스린다는 것이다. 유가의 덕치德治, 법가의 법치法治에 대해 단군은 이치理致로 세상을 다스렸다. 여기서 말하는 '理'는 서양의 합리성 하고는 다른 우리 실제 생활에 관계되는 모든 무리 없이 와 닿는 합리성이다. '그럴 리가 없다.' '이치에 닿지 않는다' 등 필부필부들이 사용하는 '이理' 속에는 서양의 로고스도 아닌 이성Reason도 아닌 실제생활과 밀접하게 관계된 적합성, 합당성, 합리성을 모두 포괄하는 말이다. 이러한 '이치'의 힘을 '관계의 힘' 그리고 '설득하는 힘'으로 보고 싶다. '이' 앞에 왕도 신하도 부모도 자식도, 어른도 아이도 승복해야 한다.

'이'는 개인의 '덕'과도 사회의 '법'과도 다른 이들을 다 포괄하고 있는 개념이 바로 '이理'라고 보고 싶다. 단군이 각 부족국가를 다스릴 때 강압적 힘을 사용하지 않았기 때문에 수천 년 간 각 부족의 자율을 충분히 인정하면서도 '이치'에 의해 천하세계를 통일시켜 나갈 수 있었던 것이다. 이러한 단군의 치세이념이 오늘 까지도 우리들의 생활 속에 그대로 남아 "순리대로 하라", "천리에 어긋나지 말라", "궁리 좀 해보라"는 일상표현 속에 서슴없이 나타났으리라고 본다. 관계적 힘의 논리로서의 '이理'는 한의 꼴에서 본 바와 같이 앞과 뒤가 뒤틀려 하나로 되는 것이며 하늘로 향하던 지붕 끝이 땅으로 떨어지고 땅으로 떨어지는 듯하던 끝이 다시 하늘로 오르는 비시원적인 힘이다. 이러한 힘은 비합리적이요 자기 모순적이기 때문에 한국 사람들은 발전을 할 수 없는 정체사관으로 일본은 자기들의 식민지 사관을 합리화했다. 이에 우리는 모두 지금 세뇌당해있으며 세뇌를 푸는데 한사상 이외에 다른 대안이 있는지는 의심스럽다.

이러한 비시원적 '이'의 힘을 풍류風流라 한다. 풍류의 원음은 밝(風)달(流)에서 나왔으므로 '밝'사상과 같다고 한다. 풍류도적 힘은 유·불·선 삼교를 다 포함하는 사상이며 그 어느 한 사상에도 구속당하지 않는다. 풍류 사상은 춤과 노래에서 진정한 힘을 찾는다. 처용가에서 본 바와 같이 처용은 자기 아내와 같이 잠을 자는 남자를 향해 결투의 칼을 빼들지 않고 춤과 노래로 달래서 물러서기를 바란다. "살 것이냐 죽을 것이냐To Be or Not To Be"와 같은 햄릿적인 직선적인 힘과는 거리가 먼 다른 차원의 힘을 처용은 활용하고 있다. 강압적인 힘을 사용하지 않고 처용은 설득하는 힘으로 적을 이치에 맞게 물러서기를 바란다. 처용의 여유있는 춤과 노래와 천리에 순응하여 악귀는 물러서고 결국 처용에게 극진한 예우를 바치게 된다. 즉, 아무런 악순환이 따르지 않고 보복이 따르지 않는 해결이 나고 만다.

고구려 영양왕 23년(CE 612) 수나라 30만 대군과 접전했던 을지문덕 장군은 적의 장군 우중문에게 "신기한 책략은 하늘의 이치를 다했고 오묘한 계획은 땅의 이치를 다했다. 이제 전쟁에서 그대 공이 높으니 만족함을 알고 그만두기를 바란다."(삼국사기 중에서)고 타이른다. 끝까지 추격하여 완전섬멸을 하기 직전에 을지문덕 장군은 우중문에게 하늘의 이치가 다했으니 스스로 물러나기를 바라고,

자기는 "그칠 줄 알라知止"는 지혜 속에 자기의 큰 힘을 감추어 버리고 만다. 처용의 힘쓰는 방법이나 을지문덕 장군의 그것이나 같은 한의 마음에서 나온 한의 힘의 이치이다. "만족할 줄 알면 욕됨이 없고 그칠 줄을 알면 위대하지 않겠는가?" 하고 물러서는 힘이야말로 한국 사람들이 언제나 자기를 죽이고 미워하던 원수에게마저 모질게 보복하지 못하는 천성이었던 것이다. 이는 진정으로 힘을 아낄 줄 아는Economy of Power 힘이라고 최창규는 지적하고 있다.

생각컨대 이는 한의 꼴에서 나온 바와 같은 한의 구조적인 힘인 것이다. 즉, 사무라이 같이 직선적 힘을 절대로 우리네는 쓸 줄 모른다. 부당한 억압과 침략을 당했을 때는 노도같이 분기 하지만 일단 그 힘이 절정에 달한 승리의 최후의 순간에는 도리어 그 힘을 거두어 휘어 구부릴 줄 아는 것이 한의 힘의 구조이다. 이는 한의 꼴에 나타난 기와집 지붕의 선과 같고 여성의 버선코와 같은 힘이다. 이러한 한의 고유한 힘을 상실했을 때 국력은 약해지고 결국에는 나라가 망하는 지경까지 이르게 되었다.

고구려도 신라도 백제도 중앙집권적 체제가 강화되고 옛 화백제도, 화랑정신, 조의선인들의 정신 같은 것이 사라지고 남성적 Animus인 힘과 여성적Anima인 힘의 균형이 무너지고 남성적 힘만이 강해졌을 때 정치제도는 경직되어지고 권력층과 민중 사이는 괴리되어지기 시작한다. 이때부터 우리 고유한 힘은 상실되기 시작했다. 이 고유한 힘의 상실은 두 말 할 것 없이 중국의 영향을 받아 그 흉내를 내기 시작하면서부터였다. 한국인의 춤과 노래는 한갓 풍류가 잘못 이해된 것과 같은 퇴폐적인 것이 아니고 양극을 조화시켜 제3의 힘을 내는 벡토르적인 힘인 것이다. 신라의 힘의 상실은 화백제도가 사라지고 나중의 골품제도가 나타나면서 전체가 개체 속에 개체가 전체 속에 조화되어지는 힘의 이치는 파괴되는 데서 비롯되어 위에서 밑으로 억압하는 관료적 힘만이 작용하게 되었고 이것이 신라를 망하게 하는 원인이 되었다. '화랑'은 '화랭이'가 되고 '선비'는 '샌님'이 되고 만다.

이 나라의 모든 지도자들은 처용과 같이 노래와 춤으로 설득시키는 힘을 사용해야 민중들이 스스로 신바람이 나 따라갈 것이며, 항상 지도자는 민중을 의식한 관계적 힘을 가질 줄 알아야 한다. 그러기 위해서는 자기의 힘을 다 사용할 것이 아니라 그칠 줄 알아서 상대방을 의식한 힘을 발휘할 줄 알아야 순조롭게 이치에 닿게 민중을 이끌어 갈 수 있을 것이다. 여기서 한의 힘의 구조와 원리를 아는 데서 한국정치의 기본이 성립되어지는 것이다. 일본관광단 같이 단장의 깃발을 따라 일렬로 나란히 서서 외국여행을 시킬 수 없는 꾸불어지고 삐뚤어져 휘어지는 심성을 가진 이 민중의 본성을 부정적으로 보아서는 안 될 것이다. 그것을 무질서로 보아서는 한국인을 잘못 관찰한 것이다. 순리대로 해보라. 그러면 순한 양 같이 따라 가는 것이 이민족, 이 겨레의 본본심本本心이다. 강압적 힘을 구사하는 모든 것들은 배척받고 말았다.

이러한 본심을 개조해야 한다고 나온 분들이야말로 개조 받아야 할 사람들이다. 이광수가 「민족 개조론」을 부르짖었고 5 · 16직후 나온 「민족 개조론」도 비뚤어진 민족성을 고쳐야 한다고 일성을 갈했다. 그러나 백 번 고치려 해봐야 공염불로 끝나고 말 것이다. 무엇이 '새마음'인가? 그것은 옛 우리 본성을 지키는 것이다. 그것은 삐뚤어진 것을 직선으로 고치는 것이 아니고, 삐뚤어져 휘어진 힘

자체가 우리의 힘내는 방법이라는 것을 알아야 한다는 것이다. 일본에서 그리고 미국에서 서구식 교육을 받은 석사, 박사님들 이 삐뚤어진 심성 바로잡아 보겠다고 논문들 쓰고 강단에서 열변으로 지금도 강의하고 있다. 그러나 이 겨레의 깊숙한 곳에 들어가 그들의 힘쓰는 방법을 배워 나올 것이며 도리어 이 힘을 외국에 수출할 준비나 하는 것이 좋으리라 본다.

　남과 북이 양극으로 치닫는 힘을 발휘해서 어부지리의 득을 누구에게 주려는가? 삽에 새끼를 매어 좌우에서 마주 잡아 당기면 벡토르의 힘이 앞으로 나가듯이 이 힘을 이용하여 통일의 길로 나아가야 할 것이며 더 나아가 만주와 요동, 산동 반도의 고조선 땅을 되물려多勿 찾아 삽으로 논, 밭을 만들어 우리 후손들에게 물려주어야 할 것이 아닌가? 이것이 민족주의 국수주의란 위험을 조장하는 것이 아니냐고 비판하는 소리를 많이 한다. 그러나 이것은 얼간이의 잠꼬대이다.

　우리의 힘이 저 옛 고조선의 서북경계선이던 하북성 난하까지만 이르면 그칠 줄 알고 만족할 것이다. 우리의 민족주의는 두 동강 난 몸을 하나로 붙여 성한 몸이 되게 하자는 것이요 우리의 영토 의지는 남의 것을 빼앗자는 것이 아니요 본래 우리 것을 되물려 찾자는 것이다. 이것마저 민족주의적이라 하여 위험시한다면 그 사람이야말로 이 나라 사람인가 의심할 일이다. '한나라' 모든 젊은이들은 서로서로 삽질을 하며 한의 힘을 최대한 발휘할 때가 왔다. 기회는 때가 되면 묵시적으로 주어지는 것이 아니라 우리들 자신이 우리들 힘의 원리를 자각하고 그것을 사용할 줄 아는 예언자적인 정신에서 생겨나는 것이다.

8. 한의 사랑

만약 어떤 종교가 사랑을 강조하고 있으면 일단 고등종교의 범주에 넣고 생각해봐야 한다. 한국 고대사상을 연구하는 분들이 쉽게 우리 고대사상을 샤머니즘이다, 토템이즘이다, 애니미즘이다 분류해 버리는 것은 큰 유감이라 아니할 수 없다. 그래서 마치 우리 고대에는 원시종교 형태만 있었던 것 같이 단정해 버림은 큰 잘못이다. 인류문명사와 함께 나타나고 사라진 모든 종교들이 모두 이웃 사랑을 말하고 있는 것은 아니다. 개중에는 극단적인 개인의 소원 성취에만 몰두하는 주술, 기복신앙에 치우친 종교가 버젓이 고등종교의 탈을 쓰고 행세하고 있는 것이 사실이다.

그와는 반대로 우리의 고대사상을 샤머니즘으로만 취급하여 연구하는 방법론도 크게 반성해야 할 것이다. 우리민족 고유경전 가운데 『천부경』, 『삼일신고』, 『참전경』 같은 것이 있다는 사실을 얼마나 알고 이에 대한 철학적인 그리고 신학적인 연구를 기울여 보았던가? 고조선을 세운 국조 단군이 그 건국이념으로 널리 인간을 사랑하라는 '홍익인간'을 한갖 헌법 전문에 나오는 상투어적 구절 정도로 생각해 버린다. 서양에서는 차축시대에 들어와서야 정의Justice나 사랑Love같은 개념이 생겼지, 원시시대에는 이런 개념이 없었던 것으로 단정해 버린다. 위험한 발상들이라 할 수 있다. 홍익인간을 더 구체화한 '천범'을 여기에 소개해 보면,

① 너희는 열 손가락을 깨물어 보아라. 아픔은 크나 작으나 마찬가지이니 서로 사랑하여 모함하지 말고 서로 훔치지 말아야 집과 나라가 융성할 것이다.

② 너희는 소나 말을 보아라. 그것들도 먹이를 서로 나누어 먹으니 서로 양보하여 빼앗지 말고 서로 훔치지 말아야 집과 나라가 융성할 것이다.

③ 너희는 호랑이를 보아라. 너희는 사납게 달려들어 무찌르지 말고 남을 해치지 말라.

④ 너희가 만약 꽃밭에 불을 지르면 꽃이 장차 시들어 버릴 것이니 신이 노할 것이다. 너희는 넘어지는 자를 부축하고 약한 자를 능멸하지 말며, 가난한 자를 구제하고 비천한 자는 모멸하지 말 것이다.

자랄 때 부모님들로부터 듣던 콩 하나도 쪼개어 나누어 먹어라. 열 손가락을 깨물면 안 아픈 손가락이 없다는 평범한 말들이 이 민족의 처음 때부터 비롯되어 내려온 마음의 내력인 것이다.

어찌 사랑의 종교의 극치인 기독교문화 속에 살아온 서양인들은 그렇게도 잔인하게 타민족을 학살하고 그 바탕 위에 그들은 자유의 여신을 높이 세우고 자유 운운을 구가할 수 있는가? 그들의 자유란 과연 누구를 위한 자유란 말인가? 그들의 자유, 민주라는 개념 속에 소수민족도 한 몫 낄 수 있는 것인가? 백인 자기들 간의 사랑이지 그것이 범인류적 사랑인가? 다른 유색인종을 사람의 범주에 넣기라도 하는가? 기독교는 바이킹의 후예들을 교화시키는 데 실패했

다. 그 원인은 무엇인가? 신약 고린도전서 13장에 "내가 내게 있는 모든 것으로 구제하고 또 내 몸을 불사르게 내어 줄지라도 사랑이 없으면 내게 아무 유익이 없느니라."(3절)고 했다.

바울이 말하려고 하는 사랑의 참뜻은 과연 무엇인가? 아무리 강한 사랑의 행동표현일지라도 그것이 남과 몸과 마음에 있어서 '하나 One'가 진정으로 되어져 있지 않는 상태는 사랑이 아니라는 뜻이다. 그래서 사랑은 행동표현이 아니고 구조이다. 둘이 분리된 상태가 아니고 하나가 된 상태이다. 열 손가락을 깨물어 안 아픈 손가락이 없다는 표현만큼 사랑의 구조를 적나라하게 잘 표현한 것도 없다고 본다.

모든 인간은 하나의 같은 유기체 속의 한 몸의 지체들이다. 그래서 이것이 저것에 사랑의 행동 표현을 한다고 사랑이 되는 것이 아니라, 하나됨을 같이 느끼는 상태가 곧 사랑인 것이다. 도마복음서에 보면 제자들이 예수님께 하나님 나라에 들어가려면 어떻게 하면 되겠느냐?고 묻자 예수는 그들에게 "너희가 둘을 하나로 만들 때 하늘나라에 들어갈 수 있다."고 대답한다. 갑이 을에게 사랑의 표현을 하는 것이 아니고 '갑을'이 하나되는 것이 사랑이다. 그래야 사랑이 사람이 된다.

서양사람들이 사랑하기가 근본적으로 어려운 것은 'I'와 'Thou' 사이의 하나됨At-One-ment이 되는데 본능적 어려움을 가지고 있기 때문이다. 하나 됨의 영어표현인 Atonement가 바로 '구속'이란 뜻이 아닌가? 구속이란Salvation 바로 신과 나, 이웃과 내가 하나됨의 상태이다. 그렇게도 어려운 'I'와 'Thou'의 그룹 다이나믹스(Group Dynamics—우리말로 번역하기 어려워 영어표현을 그대로 쓰기로 함)가 잘

안 되는 것이다.

그러나 한국어를 보자. 한민족은 'I'와 'Thou'를 결코 나누지 않고 '우리We'를 사용한다. 예수 그리스도의 죽음은 서로 모르던 너희들을 하나로 만들기 위해서였다고 했다. 그런데 우리가 언제 'I'와 'Thou'에서 구별해 본 적이 있었던가? 서구식 교육바람이 아무런 바람막이 없이 마구 밀려들어와 개인주의가 그 극에 달해 있고 '우리We'에 얽힌 공동체는 파괴되어져가고 있다. '알'과 '얼'과 '울'은 삼위일체이다. 하나의 알에서 나온 '한 얼'을 가진 '한 울' 속에 살아왔다. 우리에게 분리란 있을 수 없었다. 그런데 일본 식민지 사학자들은 도리어 우리 역사를 분열 사색당쟁의 역사로 묘사해 놓았다. 우리의 얼을 말살하기 위한 악랄한 의도에서 나온 사관이다.

우리에게는 상부상조하는 '두레'라는 공동체가 있었다. '두레'는 아마도 슈메르어의 DUR와 같다고 본다. 즉, 슈메르어의 두르DUR는 '모든All' '전체Whole'란 뜻을 가지고 있다. 두레는 어려울 때, 바쁠 때 서로 돕는 원시 사회주의 한 형식이다. 만약 이 두레사상이 점차적으로 발전되었더라면 서양의 공산주의도 자본주의도 발붙일 틈이 없었을 것이다. 자본주의도 공산주의도 우리에게는 외래사상이다. 단군께서 이미 도시 성읍국가를 만드시어 각 성읍마다 일을 분담시키고 자치적으로 다스려 나가게 했었다. 그래서 고조선이 무너졌어도 고구려, 부여, 옥저, 추, 맥, 예, 진번, 청구, 고죽, 양주, 양이 같은 성읍국가들이 자체적으로 발흥하여 고조선의 옛 영광을 다시 찾으려 일어났던 것이다.

유교의 仁이나 불교의 慈悲나 모두 차축시대에 나타난 '윤리적' 혹은 '종교적' 사랑이라 보고 싶다. 그러나 한국인의 '사랑'은 '존재

구조적Structure of Existence'인 것으로 보고 싶다. 차축시대 이전에 'I'와 'Thou' 즉 나와 너가 나뉘어지기 이전의 합일되어져 있던 존재구조 자체에서 우러나온 것이라 본다. 그래서 '사랑'은 '사람'이요 이는 또는 '삶生'과 '살처'과 같은 어원을 갖는다고 한다. 한국기독교 야사에 숨겨진 인물 가운데 '맨발의 성자'(엄두섭 저)로 알려진 이현필이란 분이 광주 무등산을 중심하여 동광원운동을 일으킨 사실은 많이 알려져 있지 않다. 그 분의 사상의 핵심은 '사랑은 살이다'이다. 그 분은 자기살을 잘라 남에게 나누어주는 것이 아닌 것은 사랑이 아니라고 하여 길거리를 가다가 자기 입던 옷을 거지나 가난한 자에게 주고 폐결핵 환자나 문둥이를 껴안고 자고 문둥이의 고름을 입으로 빨아주고 했다. 살을 바치는 예수의 사랑을 그대로 실천한 것이다.

우리 땅에 성경만 들어 왔으면 얼마나 좋았을까? 선교사들이 배 타고 와 성경만 던져 놓고 그 배를 타고 자기 나라로 되돌아갔더라면 얼마나 좋았을까? 그들이 이땅에 상륙하여 '우리'를 '나'와 '너'로 나누어 놓아 한국인의 존재구조 Structure of Korean Existence를 파괴시켜 놓은 것은 이젠 치유할 수 없는 상처가 되어 버렸다. 선교사들의 '사랑'은 분리시켜놓고 다시 꿰매는 것이다. 병 주고 약 주는 사랑이다. 다행히 우리 젊은이들 속에 우리 것을 찾으려는 운동은 한가닥의 희망이다. 왜물에도 양물에도 물들지 않은 백두산 천손민족으로서 한울두레를 만들어 하늘이 주신 이 땅을 지켜나가야 할 것이다. 우리는 우리의 이웃을 '살'을 바쳐 '사랑'해야 한다. 그래야 '삶'을 사는 '사람'이라 할 수 있다. 동광원 이현필 선생의 생애가 기독교 야사에 묻혀 잊혀져 가고 그 분의 생애가 마치 이성잃은 미치광이 생애 같이 이단시 되어진 것은 유감이다. 감리교 이용도 목사를 이단시한 한국교회 역사는 저주받은 역사이다. 사랑도 적당히 자기 몸 다치지 않을 정도로 해나가야지 자기 살점을 떼어 주면서까지 사랑할 필요야 없지 않느냐 하는 것이 현대 크리스챤의 평균 정신 상태가 아닌가? 단군 할아버지는 말하신다. '열 손가락을 깨물어 보라 아프기는 마찬가지이다.'라고. 우리는 예수그리스도의 십자가에서 단군의 홍익인간 정신이 완성되는 것을 본다. 남을 사랑하려거든 너의 살을 바쳐라. 그래서 둘이 하나 되라.

9. 한의 믿음

'하느님'이든 '하나님'이든 그 어원은 모두 '한'에서 나왔다. 전자는 자연신관에 가깝고 후자는 인격신관에 가깝다. 구약에서도 전자는 엘로힘Elohim으로 후자는 야훼Yahweh로 달리 표현했다. 슈메르인들은 최고신을 안AN이라 하였고 거기에 주님Lordship격인 인EN을 붙여 사용하였다. 모음 앞의 'H'은 쉽게 묵음이 되는 것으로 보아서 HAN과 AN은 같다고 본다, 그래서 HAN은 인류 초고대어인 슈메르어와도 어원을 같이 한다고 본다. '안' 은 비인격 '안인' 은 인격신 개념이다.

그런데 한가지 놀라운 사실은 신의 이름으로서의 HAN이 아시아 일대의 원시종교 속에는 빠짐없이 나타난다는 것이다. 예를 들어 버마의 북쪽 산악지대에 살고 있는 친족은 신을 Pat-Han(팥-한)이라 하는데 Pat은 '아버지'란 뜻이고 'HAN'은 하나님이어서 두 말은 '아버지 하나님' 을 의미한다고 했으며, 버마의 카친족은 신을 'Hpan'이라 하여 비슷하다. 인도네시아에서는 Ke-tu-Han(커·투·한)이라 하여 '큰 주 하나님'이란 뜻이다. 필리핀 토착어의 Ama-han 그리고 타이의 'Khwan' 같은 것은 모두 HAN의 의미로 신의 명칭에 있어서 비슷하다. HAN이 몽골어 속에 보편적인 것은 상식적인 얘기이다.

아무튼 '한'을 우리민족의 거룩한 신의 명칭으로 사용하게 된 것은 큰 영광이라 아니할 수 없고 기독교는 무엇보다 감사해야 될 일이다. 중국의 기독교가 최고 존재자의 이름이 없어 상제上帝같은 이미 주나라(BCE 1122 건국) 때 죽어버린 개념을 되살려 사용하자니 기독교가 선교에 어려움이 여간하겠는가? 태고 때부터 역사를 관통하여 현재까지 살아 움직이는 개념으로서의 '한'은 한민족의 생존과 함께 영원하리라 본다.

서양의 'God'이 그리스철학과 함께 초월적 존재로서의 유신론Theism으로 합목적적 이치로서 이신론Deism, 범재적 존재로서 범신론Pantheism으로 그리고 마지막에는 무신론Atheism으로 변한데 대하여 하나님 신앙은 이러한 초월과 내재 그리고 부정의 와중에 휘말림 없이 한국인의 마음 속에 깊이 뿌리박혀져 있다. 양주동은 '한'은 '울'이 합쳐 '한울'에서 유래했다고 한다. '울'은 '우리We'인 만큼 초월적 존재로서 하나님은 '우리'라는 공동체를 떠나서 따로 존재할 수 없는 분이시다. 그래서 단군의 『삼일신고』에도 "저 푸른 것이 하늘이 아니며 저 까마득한 것이 한울이 아니다." 라고 했다. 그런 줄도 모르고 까마득한 하늘을 쳐다보고 하나님이 거기에 있다고 복 빌고 있다. 『삼일신고』는 계속하여 "간절히 빌면 하늘 아들이 너희 가운데 내려와 계시느니리."고 했나. 슈메르어에서는 기도Prayer를 Bil(빌)이라 하여 우리말의 '빌다'와 어원이 같다. 지금 빈다는 것은 잘못한 자가 죄를 비는 것을 의미하지만 원래 종교적 의미는 인간이 하나님께 기도하는 모든 행위가 '빌'의 의미였던 것 같다. 비는 것은 비우는虛 마음이요 비울虛 때 무엇이 비롯始되는 것이다. 자기를 비움이 없이 너와 내가 하나가 되는 '한울'이 이루어질 수 없는 것이다. 빌어야 비워지고 비워져야 비롯된다. 이 셋이 하나가 되면 '비로소' 가 된다.

참으로 하나님 신앙에는 서양신학을 이해 할 수 없는 신비가 있으니 동학에서 시천주侍天主, 조화정造化定할 때 이 두 말 속에는 하나님은 윗자리에 계시어 모심을 받을 분侍인 동시에—즉 인격적 존재로서—동시에 비인격적 존재로서 우주의 변화를 좌우하는 기氣이다. 유대—기독교에는 전자의 신관을 발전시켰고, 인도인의 불교와 중국인의 도교사상은 후자를 발전시켰다. 그러나 하나님 신관에는 이 양쪽을 다 겸하고 있다. 이는 앞으로 종교학적으로 세계 정신사에 굳게 공헌할 신관이다. 요즘 과정신학자들은 이 양면성을 다 붙여서 범재신론Panen Theism이란 말을 사용하고 있다.

'한'과 '울'은 둘이 아니고 하나이다. 그래서 "하늘이 무너져도 솟아날 구멍이 있다."고 했다. 만약 하늘을 머리 위의 까마득한 공간으로 생각했더라면 그 공간이 무너져 앉는데 어디 살아날 구멍이 있겠는가? 그러나 하늘은 우리 가운데 있기 때문에 우리가 서로 사랑하고 우리가 손과 손을 굳게 잡으면 그것이 한울이 되는데 어디 무너질 하늘이 따로 있겠느냐?는 믿음이다. 한울타리가 무너지느는 것이 하늘이 무너지는 것이다. 이것이 한의 믿음의 절정이다. 노아 홍수 때 소돔과 고모라가 유황불에 불 탈 때에 하늘이 무너지는 듯한 경험을 인간들이 했을 것이다. 구약성서는 노아와 롯이라는 특정 가문을 통해 구원의 역사를 기술하고 있다. 우리민족인들 이런 자연의 재앙과 외적인 침략을 통해 하늘이 무너지는 듯한 경험을 하지 않았겠는가? 아마도 자연의 재앙, 역사의 재앙을 수백 번 겪으면서도 하늘에 지극히 빌면 솟아날 구멍이 있다고 믿었을 것이다.

지성이면 감천이란 민간신앙은 정성드려 비는 마음에서 새 창조의 가능성을 희망하는 데서 생겨난 신앙일 것이다. 이러한 심성바탕이 구조적으로 되어있는 한국사람들에게 기독교는 감정으로 열광시켜 미치게도 하지말고 무슨 서양신학으로 메마르게도 하지 말아야 한다. 기독교는 그런 방법의 교회 성장과 선교정책을 그만두라. 그런 방법을 계속하는 한 우리는 맹신이 아니면 무신론에 빠지고 말 것이다. 기독교는 겸손하게 한국인의 본심을 한참 잘 들여다보기를 바란다. 모세가 만난 하나님과 예수가 만난 하나님이 결코 최제우나 솔거나 강증산이 만난 하나님과 먼 시간의 차이에서 오는 차이밖에는 없다는 사실을 발견하게 될 것이다. 어거스틴이나 토마스 아퀴나스가 발견한 신이 얼마나 모세의 하나님과 멀다는 사실을 깨닫게 될 것이다.[133]

한울님 믿음은 우리 역사를 지켜오는 원동력이 되었다. 김경탁은 한울님 신앙이 살아 있을 때에는 나라도 강했고 쇠했을 때에는 나라도 쇠하였다고 했다. 신라말기, 고려말기, 조선말기는 하나님 믿음이 극도로 쇠하여 외국에서 들어온 유교 불교가 그 극에 달하여 민심을 어지럽힐 때였다. 한편으로는 공리공론에 빠지고 다른 한편은 저속한 주술 기복신앙으로 변질되었다. 하나님 믿는 신앙은 민간 속에 민중의 숨결과 함께 겨우 명맥을 유지해오다가 기독교가 들어와 그야말로 단군이래로 최대의 부활을 보게 된 것이 사실이다.

하나님 믿음은 기독교를 통해 한민족 역사 속에서 르네상스를 만

---

133) 이 책을 쓴 30년 전만 해도 기독교는 승승장구했지만, 현재는 교세가 감퇴하고 교회의 권위는 한없이 추락하고 있다.

나게 되었다. 그러나 위에서 지적한대로 한사상 속에 있는 고등 종교적 요소인 홍익인간·재세이화 같은 요소는 버리고 샤머니즘적 요소만 독버섯같이 기독교신앙 속에 끼어들게 되었고 도리어 단군의 바른 정신을 교회가 배척하고 있는 실정이다. 초대교회는 이교도 신앙 가운데 있던 주술·기복 같은 저속 종교적 요소는 버리고 로고스 같은 고등 종교적 요소는 받아들였는데 한국에서는 기독교가 정반대 과정을 밟고 있다. 이는 참으로 잘못된 오류이다.

단군의 종교사상이 얼마나 고등종교적 요소를 가지고 있었는가는 그가 지어 백성들로 하여금 부르게 했다는 어아가於阿歌 속에 잘 나타나 있다. 단군 2세 부루는 신시이래로 하늘에 제사지낼 때마다 나라 안의 사람들이 크게 모여 함께 노래 부르고 큰 덕을 찬양하며 서로 화목을 다졌다. 어아가를 부르며 조상에 대해 고마워하였으니 그 가사 내용은 다음과 같다.

어아 어아, 우리들 조상님네 크신 은혜 높은 공덕,
배달나라 우리들 누구라도 잊지마세.
어아 어아, 착한 마음 큰 활이고 나쁜 마음 과녁이라,
우리들 누구라도 사람마다 큰 활이니 활줄처럼 똑같으며
착한 마음 곧은 화살 한맘으로 똑같아라
어아 어아, 우리들 누구라도 사람마다 큰 활 되어
과녁마다 뚫어지고, 뚫는 마음 착한 마음 눈과 같은
악한 마음
어아 어아, 우리들 누구라도 사람마다 큰 활이라.
좋게 뭉친 같은 마음 배달나라 영광일세
천 년 만 년 크신 은덕 한배검이시여,

한배검이시여,

우리 민족을 동이東夷라고 할 때 夷 란 큰大 활弓이란 뜻이다. 이 어아가는 활과 과녁에 비유하여 착한 마음은 활이고 마음속 죄는 과녁이니 우리들 누구라도 사람마다 큰 활이니 악한 마음 과녁을 향해 쏘아 악을 뚫고 뚫어버리라는 노래이다. 단군 2세 부루는 가장 현명한 임금으로 알려져 있고 중국의 우왕이 부루에게 와서 물 다스리는 법을 배워가 황하를 다스리는 데 성공했다고 한다. 인도의 산악 민족인 산탈Santal족도 마란 부루Maran Buru를 신의 아들로서 농사짓고, 물 다스리는 신으로 모시고 있다. 선과 악을 활과 과녁으로 비유하여 선의 화살로 악의 과녁을 꿰뚫어버리라는 악에 대한 미움과 선에 대한 칭송은 과연 활 잘 쏘는 동이민족다운 비유를 통해 인류종교사상 유례없는 선을 지향하는 강한 의지를 노래로 보여주고 있다.

하나님은 활 쏘는 사람 예수님은 화살이 되고 우리는 죄인, 우리의 원죄의 과녁을 화살이 뚫고 내가 죄사함을 받는다는 것이다. 활 메고 다니던 우리 동이족에게는 활과 과녁의 비유가 속죄론의 더 이상 없는 비유가 된 것 같다. 법이론에 밝은 로마인들에게 터툴리안은 하나님은 재판장, 우리 인간은 죄인, 예수는 변호인의 관계로 속죄론을 설명했었다. '어아가'에서 우리는 옛 우리 조상 동이인들이 그 큰 활 줄을 잡아당기면서 과녁을 겨냥할 때마다 자기 속에 있는 죄를 쏘는 것으로 생각 했으리라. 이만큼 강렬한 죄에 대한 이해를 고대 세계 어느 문헌에서 찾아볼 수 있단 말인가? 단군 2세 부루가 제위하여 '어아가'를 지어 부르게 한 연대가 신축원년(BCE

2240)이라고 한다. 이때 이미 우리 동이족은 죄에 대한 깊은 이해를 하고 있었다. 인간이 죄를 의식한다는 것은 이미 고등종교의 단계로 올라가고 있음을 의미한다. 우리 동이족이 밝고 '환'한 것을 좋아했어도 근동아시아 종족들과 같이 태양을 신으로 숭배하지는 않았었다. 하나님은 항상 형상화되지 않은 우리 마음 속에도 하늘 위에도 비시원적으로 계신 분이었다. 부여의 영고 고구려의 동맹, 예의 무천 같은 제사를 통해 일 년에 한 번씩 큰 나라 행사로 하늘에 감사제사를 드렸다. 이는 하늘에서 내려온 천손민족의 자의식에서 우러나온 것이다. 과연 인류문명사를 거슬러 올라가 보라. 어느 민족이 제일 처음으로 하늘 백성의식을 가졌고, 하나님나라의 이상을 꿈꾸었고, 사랑을 지상의 가치로 여겼고, 자기 내면의식 속에는 죄를 깊이 느끼고 살았는가?

『산해경』,『위지동이전』 등에 보면 동이가 사는 지역에는 싸립문을 서로 열어놓고 살아도 서로 남의 것을 탐하는 법이 없고, 서로 간에 예의범절이 극진하여 관혼상제를 후하게 하며 그 천성이 순하고 어질더라고 기록하고 있다. 이것은 우리가 우리를 예찬한 것이 아니고 한 이방 여행자가 우리 사는 것을 보고 기술한 것이다. 자연自然 그대로 산 것이고 무위의 삶을 산 것이다. 노자는 대도大道가 폐하니 仁이나 義 같은 것이 나타났다고 했다. 실로 노자가 말하는 대도의 이상국가를 이미 동이족은 BCE 수천 년 전부터 건설하고 살았다. 한사군 이후 이미 나뉘어지고 분화되기 시작한 사고방식 즉, 차축시대의 사고방식이 우리 속에 밀려들어 오면서 인·의·예·지 같은 것이 생겨났다. 물론 훌륭한 도덕률이지만 우리의 믿음은 그 이전의 대도를 얘기하자는 것이다. 기자의 팔조금법이 무엇이 그렇게 훌륭하단 말인가? 법이란 법이 있기 때문에 죄를 더하게 하는 법이다. 법이 죄를 다스리지만, 법이 있기 때문에 죄가 생겨나기도 한다. 그래서 인간은 법을 항상 넘어서 가야 한다.

한의 믿음은 '本本心本太陽'에 있다. 한울이 준 본마음 그대로가 하늘마음이란 뜻이다. 칸트가 '네 마음의 양심 그리고 밤하늘의 별빛'을 노래하기 전에 이미 단군은 천부경에서 네 마음의 격률이 하늘의 태양 그것과 같게 살라고 했다.

우리에게 한울님 믿음이 무너지면 하늘이 무너져도 솟아날 구멍이 없게 된다. 그것은 '우리'라는 '두레'공동체가 파괴되고 극단적 '나 뿐'이라는 개인주의에 빠질 때 그렇게 된다. '나쁜 놈Bad Guy'이란 '나 뿐Only Me'과 운을 같이 하고 있다. 서양의 잘못된 개인주의 교육이 걷잡을 수 없이 밀려들어와 우리 두레공동체는 산산이 박살이 나기 시작했고 새마을이란 허울아래 전통가치관은 돌담 무너지듯 무너져 내려앉고 있다.

하루속히 새마을 정신을 재정립하기 바란다. 성황당을 중심하여 민족공동체 기본단위가 형성되어 내려왔고 외적이 침략할 때마다 성황당을 중심하여 자기방어의 생물학적 본능이 생겨났는데 어쩌자고 새마을 운동은 성황당을 다 불태우고 허물어 버리고 말았는가? 하루속히 파괴된 두레 공동체를 재 건립해야 할 것이다. 지금 대두되고 있는 지방자치제도 궁극적으로 두레 공동체의 철학을 골격으로 하여 만들어져야 우리 체질에 맞는 것이 될 것이다. 계룡산의 선도안을 허물고 그곳에 군부대를 들어앉게 한 것을 지금 와서 후회한들 무슨 소용이 있겠나.

불교가 들어오기 전에 이미 마을에는 '절'이라는 것이 있었다. 사람들이 가서 절을 했기 때문에 성전 이름이 절이 된 것 같다. 한국 불교는 이 절을 그대로 인수하여 자기들의 교당으로 삼았던 것이다. 이 절에는 환웅을 모셨을 것이고 불교는 이름 그대로 부처님을 모신 건물을 대웅전이라 했다고 한다 그래서 한국 불교는 자연스럽게 토착화를 했으며 거의 전국민을 불과 100~200년 사이에 신자화 할 수 있었다.

한국 기독교는 그동안 토착화의 시도를 여러 번 하였다. 토착화와 토착화신학은 구별하자고 한다. 즉, 이미 민간신앙 속에 토착화는 이미 되어져 있다는 것이다. 이에 동의한다. 그러나 단군 배달한사상의 고등 종교적 요소는 하나도 안받아들이고 기복 주술신앙만 들어와 기세를 부리고 있는 것이 문제이다. 병 고치고 방언 못하면 목회에 성공할 수 없고 교회 성장을 시킬 수 없는 한국기독교의 현실을 개탄하지 않을 수 없다. 단군의 무엇을 배척한다는 것인가? 이미 많은 정신적 유산을 기독교가 덕을 입고 있으면서 무분별하게 단군은 무조건 배척해 버려야 한다고 하면서 자기도 모르게 단군사상을 기복, 주술화하고 있다.

10. 한의 꿈

옛날 이집트의 바로왕의 궁실에는 많은 꿈 해몽가들이 있었다. 이들 즉 꿈 해몽가들은 많은 위험 부담을 안고 있었다. 즉 해몽이 적중하지 않을 때는 죽을 각오도 해야했기 때문이다. 그와 반대로 해몽을 잘했을 때는 많은 작록을 받게 된다. 다른 어느 주제에서 보다도 이제 '한의 꿈'을 그리려는 글 앞에 자신이 착잡해짐을 금할 수 없다. 뭇 이방인들이 우리를 가운데 세워 놓고 한의 땅이 그렇게 크고 넓었으며, 한의 힘이 그렇게 위대 했었으면 지금의 너희는 왜 그 꼴이 되었느냐고 조소하는 환상을 갖지 않을 수 없었기 때문이다. 이제 그들이 마지막 펜을 던져주며 '한의 꿈'을 펴보라고 힐난한다. 그러나 끝내 바로 왕실의 해몽가 만큼도 용기가 없어 떨리는 손으로, 지금으로부터 3백 년 전에 씌어진 북애노인의 『규원사화』와 함석헌 옹의 『뜻으로 본 한국역사』를 베껴썼다.

만국의 역사책 가운데 『규원사화』만큼 애절하게 쓴 역사책도 없을 것이다. 누구나 한민족의 일원으로 태어났으면 이 책을 읽고 가슴 속에 눈물을 아니 흘릴 수 없으리라.

특히 다음의 한귀절은 필자의 볼을 몇 번이고 적시게 하였다.

"…동해에 떠오르는 아침 해를 바라보니 눈물이 흐른다… 다시 서쪽으로 떠나가 구월산에 이르러 장당평을 찾아보고 삼성사에 이르러 감격의 눈물을 흘렸다. 다시 평양을 거쳐 의주에 이르러 통군정에 올라가 북으로 요동평야를 바라보니 나무와 구름이 손짓하고 부르며 대답할만큼 가까운 거리에 띄엄띄엄 흩어져 있다. 만약 한줄기 압록강을 넘어서면 벌써 우리의 땅이 아니다. 슬프다! 우리 선조의 옛 강토가 적국의 손에 들어간 지 어느덧 천 년이요 이제 그 해독이 날로 심하니 옛날을 회고하고 오늘을 슬퍼하며 안타까움을 금할 수 없다." 북애 노인은 거듭 "슬프다 한인이여! 슬프다 한인이여! 이제 한조각의 땅과 한줄기 남겨진 백성들이 앞으로 어찌 될 것인가? 장차 어찌될 것인가?" 라고 통곡했다.

북애노인이 이 글을 쓴 것은 숙종 원년 1673년이다. 그 후 3백 년이 지나 땅은 몽땅 **빼앗겨졌**고 다시 찾자마자 나라는 두 동강 나고 말았다. 3백 년 전에 살았던 한 사가가 미래의 조국을 걱정하던 심정을 다시 과거로하여 지난 역사를 돌이켜 볼 때 눈물겨움을 금할 수 없다. 함석헌 옹은 북애노인의 슬퍼함을 "이 민족이야말로 큰 길가에 앉은 거지 처녀. 수난의 여왕이다. 선물의 꽃바구니는 다 **빼앗겨** 버리고 분수없는 왕후를 꿈꾼다고 비웃음을 당하고, 쓸데없는 기대에 애끊어 지친 역사다."라고 썼다. 향후 역사는 나라와 주권마저 왜놈들에게 다 **빼앗기**고 이 땅의 처녀들은 성 노예로 팔려가고, 한 가정을 지켜야 할 남자들은 강제징용으로 끌려갔다. 북애자가 흘린 눈물이 그대로 역사 속에 흐르고 말았다.

옛 이스라엘은 BCE 586년에 왕조도 민족사도 일단 끝내고 말았다. 그리고 서기를 전후하여 왕조독립을 잠깐 유지하다가 맛사다에서 어린아이에서 어른에 이르기까지 완전자결로서 자기 민족사를 로마제국 앞에 완전히 끝내고 말았다. 그러나 우리는 달랐다. 살려달라 무릎을 꿇고 그리고 너희가 하자는 대로 다해줄 테니 생명만 부지해 달라고 애걸복걸하면서 유지해온 역사이다. 창녀의 역사이다. 그것이 나라를 사랑한 조국애 때문이었는가? 아니면 동족을 사랑한 동포애 때문이었는가?

아니다. "우리가 이 땅을 사랑함은 조국애에서 부터가 아니다. 여기를 묵히고 하늘나라를 임하게 할 곳이 없기 때문이다. 우리가 이 민중을 사랑함은 소위 동포애에서 부터가 아니다. 이 사람들을 내놓고는 하나님의 음성을 들을 곳이 없기 때문이다. 이들을 잊고서는 하나님의 뜻을 나타낼 수 없기 때문이다. 이 백성이 제 노릇하여야 한다는 것은 온 우주의 아픔이기 때문이다. 하나님의 슬픔이기 때문이다. 한국의 심장 위에 이 진리의 무장이 완비되는 날 우리는 새 시대의 용사이다."

이 노사의 꿈풀이를 한번 믿어보자. 아니면 "이 거짓말 꿈 해몽가야 우리를 두 번 죽이지 마라."고 하자. 지금 한의 씨앗들은 이 두 갈래의 역사의 갈림길에 망설이고 주저하며 땅 속에 잠재워져 있다.

아득한 옛날 옛적에도 중앙아시아 차가운 통로 속에 파묻혀 있던 한의 씨앗들, 그 어떤 날 망망한 만주평원의 거친 풀밭 위에 먼동이 틀 무렵 훤하게 밝아오는 그 빛이 억만 년 사람의 그림자를 본 일 없는 흥안령의 마루턱을 꿈과 장엄으로 물들일 때 큰 씨앗들의 한 떼가 허리에는 돌도끼를 차고 손에는 억센 활들을 들고 소리높여 "여기다"하고 만주벌판을 내달렸듯이 우리 다시 제2의 한의 발걸음을 내딛어보자.

꿈은 믿음이요 믿음은 우리가 바라는 것들을 보증해 주고 볼 수 없는 것들을 확증해 주기 때문이다. 이제 한의 씨앗들은 세계 방방곡곡 디아스포라Diaspora가 되어 살지 않는 곳이 없다. 공자가 동이족이었지만 그 세월이 오래되어 화화계가 되어 춘추를 기록, 중국의 영광을 부흥시키려 하지 않았던가? 그러나 끝내 동이가 사는 땅에 가서 살고 싶다고 꿈꾸었고 마지막 자기의 무덤형태를 은족(동이족)이 하는 풍속대로 해달라고 했었다. 우리가 공자를 중국에 빼앗긴 것은 큰 손실이다. 그를 통해 우리는 차축시대를 중국에 빼앗기게 되었다.

그러나 극동아시아 역사에도 회전 싸이클이 있다. 삼황오제 하은시대, 즉 환단시대桓檀時代는 한국민족의 시대였고, 주나라—한나라에 이르는 인류문명의 차축시대는 중국민족의 시대였고, 19세기와 20세기는 명치유신을 통한 일본의 시대였다. 극동아시아의 역사는 2,000년을 회전기간으로 동양 삼국에 공헌할 수 있는 기회가 옮겨가고 있는것 같다. 그런데 토인비마저도 고대에서부터 현재에 이르기까지 극동아시아문명이 오로지 중국에 의해 좌지우지되어 온 것처럼 기술한 것은 큰 잘못이다. 적어도 BCE 2000년 이전의 환단시대에는 극동아시아를 동이민족이 주름잡았던 것이 사실이다. 그 영토를 다 빼앗겼으니 그것이 마치 중국문화로 둔갑하고 말았다. 하루속히 요동·산동 반도를 다시 찾고 난하에 철책선을 치고 여기까지가 우리 땅이었다고 선언하는 날이 와야 할 것이다.

일본이 역사를 왜곡시키는 것은 그들의 야욕, 좋게 말해 꿈이 있기 때문이다. 그 꿈이란 야마도정권이 지배하던 임나(한반도 남부지방)를 다시 빼앗자는 것이 아닌가? 이 얼마나 무시무시한 착상인가? 이제 21세기의 싸움은 꿈과 꿈의 싸움이다. 일본 왜족들은 임나 옛 땅의 역사를 왜곡시켜 거짓 꿈을 불어 넣어 가면서까지 다시 찾으려 할 것이요. 우리는 만주 땅을 다시 찾으려는 꿈의 싸움이 한판 벌어질 것이다.

11. 한과 한恨

 최근 민중신학자들은 한恨을 그 사상의 중심언어로 사용하기 시작했다. 민중신학의 '한恨'과 한사상(혹은 한철학)의 한을 많이 혼동하게 되었다. 민중신학의 한은 한자의 恨이나, 한사상의 한은 순수 한글로서 한자들은 韓, 漢, 汗, 干, 翰, 太, 寒, 成, 含, 桓, 丸 등으로 전음Transliteration되어질 수 있다. 그러나 두 개의 한은 서로 밀접한 관계를 맺고 있다. 恨을 이원론적 억압구조에서 맺힌 한이라면, 한사상의 한은 푸는 한으로 관계 맺고 싶다. 우리 민중의 역사는 바로 이 두 한의 맺고 푸는 역사였다. 동학이 바로 민중의 맺힌 '한'을 人乃天 조화의 한으로 푸는데 성공했다.

 한의 나라 한국은 '한恨'으로 사무쳐 있는 나라이다. '한'이란 말은 극동의 세 나라, 즉 한국과 중국 그리고 일본이 다같이 쓰고 있지만, 그 쓰임새의 다양성이나 뜻의 함축성, 그리고 생활이며 문화와 맺고 있는 관련 등에 있어서 나머지 두 나라의 '한'은 한국의 그것을 따를 수 없다고 김열규는 지적하고 있다.

 남달리 서러움을 잘 타고 원한을 더하게 가슴에 끼고 사는 사람들이 우리들이다. '애석하다'의 자한으로 시작하여 '억울하다'로 발전하면 여한이 되고 이것이 다시 '분하다'로 상승되면 결한이 되어진다. 이 결한의 단계에서 '한'은 맺히고 응어리지게 된다. 생리적인 병을 어혈짐, 즉 맺히고 응어리진 것으로 말한다면, '한'은 확실히 마음에 생긴 병이라 할 수 있다. 애석하고, 억울하고, 분함 마음의 상태가 '억압의 침전물'이 되어 고체화되면 불가사리처럼 괴물로 성장, 엄청난 추와 악의 에네르기를 발산하여 걷잡을 수 없는 지경으로까지 나아가게 된다.

'한恨'이 착한 마음씨와는 관계없이 그에 상응하는 행복이 따라오지 않을 때에 생기는 수동적인 의미를 지닌다면, 원은 인생을 살아가려는 의지가 타인의 의지와 마찰을 빚어내어, 그 타인의 의지에 나의 의지가 무참히 짓밟힐 때 생기는 적극적인 의미를 가지고 있다. 종종 이 두 말은 합쳐져 '원한'이 되어진다.

증산 강일순은 역사에 헤일 수 없이 나타난 원한의 종류를 여자로 태어나 남자한테 당한 원한, 약소민족이 강대국에 시달리는 원한, 동물로 태어나 인간에게 억울하게 죽임을 당하는 동물의 원한, 언문이라고 한문에 멸시당한 말의 원한, 천대 받는 땅에 태어나 지방색 때문에 당하는 서러움, 상놈이 양반한테 당하는 멸시가 주는 원한 등 인류사회 발전사적, 나아가 우주사적 차원에서 쌓이고 쌓인 억압의 침전물로서 한을 열거하고 있다.

맺힌 한은 한사람의 예외도 없이 풀어주어야 즉, 해원시켜주어야 진정한 우주적 그리고 사회적 병화를 유지할 수 있다는 것이다. 그렇지 않을 때 한이 맺힌 자는 '두고 보자'는 무서운 선언을 마음 속에 내리고 보복의 대상을 찾아 "대대손손 씨를 남기지 말라…"고 칼을 갈게 된다.

여한을 남기고 죽는 사람은 ①눈을 감지 못하고, ②주검의 영혼은 이승에다 계속 뜻을 두고 있고, ③원통하고 억울하게 당한 나머지 맺힌 원한을 어떻게 해서든지 풀어버리려는 것이 불문율적 해원의 공식이다. '한'은 '한'을 낳고 '한'은 그래서 죽음을 살라먹고 고목에 낀 이끼가 비를 맞으며 자라듯이 커가게 된다. 뼈에 붙은 살이 맛있듯이 '한'은 반드시 죽음을 살라먹고 힘을 키워간다. 이끼가 비를 맞고 자라듯 한은 눈물을 먹고 커간다.

'한'이 정상적인 심리는 아니다. 그러나 '한'은 생존권을 보장하는 강한 힘이다. 그래서 소월의 시는 서정인가 하면 비참이기도 한, 아쉬움이면서도 그보다 더하게 처절한 아픔인 '한', 뉘우침에 엉켰는가 하면 원망에 서린 '한'이라고 읊고 있다. 한국의 여인 아니 나아가 우리 모두 한국사람들에게 '한'이 없었다면 어떻게 그 숱한 외로움, 서러움, 괴로움을 달래가며 고난의 역사를 살아올 수 있었을까? 그래서 한을 갖지 않은 자는 사람이 아니요 한을 맺지 못하는 사람은 한국사람이 아니다. 지주에게 딸을 빼앗기고 '한'을 품지 못하고 쌀 한 가마니에 타협하는 애비는 애비이기 이전에 사람이 아니요, 조선 땅을 몽땅 왜놈들에게 빼앗기고 원한을 품지 못하고 비게지게 산 놈들도 이미 그들은 조선사람이 아니다.

4.19를 왜 실패했다고 하는가? 그 주역들이 '한'을 품지 못했기 때문이다. 좋은 자리 찾아 출세 길에 약삭빨랐기 때문이다. 그들은 인간이 아니요 이미 한국의 아이들이 아니다. '두고 보자'고 한을 품지 못하는 젊은이들은, 언론인들은 조선의 아들딸이라 할 수 없을 것이다. '한'은 가슴 속에 품을 때 아름다운 서정이요, 아쉬움이요, 그리움일 수도 있다. 그래서 '한'을 아픔이라고만 하지 않는다.

이는 '한'의 미학이다. 미학이 아니요 신학이다. 아픔이면서 아쉬움이요, 슬픔이면서도 서정인 '한'의 미학을 신학이라 함은 '하늘'없이 한의 미학이 성립될 수 없기 때문이다. '한'맺힌 자가 쳐다 볼 곳은 푸른 하늘 뿐이요 숨 한 번 쉴 때 푸른 하늘이 가슴에 와닿고 그때만이 아픔이 아쉬움이 되고, 슬픔이 서정이 되어지는 것이다. 그래서 뭇 정치가들은 백성들이 한을 품는 것을 가장 두려워했고, 그보다 더 무서운 것은 '한'맺힌 백성이 하늘을 쳐다 보는 것이다. '한'맺힌 여인이 독기를 품을 때 오뉴월에도 서리가 내린다고 하지 않았던가? 증산은 이를 하늘과 땅이 같이 일함 즉, 천지공사라 했고, 최수운은 사람이 곧 하늘이라 했었다. 맺힌 한을 하늘의 하나님을 쳐다보고 푸는 것이 기도이고 예배이다.

맺힌 '한'은 하늘과 땅, 하늘과 인간이 맞닿을 때에 풀려진다. 하늘과 땅이 '하나'가 될 때 '한'은 풀어진다. 바로 여기에 한사상의 한이 '한恨'과 만나지게 된다. '한恨'이 맺혀진 것이라면 한은 푸는 것이다. 여기서 맺혀지고 풀려진다 함은 결코 시간상의 전후가 아니다. 한을 품었다 함은 이미 하늘을 품은 것이요 하늘은 동시적으로 이미 '한'을 풀고 있기 때문이다. 한은 하늘과 사람의 마음이 완전히 '하나'가 되는 상태 바로 그것이다.

이제 말도 하나요, 민족도 하나요, 풍속도 하나니 땅도 하나가 될 때 '한' 가운데 가장 큰 '한'이 풀릴 것이 아닌가? 그날까지, 이 큰 '한'이 풀릴 때까지 '한'을 품자. 그리고 '한'을 더 가속화시키는 자들을 향해 '두고 보자'고 한을 맺자. 그리고 끊임없이 한사상으로 이 '한'을 풀어 나가자. 여기서 한국의 恨을 영어로 Resentment로 번역할 수 있는 이유가 있다. 지금 민중신학의 恨은 자취를 감추어가고 있다. 한사상으로 풀어나가지 못했기 때문이다. 큰 잘못이다.

부록

한사상의 수학적 고찰

김기항

(앨리바마주립대학교 수학연구소 소장)

1. 서론

한인의 정신 형성에 관한 다섯 가지 중요한 배경은 한사상, 샤머니즘, 유교, 도교와 불교이다. 이중 '한사상'만이 한인 고유의 철학이다.

한국에서 '하나'는 1을 의미하고, 같은 뿌리가 '하늘', '한인', '하느님', '중심', '통일' 등을 의미하는 말에 적용된다. 이상의 의미 이외에도 김상일 박사(1983)는 그의 저서에서 한 사상이(비정향적) 정신으로 불려지는 특성에 관계된다고 서술했다. 그러므로, 이 논문의 주제는 이 중요한 개념과 이에 대한 수학적 증명을 제공하려는 것이다.

비시원적 곡면은 뫼비우스 고리Moebius Strip와 같이 한 면만을 가진 곡면이다. 뫼비우스 고리는 사각형의 종이의 한쪽 끝을 180도 회전해서 양 끝을 마루붙여서 만든 것이다. 이 곡면상의 어느 한 점에서나 그 반대쪽의 한 점이 연속적이기 때문에 두 개의 다른 면으로 정의할 수가 없다.

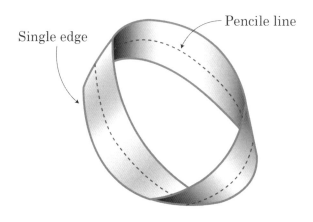

Single edge

Pencile line

〈도표 1〉 뫼비우스의 고리

2. 한사상과 비방향 곡면

무한히 존재하는 비정향적 폐곡면 중, 사영평면Projective Plane과 크라인Klein병이 별개의 명칭을 가진다.

정의1. X를 위상공간, ~를 X상에 정의된 하나의 동치관계라 하자. 위상공간 X/~는 동치류들의 집합이고, 한집합 U가 X/~에서 개집합일 필요충분조건은 대응하는 X상의 점들의 집합이 개집합이 되는 것이다.[134]

예2. 사각형 $[0,1] \times [0,1]$을 취해서 동치관계 $(1,t)\sim(0,t)$를 주면 위상공간은 원통이 된다. 위상공간은 뫼비우스 고리의 두 끝을 붙이는 것과 같이, 공간의 부분을 붙이는 것끼리 대응한다. 우리는 붙

---

134) 어느 집합과 그 집합의 요소들이 서로 같아진다는 것이다. 부분과 전체가 등치란 뜻이다. 유클리드는 부분의 합이 전체라 했지 등치라고는 하지 않았다. 등치란 비유클리드적임을 의미한다.

여진 점들을 동일시(즉 같은 점으로 간주) 할 수 있다.

비정향 곡면이 한사상에 나타나는 중요한 점은 이 점에서 반대되는 기호를 동일시하는 것이다. 김상일(1983)은 그의 특별한 저서에서 주역周易의 방법은 중국의 고유한 것이 아니라 동이의 유산이라고 지적했었다. 동이는 중국어로 동북중국과 한반도에 거주하던 한인들을 두고 하는 말이다. 서쪽 중국인들과 자주 충돌했었고 일부는 은殷왕조를 창설했고 고대 조선을 창설했다. 그들은 양극을 정립할 줄 알았고, 후에 주역사상으로 알려진 양극사상의 기초를 세웠다. 그러므로 주역 삼선형의 음양 이론과 태극 이론들은 동이족이 창조했다고 한다. 부연해서 말하면 태극 이론인 복희팔괘도의 창설자 복희Fu-hsi는 동이족이었으나 서북쪽으로 이민을 가서 중국의 전설적인 왕이 되었다고 하였다.

아래에 (1) 선형배열〈도표2〉, (2) 사각형의 대칭 반대양극배열〈도표3〉을 서술한다.

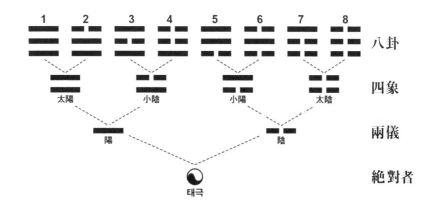

〈도표 2〉 삼선형의 선형 배열

〈도표 3〉 사각형 삼선형

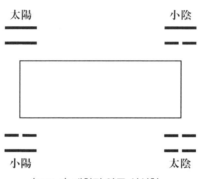

〈도표 4〉 대칭적 양극 삼선형

〈도표 4〉에서 반대쪽들을 동일시 하면 다음에 비정향곡면, 사영 평면이 일어나는 것을 발견할 수 있다.

김일부(1826~1888)는 중국의 태극도를 수정해서 한인 정신에 맞는 정역도를 생성했다

태극도	정역도
$\overrightarrow{1234}$	$14\,2\,3$
$\overleftarrow{8765}$	$6\,7\,5\,8$

태극도에서는 1 2 3 4는 시계 반대방향이고 5 6 7 8은 시계 방향이다. 김상일(1983)은 반 비정향적인 태극도에 반해 정역도를 완전 비정향(완전비시원)으로 불렀다. 한인 바지와 자루들은 뫼비우스 고리와 크라인 병과 같이, 비정향곡면을 형성하며 바느질 하기 전에 천을 반으로 접어 비트는 과정을 거쳐서 만들어진다. 더욱이 한인의 춤은 뫼비우스 고리와 같이 움직이는 방향을 가진다. 다음은 아래와 같은 질문에 대한 증명을 해보자. 만약 반대기호들이 대칭적 방법으로 동일시되어지면 사영평면이 생성되고 이것은 변이없는 비정향 곡면이다.

정의3. n−차원 사영공간 RPn은 구에 동치 관계$(x_1, \cdots, x_n)= -(x_1, \cdots, x_n)$를 줄때 얻어진다.[135]

예4. RP1은 원과 동형(위상적 동치)이다.

모든 고차원의 사영공간이 구가 될 수 없다. 사영공간은 유클리드Euclid 공간에서 원점을 지나는 모든 직선의 공간으로 간주된다. 평면에서 이것은 리만의 비유클리드 기하학Riemannian Non-Euclidean Geometry 혹은 평행인 직선들의 각각의 류에 놓여 있는 한 개의 무한 원점을 가진 평면으로 간주한다. 후자는 사영기하의 공간으로 쓰여지고, 명칭은 사영기하학의 사용에서 생긴 것이다. 만약 도형 4에서 반대면을 동일시하면 사영평면을 얻는다는 사실을 증명한다.

정의5. n−입방체$[0,1]\times \cdots \times[0,1]$에서 변의 각 점들 $(t_1 \cdots t_n)$을 $(1-t_1, \cdots 1-t_n)$과 같이 동일시하여 생성된 공간은 RPn에 동형이다.

증명. I=[0, 1]n, Cn=[−1, 1]n로 놓자. 그러면 In는 함수 $x_i \to 2x$

135) 구에서 반대 대칭에 있는 점들을 일치 시킬 때에 사영 평면이 된다.

i−1에 의해서 Cn에 동형이 된다. Dn=$\{(x_1, \cdots, x_n) : \sum xi^2 \leqq 1\}$으로 놓으면 Dn은 0을 0으로 보내고 영이 아닌 점 $(x_1, \cdots, x+)$ $\frac{1}{\sqrt{y^2_1 + \cdots + y^{2^i}}}(x_1, \cdots, x_n)$로 보내는 함수에 의해서 Cn에 동형이 된다. 여기서 $(y_1, \cdots, y_n)$ 은 어떤 점 $rxi=1$이 되는 $(x_1, \cdots, x_n)$ 의 최소의 정의 곱이다. (여기서 $\sqrt{n} \geqq r \geqq 1$). $(x_1, \cdots, x_n)$을 $(x_1, \cdots, x_n, \sqrt{1-\sum xi^2})$으로 보낼 때 이것은 Cn에서 Sn+1=$\{(x_1, \cdots, x_n+1): \sum x$ in=1}로 동형사상이 된다. 이 함수에서 본래의 동일시는 변에서 $x \rightarrow -x$로 된다. 따라서 우리는 위상공간에서의 동형사상을 얻는다. Sn의 각 점에서 각 점 혹은 그의 움의점이 음이 아닌 마지막 좌표를 가지고 Sn상에 있다; 이동형사상은 Sn+1을 덮는다.

그러므로, 우리는 사영평면을 얻고, 이것은 자신과 교차를 하지 않는 3차원 공간에서는 위상동형이 될 수 없다. 이 점에서 볼 때, 이것은 크라인 병과 같다. (이것은 모든 대칭이 일치한다)

정리6. 사영평면은 뫼비우스 고리에 원판을 그 변에 붙인 것과 동형이 된다.

증명. 2−구에 직경으로 반대점을 붙인 사영평면을 고찰하자.

45°이상의 위도의 점들은 추면을 형성한다. 위도 45°에서 −45°의 점들은 경도 0°에서 180°구성되는데 S에서 얻어진다. 이것은 이들 경도상의 각 점은 이집합 혹은 직경적 반대에 위치하기 때문이다.

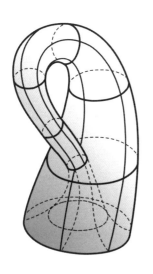

〈도표 5〉 크라인 병

동일시된 점들은 x가 $-x$에
동일시 될 때 $0°$상과 $180°$상의
두점이다. 그러므로 변은 반접
한 것에 동일시 된다. 그러므로
우리는 Moebius띠를 얻는다.
전체 사영평면은 이들 두 부분
의 합이다. 접합은 뫼비우스 고

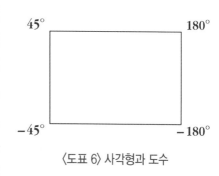

〈도표 6〉 사각형과 도수

리의 변을 따라서 되어진다. 그러므로, 놀랍게도 김일부의 정역도
는 비방향 곡면과 뫼비우스 고리에 동형이다.

정의7. 리만Riemanian의 비 유클리드Euclid기하학은 제5 평행 공리
를 제외한 유클리드Euclid기하학의 모든 공리를 만족시키는 기하학
이며, 여기서는 어떤 두 직선도 평행이 아니다.

정리8. 실사영 평면은 하나의 리만Riemanian의 비유클리드Euclid기
하학적 공간이 된다.

증명. 두 개의 구 위에서 직경으로 만드는 대칭점들의 집합으로
RP2를 고찰한다. 직선들로써 큰 원들을 취하자. 그러면 두 점들은
직선을 결정하고 두 직선은 유일한 한 쌍의 점에서 교차한다. 그러
므로 어떤 두 직선도 평행이 되지 못한다. 거리는 큰 원거리가 되고
각은 큰 원사이의 각이다. 그러면 Euclid 기하의 공리는, 평행공리
를 제외하고, 다 성립한다.

그러므로, 놀랍게도 김일부의 정역도는 뫼비우스 고리, 사영평면,
리만Riemanian의 비유클리드Euclid기하학에 동형이 된다.

3분기

수학적으로, '뫼비우스 고리'는 연결이다. 이것은 통일 혹은 모든 점이 다른 점으로부터 이어진다는 것으로 표현된다. 이것은 또한 연속이며, 급속적 변화보다는 점진적 변화를 의미한다. 이것은 부드러우며, 조화를 표현한다. 이것은 한 면이며(양면이 같다) 환면環面에 의해서 2중으로 덮여져 있고 반대의 일치를 나타낸다. 또 음과 양의 동일(음—양)을 표현하며(이것 역시 삼선형에서 유래한다) 또한 자비심을 의미한다.

'뫼비우스 고리'의 농도는 무한이다. 실사영평면은 공간 혹은 우주의 모든 방향을 표현한다. '뫼비우스 고리'와 실사영공간은 모두 경계를 가지며 비제국주의적 사상과 平和를 표현한다.

참고문헌 : 김상일, 『한철학』, 전망사, 서울, 1983.

한

-김상일 박사의 '한철학'을 해석해보는 시-

이세방(L.A.거주 재미시인)

한,
하나를 알기 위하여
우리는 둘을 모두 알아야 합니다.
그건 우주의 정수리 같은 것이기도 합니다.
우주의 꼭대기라니?
그러니 알다가도 모를 일이
'한'입니다.

깜깜한 자정 밤하늘이
별똥별을 싸대는 순간입니까?
아니면 그 비밀스런 귀뜨리
귀뜨리 귀뜨리 노랫소리입니까?
하여튼 이런 비범찮은 징후로서
이미 철이 닌 사람도
그 알 도리를 속히 알아낸다 함은
그닥 쉬운 일은 아닙니다. 그것이
'한'입니다.

한,
그러면 하늘과 흙을 봅시다.
하늘은 흙의 밖이요 사랑이니
흙은 또 하늘의 안이요 씨를 뿌립니다.
그리하여 존재하는 것은
오늘에만 있음이 아니라
지극히, 넓고, 크고, 무한하니,
이를 두루 가리키어
'한'이라 일컫습니다.

진주알을 꿰듯 우리 것을 찾아
진달래, 개나리, 초가삼간,
아니 심청이의 마음, 녹두장군의 마음,
이렇게 우리 강산을 두루두루 꿴 것이
'한'입니다.

한,
굳이 알다가도 모를 일이 한이라 한다면
그렇다면 모르다가도 알 수 있는 것이
'한' 아니겠습니까?
우리는 매일 물을 마십니다.
물은 산소의 결정체라고 합니다.
그러나 물은 둘이 아니라 하나입니다.
물중에서도 어머님이 사발그릇에 떠주시는

정한 물만이 오직 물입니다.

오늘 우리가 갈구하는 물은 무엇입니까?
모르다가도 알아지는 오직 그 한 길,
우리의 흙은 씨뿌리고
무한한 하늘은 우리를 더욱 가르칩니다.
그러니 철이 난 사람은 다 압니다.
하늘과 흙사이, 물처럼 흐르는 그것, 그것이
'한'입니다.

한,
그러면 오늘 우리의 영원한 물은 무엇입니까?
바지, 저고리 입니다.
둘이 하나가 되는 정의.
흩어진 남북의 형제들이
하나로 뭉치는 감격,
이 감격은 어머님의 염원입니다.
어머님의 일편단심,
그것이야말로 우리의 아름다운
'한'입니다.

1984년 6월 26일

북미주대륙까지 한류는 흐른다[136)]

김 상 일 (전 한신대)

육당 최남선은, '밝(不成)'은 전 세계에 퍼져 있는 가장 오래된 개념이라고 하면서, 한 나라 한 민족(일토일민) 속에 '밝'의 그 순수한 모습을 그대로 간직하고 있는 나라는 한국뿐이라고 했다. '밝'은 '밝고 환한'으로서, 항상 '환' 혹은 '한'과 더불어 쓰이고 있다. 만약 '한'으로써 세계 문명의 도처에서 그 기원을 찾아보면, '밝'보다 더 선명하게 그 모습이 뚜렷해지리라고 본다. 여기서 '한'으로 몽골, 미얀마, 타이, 인도, 인도네시아, 필리핀 등 아시아 국가들을 중심으로 하여 그 기원을 찾아보기로 한다. 아시아 국가들은 한국과 가장 가깝게 접해 있는 만큼, 문명의 기원에 있어서 가장 뚜렷한 관계를 맺고 있다.

1. 몽고 문명과 「한」

몽고의 민속 종교에 있어서, 향불을 피우면서 예배하는 대상, 즉 가장 높은 신적인 존재는 흰 노인(the white old man: 한국의 산신령같

---

136) 『한류와 한사상』 (모시는 사람들, 2009)에 게재된 글.

은), 게세르 칸Geser Khan 등이다. 몽고인들에게 있어 신 일반의 보편적 이름은 '영원한 푸른 하늘Eternal blue heaven'을 의미하는 '텡그리Tengri'이다. 13세기에 씌어진 몽고의 역사 자료 책이라 할 수 있는 『몽고의 비밀 역사Secret History of the Mongols』에도 '영원한 하늘Eternal Heaven'에 관한 기도를 말하고 있다. 징기스 칸 역시 '능력 있는 하늘Mighty Heaven'로부터 사명을 받는다.

징기스 칸은 '나는 능력 있는 하늘로부터 임명을 받았다'고 말했다. 몽고인들은 유형·무형의 모든 존재를 창조한 유일한 한 분 최고신을 믿었다. '영원한 하늘Eternal Heaven: Möngke Tengri', 혹은 '능력 있는 하늘Erketu Tengri'이 하늘의 최고신이다. 나중에 '영원한 하늘'인 뭉케 텡그리Möngke Tengri에 쾌케köke가 붙어 '푸른 영원한 하늘Köke Möngke Tengri'이 되고, 다시 '모든 하늘의 존재들보다 가장 높은 존재The Highest Of All the Heavenly Beings'가 되어 '칸 영원한 하늘Khan Eternal Heaven', 혹은 '모든 것 위의 가장 높은 주님Supreme Lord of Everything'이 되었다.[137] '쾌케 뭉케 텡그리', 즉 '칸'은 하늘에 살고 있다. '위로는 나의 푸른 영원한 하늘이 있고, 아래로는 나의 어머니 땅이 있다'고 했다. 그는 모든 것을 지었다. 해와 달도 그에게 복종한다. 그는 하늘의 아버지이다. 칸에 대한 찬송시는 다음과 같다.

하늘에 계신 아버지, 저는 당신께 기도합니다.
당신은 저의 몸을 지키십니다.
저를 칼의 위협에서 지켜 주시고,

---

137) Walther Heissig, 『The Religions of Mongolia』 (London: Routledge and Kegan Paul, 1980), 47~48쪽.

저를 슬픔과 벼의 위험에서 보호해 주소서.
하늘에 계신 아버지, 제가 기도합니다.
저를 악령으로부터 보호하여 주시고,
도적의 무리들로부터 보호해 주시어,
저를 사랑하여 주소서.[138]

몽고인들은 아들 딸을 점지하여 달라고 칸에게 간구하기도 한다. '칸 하나님이 너의 왼손 곁에 계시며 지켜 주신다.'[139] 칸은 수호신의 역할을 담당한다. 칸은 스스로 지음받은 존재이다Self-Created. 칸은 다분히 창조주 하나님Creator-God의 자격을 가지고 있다. 칸은 징기스 칸의 아버지를 창조했다. 수호신적 위치에 있는 존재는 바로 게세르 칸Geser Khan이다. 게세르 칸은 전쟁에서 병사들을 보호하는 수호신이다. 사냥할 때는 말을 보호하기도 한다.

오! 게세르여!
세계 방방곡곡에 계신 칸이여,
저는 청결한 희생을 바칩니다.
나쁜 악마를 쳐부수시고,
사냥 때는
저의 소원을 이루시는 칸이여….

악마와 사귀 위에 군림하는 힘을 가진 자가 게세르 칸이다. 게세르 칸은 통치자, 즉 왕이나 왕자의 행운을 지켜 주는 역할을 하기도

---

138) 위와 같음.
139) 위와 같음.

한다. 1945년까지만 해도 말을 타고 있는 게세르 칸의 신상을 모신 성전이 몽고에 있었다.

몽고에서는 숭배의 대상이 되는 산이나 강에도 칸 명칭이 붙여졌다. 그 대표적인 산이 알타이Altai산이며, 그 외에 칸가이Khangai, 켄테이Kentei같은 산도 칸 명칭을 받고, 세렝가Selenga, 오논Onon 같은 강도 칸 명칭을 받아 숭배의 대상이 되었다.

> 오! 나를 보호하고 지키시는 알타이 칸이여,
> 땅과 물의 주님이시여,
> 당신께
> 우리는 익은 첫 열매를 드리나이다.
> 저의 순수한 예물을 알타이 산에 바치나이다.[140]

이상에서 고찰해 본 바와 같이, 칸은 신의 이름뿐만 아니라 영웅, 산, 강 같은 숭배 대상에도 붙여진다. 즉, 신적인 거룩함이 깃들어져 있는 모든 존재에 붙는 하나의 한정사 역할을 하고 있다.

여기서 몽고어의 텡그리는 수메르어의 딩그르Dingir, 몽고어의 칸은 수메르어의 안An과 매우 유사하다. 수메르어 학자 랜드스버그Benno Landberger는 수메르어와 터키어를 비교하면서, 수메르어의 Dingir와 터키어의 Tngri의 일치는 결코 우연이 아니고, 다른 기층 언어에서 빌어 온 것으로 그는 해석하고 있다. 랜드스버그 교수는 그 기층 언어가 바로 터키어라 보고 있다.[141] 그리고, 터키어는

---

140) Walther Heissig, *The Religions of Mongolia*(London: Routledge and Kegan Paul, 1980), 106쪽.

141) Benno Landsberger, *Three Essays on the Sumerians*(Los Angeles: Undena

몽고어와 같이 신을 Tngri라 한다. 그렇다면, 수메르인들은 중앙아시아 일대에서 이동해 내려갔다는 심증을 더욱 굳힐 수 있게 된다. Dingir와 마찬가지로 '안An'도 칸Khan에서 유래했다고 볼 수 있다. 국내 학자들은 단군의 원음이라 할 수 있는 '뎅그리' 혹은 '당굴레'가 틀림없이 몽고어의 Tngri에서 유래했다고 보고 있다.

수메르어	Dingir	An
몽 고 어	Tengri(혹은 Tngri)	Khan
한 국 어	뎅그리(Dengri)	한(Han)

2. 아메리칸 인디언 문명과 「한」

마야 인디언들에 있어서도 예외 없이 칸Kan이 신적 존재에 관계되어 사용되어지고 있다.[142] 옥수수 신Corn-God이 머리 위에 칸 부호를 달고 있다. 이것은 옥수수가 가장 높은 신성을 가진 식물이며, 바로 이 옥수수에게 칸의 부호를 붙인 것이라 할 수 있다. 칸이 [그림]로 그려져 있다. 마야 이름들 가운데 이 부호가 붙어 있으면 거의 신을 의미한다. 그림에서 보는 바와 같이, 아래 여섯 개의 신들은 모두 칸 부호Kan-Sign를 들고 있다.[143]

Publications, 1974), 7쪽.

142) William Gates, *An Outline Dictionary of Maya Glyphs*(New York : Dover Pubhcations, Inc., 1978), 9쪽.

143) Willham Gates, *An Outline Dictionary of Maya Glyphs* (New York : Dover Publications, Inc., 1978), 18쪽.

〈그림 Ⅰ-17〉 마야 인디언들의 옥수수 신

위의 그림을 통해서 우리는, 옥수수가 신으로 숭상되어질 옥수수 숭배 의식the Maize-Cult을 발견할 수 있다. 이러한 옥수수 숭배의식은 중미 인디언들 사이에서 흔하게 발견할 수 있다. 마야 인디언 언어 가운데 '카안Caan'은 🔲'크다'로 표시되는데, 하늘Sky or Heaven을 의미한다.[144]

호피 인디언들Hopi Indians에게서 발견 할 수 있는 말로 '한야Hania'는 전쟁신Spirit Warrior이다. 그리고, 카치나는 생명 속에 있는 보이지 않는 힘의 정신이다. 호피속 가운데 곰 토템족을 '혼얌Honnyam'이라고 한다.[145] 푸에블로 인디언어에서 카치나는 카치Kacci에서 유래했으며, '아버지영, 생명, 정신Sprit Father or Life or Spirit'을 의미한다. 푸에블로 신앙 가운데 '콴Kwan'이란 신앙이 있다. 이 세상에서 해뜨는 곳으로 인도하는 신이 콴이다. 지금은 이 콴이 해뜨는 곳의 신앙이 아니고, 죽은 자의 모든 영혼들이 들어가는 길을 인도하는 신앙으로 변하였다. 한 마을의 추장을 임명할 때에 콴의 사람이 '지금 내가 너를 추장으로 삼노라. 나는 네게 우리를 태양이 있는 곳으로

---

144) 위의 책, 140쪽.

145) Frank Waters, *Book of the Hopi* (New York : Penguin Book, 1977), pp. 340-341.

인도할 임무를 부여하노니, 너는 우리들의 아버지라[146]라고 한다. 추장은 거의 태양신 같은 최고 존재가 된다.' 이 최고 존재자는 우리 위에 계시며, 우리의 모든 말하는 것을 듣는다.[147]

잉카 세계에 있어서 천상 세계the Upper World는 하난 파차Hanan Pacha이다. 이 세계는 모든 부와 승리의 집합소이다.[148] 여기서 '하난'은 '하늘 세계', 혹은 '높다'의 뜻이다. 잉카의 지명 가운데 하난 쿠즈코Hanan Cuzco는 '높은 지역 쿠즈코Upper Cuzco'라는 뜻이다.[149]

이 세상에서 고찰한 바에 의하면, 인디언 제부족들에 있어서는 거의 예외 없이 '한' 혹은 '칸'을 어간으로 하는 말들이 '하늘', '하나님'을 의미하고 있다.

여기서는 단지 말의 유사성만을 지적해 두기로 한다. 앞으로 인디언 문명과 한국 문명의 관계를 좀더 치밀하게 연구하여, 문명의 기원적 차원에서 유기적 관계성을 구명해야 할 것이다.

3. 버마 문명과 「한」

다음에는 아시아 각국으로 눈을 돌려, 그들의 문명 속에 숨겨져 있는 '한'의 뿌리를 찾아보기로 하자.[150]

---

146) Hamilton A. Tyler, *Pueble : Gods and Myths* (Norman : University of Oklahoma Press, 1984), 36-37쪽.

147) 위와 같음.

148) Burr Cartwright Brundage, *Empire of the Inca* (Norman : University of Oklahoma Press, 1981), p. 182.

149) 위의 책, p. 33.

150) 다음의 아시아 각국의 신화는 홍콩에서 개최된 Doing Theology with Asian Religious에서 발표된 내용이다. 1986. 6. 1 ~ 15 동안 Tao Fong Shan Ecumenical

미얀마의 경우, 나라는 하나이지만 크게 네 부족으로 형성되어 있다. 고구마 모양으로 생긴 미얀마의 맨 위쪽에 위치해 있는 부족이 친Chin족이고, 그 다음이 카친Kachin족이고, 그 다음이 카린Karen족이다. 제일 남단에 위치해 있는 종족이 현재 미얀마를 지배하고 있는 미얀마족이다.

영국이 식민지 통치를 하기 시작한 1896년에, 빅토리아 여왕이 '친'이란 부족 명칭을 주었다. 그 때만 해도 하나의 독립된 부족으로서 '친'을 인정하였었다. 그러나 1959년에 개정된 정관에 따라서 '친' 부족을 미얀마 연방에 속한 부족으로 만들었으며, '친' 특별 구역Chin Special Division이란 부르게 했으며, 지금은 친 주Chin State라 부르고 있다. 친족은 영원한 하나의 존재Eternal Being를 믿는 동시에 많은 잡다한 영들도 믿는다. 친족의 조상들은 나무, 언덕, 돌에도 정령이 깃들여 있다고 믿었다. 그리고, 이 정령들은 모두 악령들이라고 믿었다. 병, 죽음, 가뭄, 홍수, 폭풍, 사고 같은 것은 모두 악령들이 하는 짓이라고 믿었다. 친족들은 이 악령들을 어떻게 다루고, 이 악령들과 어떻게 싸워 나가느냐에 온갖 종교적인 생각들을 하게 되었다.

친의 전통에 의하면, 친 부족들은 선명한 삼위일체Triune 신관을 가지고 있었다. 세계와 우주를 창조한 창조주를 그들은 믿었다. 그러나, 창조주 신은 세계와 우주를 떠나 버리고, 세계는 악령들이 지배하도록 버려져 있다. 악령들에게 예배는 하지 않는다. 부단히 희생 제물을 바치면서 악령들을 달랜다. 반면에, 하느님에게는 예배하고, 자기들이 곤경에 처할 때에는 그에게 기도도 한다. 그들이 예

Center에서 개최되었다.

배하고 기도하는 세 개의 대상이 되는 신은 다음과 같다.

친족이 부르는 신의 이름은 팟 햔Pat Hian이다. '팟'은 '아버지'란 뜻이고, '햔'은 '하늘'이란 뜻이다. 팟 햔은 세계와 동물들을 창조하였다. 그는 인간들의 운명을 결정하고 하늘 위에서 땅위에 살고 있는 인간들을 살피며, 어려울 때 도우시는 신이다. '팟 햔이 굽어 살피신다'는 표현을 자주 쓰는데, 이 말은 세상 만사 모두 실패할 때에 그가 와서 도와 준다는 뜻이다. 팟 햔은 특히 남·녀의 쌍을 맺어 주는 신이다. 결혼하고자 할 때에 팟 햔에게 기도해야 한다. 팟 햔이 맺어 주지 않는 결혼은 모두 실패할 수 밖에 없다. 팟 햔이 맺어주는 결혼을 '팟 햔 삼수이Pathian Samsuih'라 하는데, 자기들의 머리를 팟 햔이 주었다고 믿는다.

쿼방Khuavang이란 신은 팟 햔같이 멀리 있는 신이 아니고, 이 세계 안에 임재해 있는 신이다. 인간사에 가깝게 임재해 있는 신이다. '쿼방'이란 말의 뜻은 '인간들의 원인과 결과를 다스리는 하느님'이란 뜻이다. 쿼방은 특히 생산을 좌우한다. 아기가 태어날 때에 뒤 엉덩이에 생기는 푸른 반점을 '쿼방 친치햐Khuavang Chhinchhiah', 즉 '쿼방이 찍은 도장 자국'이라 했다. 쿼방은 수호신적 존재이다.

세 번째 신은 쿼누Khuanu이다. 쿼누는 팟 햔의 시적 이름이다. '자연의 어머니Mother of Nature'란 뜻이다. 사랑의 여신이다.

이상의 친족이 가지고 있는 세 신은, 한국의 단군 신화의 신관과 매우 유사하다. 즉, 팟 햔은 환인, 쿼방은 환웅, 쿼누는 웅녀에 비교할 수 있다는 것이다. 특히, 하늘 혹은 하느님을 '햔Hian'이라고 하고, 이를 최고 존재자로 부른 것은 매우 놀라운 일이다. '햔'은 '한'과 유사음으로 볼 수 있으며, 팟Pat은 신에게 붙을 수 있는 존칭

사라 할 수 있을 것이다.[151]

친족의 바로 남단에 살고 있는 종족이 카친Kachin이다. 카친족의 창조 신화는 다음과 같다.

태초에 구름이 온 우주를 덮고 있었다. 이 구름 속에서 우주 만물이 생겨났다. 여기에 창조주 최고 존재자가 있었는데, 이 존재가 모든 만물을 창조하였다. 이 최고 존재자의 이름은 '한 와 닝 상 췌와 닝 챵Hpan Wa Ning Sang Chyewa Ning Chyang'이었다.

여기서도 우리는 한Hpan이 신의 이름이라는 것을 발견할 수 있다. 이 한은 네 단계에 걸쳐 우주를 창조했는데, 마지막 네 번째 단계에서 창조한 것이 인간이다. 큰 알에서 8명의 남자와 8명의 여자가 한꺼번에 부화되어 나온다. 인간이 불어남에 따라 악이 퍼지게 되고, 한은 홍수를 내려 세상을 멸망시킨다. 단지, 한의 사랑을 받는 한 쌍의 부부만이 구원을 받는다. 그들은 늙어서 그들 스스로 생존할 수 없게 되자, 하늘 위로 들리어 올림을 받는다. 카친의 창조 신화는 신으로부터 출발하지 않고 구름으로부터 시작된다. 최고 존재자 한이 태어나면서 신의 존재가 등장하게 된다.[152]

'한 와 닝 상'은 문자적으로 창조주를, '췌와 닝 챵'은 전지 전능을 의미한다. 이 둘은 하나이다. 카친족은 유일신적 존재 '한Hpan'이 모

---

151) Lalpallian, "How The Tnune God Revealed Himself Among The Tribal Animists" at *Theological Seminar-Workshop* Ⅳ in Tao Fong Shan, Hong Kong in 1986, 1~2쪽.

152) Jangma Pawiu, "Doing Theology With Religions of Kachin Creation Story" at *Theological Seminar-Workshop* Ⅳ in Tao Fong Shan, Hong Kong in 1986, p. 1.

든 존재를 임명하는 역할을 한다. 카친족은, 몽고족이 칸을 붙여 위대한 인물들의 이름을 짓듯이, 한을 붙여 그렇게 하고 있다. 즉, 카친족은 자기들의 자손들을 라무 한Lamu Hpan이라 하는데, 이말은 '하늘로부터 지음받은Heavenly Created' 피조물임을 의미한다. '뭉 한 Mung Hpan'은 인간들에 의해 임명받았다는 것을 의미한다. 그래서 '한 와 닝 상'은 창조주에 의해서 임명받은 자를 의미한다. 그는 자기가 태어나기 이전의 모든 일들을 알고 있어서, 전지 전능한 존재이다. 그는 모든 사물들에게 이름을 부여하고 의미를 부여한다. 카친족은 철저하게, 자기들이 한에 의해 임명받은 천손족임을 자부한다. 하늘에 의해 임명받지 않은 것은 어떤 존재도 무의미한 존재이다.

'한 와 닝 상'은 모든 피조물에 앞서 있는 존재인 동시에, 창조주에 의해 임명을 받은 자이다. 그는 스스로가 모든 것을 아는 존재라고 할 때에, 그는 하나님의 지혜이다. 한은 단순한 신화적 존재가 아니라, 카친족의 현실 생활에 필요한 모든 의미와 규칙을 부여하는 존재이다. 하나님에 의해 보내심을 받은 존재는 '크랑 쿠 와 닝온Hkrang Hku Wa Ningawn'이다. '크랑 쿠'란 동굴 속에 살던 존재이다. '크랑 쿠'란 강으로 이주해 갔다가 카친족이 만난 존재이다. 그는 카친족에게 집 짓는 법을 가르쳐 주고, 모든 법규를 만들어 주었다. 이것은 카친족의 메시아 사상과 직접 관계된다. 카친족의 창조 신화는 단군 신화와 매우 흡사하다. '한 와 닝 상'은 환인과, 그리고 '크 랑 쿠 와 닝온'은 환웅과 같다고 할 수 있다. 카친족의 목사들은 후자를 그리스도에 비교하고 있다. 「신사기神事記」를 보면, 홍수 이후 인간이 다 죽고, 동·서에 남녀가 하나씩 떨어져 살다가, 오래

후에 서로 만나 종족이 다시 생겨나기 시작했다고 한다. 이것은, 카친 신화에서 신이 홍수로 세상을 다 멸하자, 남녀 한 쌍이 살아 남게 되었다는 것과 유사하다.

미얀마의 친족의 신화나, 모두 자기들이 천손족이라는 것과 '한', 혹은 '한'을 최고 존재자 창조주로 부르고 있다는 점에서 유사하다.

4. 인도 문명과 「한」

산탈족은 유목 채취 생활, 즉 기원전 1000년경부터 독자적인 문명을 가지고 있었다고 자처하고 있다. 인도의 원주민이었던 드라바디안으로 추측되는데, 아리안족이 침략했을 당시 아주 깊숙한 산속에 살고 있어서 생존할 수 있었으며, 현재의 인구는 약 4백만 정도이다. 현재는 앗쌈, 벵갈, 비하르, 오리샤 지역에 살고 있다. 그들의 종교는 구전으로 전해져 내려오고 있었으며, 성전도, 어떤 신의 상도, 예배는 없지만, 매우 강한 종교적 신앙을 지금까지 지켜 오고 있다. 산탈족의 신화는 L. O. 스크프스루드 목사에 의해 한 세기 전에 편집되어진 것이다. 그 내용이 'Santal Mission of The Northern Churches, Benagaria, 1951'에 발표되었다. 산탈족의 창조 신화는 다음과 같다.

태초에 물이 온 세계를 뒤덮고 있었다. 타쿠르 지브Thakur Jiv와 다른 유사 신적 존재들이 물 위를 운행했다. 물 아래에는 고기, 게, 거북 같은 괴물들이 있었다. 하늘 존재들이 타쿠르 지브에게, 사람을 창조하도록 명했다. 타쿠르 지브는 '마린 부디Malin Budhi'에게 두 인간을 만들도록 위임했다. 마린 부디는 여성이다. 그녀는 진흙을 빚어서 인간을 만들었는데, '신 사돔Sin Sadom'이 와서 짓밟아 부숴버린다. 마린 부디는 두 번째로 인간을 진흙으로 빚었다. 마린 부디는 타쿠르 지브에게, 이 진흙 속에 생명을 넣어 달라고 요구한다. 타쿠르 지브는 새의 생명보다 높은 위치에 있는 인간의 생명을 가져가라고 한다. 그러나, 늙은 노파 마린Malin the Old Lady은 키가 작아서 인간의 생명이 있는 곳까지 손이 닿지를 못한다. 겨우 새의 생명을 가지고 내려와 진흙 속에 불어 넣었다. 진흙은 새가 되어 하늘 위로 날아가 버린다. 이 새들의 이름이 한스와 한신Hans and Hansino이다.[153] 새들이 불을 피울 장소도 없고, 먹을 음식도 없어서, 세상을 창조할 필요가 생기게 되었다. 물의 괴물의 힘을 빌어서 땅을 창조하였다. 타쿠르 지브는 온갖 나무, 풀, 잡초 들이 자라게 하였다. 한스와 한신이 와서 카람 나무Karam Tree에 불을 붙이고, 시롬풀Sirom Grass 속에 둥지를 튼다. 여기서 암놈이 두 개의 알을 낳는다. 그러나, 라고프보르Raghop Boar가 와서 먹어 버린다. 한스와 한신은 타쿠르 지브에게 가서 이 사실을 보고한다. 타쿠르 지브는 이 사실을 듣고, 알을 지키는 존재를 내려 보낸다. 자헤르 이라Jaher Era——자헤르 부인Lady of the Jaher——라는 여인을 내려 보낸다. 자헤르가 알을 잘 부화시킬 수 있어서, 암놈 새가 남자와 여자 한 쌍의 인간을 부화시킬 수 있었다. 타쿠르 지브는 새들에게 과일즙을 짜 먹이게 했다. 과일즙을 먹고 잘 자란 한 쌍의 인간은 필쿠-하람Pilcu-Haram과 필쿠-부디Pilcu-Budhi라 불리었다. 타쿠르 지브는 마란 부루Maran Buru에게, 새로 태어난 인간들을 지키는 임무를 주었다. 마란 부루는 필쿠 하람에게 나무 베는 법과 밭 가는 법을 가르쳐 주었다. 씨를 뿌려 곡식을 재배하는 법도 가르쳐 주었다. 마란 부루는 의술도 가르쳐 주었다. 술을 빚는 법도 가르쳐 주었다. 필쿠-하람과 필쿠-부디는 술을 마시고 취하자,

---

153) A. Campbell, Santal Tradition, *Indian Evangelical Review*, vol. 19. No. 73, October, 1892, 1~13쪽.

자기들이 오누이 관계라는 것도 잊어버리고 함께 잠을 잤다. 마란 부루에게 가서 사실을 고백했는데, 마란 부루는 두 사람다 잘못이 없다고 말한다. 그들은 나뭇잎으로 옷을 만들어 입는다. 그들은 7명의 아들과 7명의 딸을 낳는다. 자녀들이 자라자, 다시 술을 마시게 하여 잠을 자게 하고, 부부가 되도록 한다.

산탈족이 가지고 있는 이 창조 신화는, 그 속에 나오는 어휘에 있어서나 내용에 있어서, 우리 한국의 것과 유사성을 보여 주고 있다.
헴브롬 교수도 지적하고 있는 바이지만, 노파 마린(마린 부디)는 인간의 생명을 생산해 내는 여신이다. 마린 부디는 산파Midwife이다. 이 노파는 한국의 삼신 할머니와 같은 존재이다. 그리고 「부도지苻都誌」에 나오는 '마고'(麻姑 : Mago)와 같다. 마고는 하늘의 정天情을 받아서 인간을 창조한다. 마고와 마린 부디의 역할은 너무나 같다.[154] 헴브롬 교수는, 수메르 창조 신화에 나오는 닌후르삭Ninhursag과도 같다고 지적하고 있다. 즉, '닌후르삭 = 마린 부디 = 마고'의 등식이 성립한다. 셋이 모두 여성이고, 인간 생명의 생산역을 담당한다는 점에서 일치한다고 할 수 있다.
이제 우리를 놀라게 하는 것은, 산탈 신화에도 예외 없이 '한'의 명칭이 나타난다는 것이다. 즉, 마린 부디가 하늘에게 가지고 내려온 생명이 새의 생명이고, 새의 생명에서 '한스와 한신'이라는 두 새가 깨어나고, 이 새의 알에서 인간이 태어났다는 것이다. 「부도지」에서도 마고가 천장을 받아 낳은 것이 궁희穹姫와 소희巢姫이다. 여

154) Timotheas Hembom, "*The Creation Narrative of the Santals : A Plobing into Thelogical Motifs*" at Theological Seminar - Workshop Ⅳ in Tao Fong Shan, Hong Kong in 1986, 3~7쪽.

기서 '소巢'는 새의 둥지를 의미한다. 그리고, 민간 설화에서 새는 항상 영물이어서, 하늘 소식을 땅에 전달하는 역할을 맡는다. 산탈 신화에서도 새는 하늘 땅의 매령체이며, 신과 인간의 중간 위치에 있다. 그리고, 산탈 신화의 새가 '한'의 이름을 가진 것은 결코 우연이라고 할 수 없는, 무엇인가 그 문명의 기원에 있어서 하나로 묶어주는 띠와 같다는 것을 알게 하여 준다.

다음으로, 마란 부루이다. 즉, 제일 처음 두 인간에게 문명의 이기와 삶의 지혜를 가르쳐 준 존재가 마란 부루이다. '부루'라는 명칭은 수메르의 신의 명칭에도 부르 신Bur Sin으로 나타나고, 「단군세기」에는 단군 제 2세가 부루扶婁이다. 민간 신앙 가운데 '부루단지'로 알려진 부루는, 그 하는 역할이 산탈족의 마란 부루와 같다. 즉, 부루는 문명을 창시하는 존재이다. 그가 처음 불을 사용하게 했다고 하며, 아직까지 그의 이름을 빌어서 '부싯돌'이라 한다. 하夏나라의 우왕禹王이 치수治水를 할 수 없어서, 부루에게 와서 관개 치수를 배워 갔다고 한다. 「단군세기」에는,

신축 원년(BC 2240) 부루 단제께서는 … 백성과 더불어 함께 산업을 다스리시니, 한 사람도 배고픔과 추위에 시달리는 자가 없었다. …여러 왕들의 잘잘못을 살피시고, 상벌을 신중히 하였으며, 도랑을 파기도 하고 고치기도 하며, 농사짓고 뽕나무 심는 것을 권장하였다. … 학문을 일으키니 문화가 크게 진보하여, 그 명성이 날로 떨쳐졌다.[155]

부루단지는 업신業神이라고 하며, 『규원사화』에,

155) 임승국 역, 「한단고기」, (서울, 정신세계사, 1986), 62쪽.

지금 사람의 집에 부루단지라는 것이 있다. 울타리 아래 깨끗한 곳에 흙을 쌓아 단을 모으고, 토기에 벼를 담아 단 위에 두고, 짚을 엮어서 가린 뒤에, 시월이 되면 반드시 새 곡식을 천신한다. 이를 업주가리라 하는데, 이는 즉, 부루 씨가 물을 다스리고 자리를 정하여 산 것을 치성드린다는 뜻이니, 이에 힘입어 그 땅을 지켜주는 신이 되었다.

필자가 짐작컨대는, '부루'라는 말의 어원은 수메르어의 '베룸 Belum'과 관계되어지는 것 같다. 베룸의 '인En' 호칭과 같이 왕에게 붙여지던 호칭이다. 수메르의 '인'이 아카드·바빌론어에서는 베룸으로 변한다.[156](제Ⅴ부 Ⅰ참조)

길고도 먼 시간과 공간을 단축시켜 수메르, 산탈, 한국의 종교적 유사성과 언어의 동일성을 찾는다는 것은 어려운 작업임이 분명하다. 그러나, 우리 앞에, 인류 문명의 원시적 기원이 매우 유사함을 보여 주고 있으며, 그 기원의 연대가 올라갈수록 그 유사성이 더욱 분명해진다는 것은 우리에게 매우 고무적인 일이라 아니 할 수 없다.

5. 타이 문명과 「한」

타이 사람들은 한국 사람들의 '한'과 매우 유사한 개념을 가지고 있는데, 그것은 '콰한Khwan'이다. '콴'이란 짧게 발음하나, 그 속에 ㅎ(h) 발음이 섞여 있기 때문에 '콰한'이라 부르기로 한다. '탐 콰한

---

156) George E. Mendenhall and Edward H. Schafer, *Early Mesopotamian Royal Titles* (New Haven : Amercan Oriental Society, 1957), 9쪽.

Tham Khan'이라고 두 말이 같이 쓰이나, 간단히 '콰한'이라고도 한다. 뜻은 '삶의 본질Essence of Life'이라 할 수 있으나, '콰한'은 무려 32가지의 다양한 의미를 지니고 있다. 마치 한국 사람들에게 있어서 '콰한'이 그러하다. '콰한'이 아닌 것은 이 세상에 아무것도 없다. 이것은 에밀 둘케임이 말하는 '종교적 생활의 가장 본질적인 형식 Elementary Form of Religious Life'이다. 타이 사람들이 가장 원시적인 종교의 개념이며, 타이 사람이라면 콰한을 경험해 보지 않은 사람은 하나도 없다. 타이에 불교가 들어왔을 때, '콰한'은 불교를 받아들여 타이 것으로 토착화시켰다. '콰한'은 자연과 인간을 하나로 보는 개념이며, 너와 내가 조화되어 경험되어지는 개념이다. 그래서, 존재하는 것치고 콰한이 아닌 것, 그리고 콰한이 들어가 있지 않는 것은 하나도 없다. 그래서, 종종 콰한은 불교 같은 종교, 심지어는 기독교마저 수용할 수 있는 폭넓은 개념이기도 하다.[157] 이 말이 미얀마 북부 산악지방, 라오스, 그리고 타이 북동 지역 사람들에 익숙한 것으로 보아서, 중앙아시아 쪽에서 내려온 개념인 것 같기도 하다.[158] 루트 하인즈는 이 말을 중국어에서 찾고 있다. 타이 사람들이 오래전에 중국 황하 유역에서 이주해 왔기 때문에 '콰한'은 중국어의 '혼 魂'과 같다고 했다. '혼'은 Houen(불), Hun(영)으로 발음되어져, '콰한'과 유사하다는 것이다. 그러나, '콰한'은 몸Body과 정신Spirit을 다 포괄하는 말이기 때문에, '혼'과 완전히 같다고는 할 수 없다. 혼은 백 魄에 대칭되는 정신적인 면만 이야기하기 때문이다. 하인즈 교수는

---

157) Ruth-INGE Heinze, *Tham Khwan* (Singapore : Singapore University Press, 1982), p. VIII.
158) 위의 책, 32쪽.

'콰한'은 이원론적 용어가 아니라고 했다.[159] 일본어의 타마Tama, 즉 '영혼Soul', 혹은 '죽은 자의 정신Spirit of the Dead'의 뜻과 유사하나, 완전히 같다고는 할 수 없다는 것이다. '콰한'은 아무런 정신에도 몸에도 붙어 있는 것이다. 히브리어의 '루아하Ruach'와 유사하고, 한국어의 '얼'과 상당히 유사하다고 할 수 있다. 홍콩 종교 회의에서 파얍 대학교Payap University의 프라디트Pradit Takerngrangsarit 교수가 타이의 '콰한' 사상에 관해 발표했고, 필자가 '한'에 관해 발표했는데, 발표 후, 프라디트 교수는 타이의 '콰한'이 한국의 '한'과, 다른 어느 개념보다도 유사하다고 했다.

'콰한' 개념이 타이 정치에 미치는 영향도 매우 크다고 했다. 북동쪽에 살고 있는 타이인들은 콰한을 자기 내면 생활의 조화, 다른 사람과의 일체감Unity으로 이해하고 있고, 중부, 즉 방콕 지역에 살고 있는 타이인들은, 불교의 영향을 많이 받고 있기 때문에, 형이상학적 조화 개념으로 이 말을 이해하고 있다고 했다.

콰한은 전체와 개체를 조화시키고, 양극의 양극화를 극복하고, 중용의 길을 가게 하는 사상이다. 콰한의 경험과 예배 의식 속에서 타이인들은, 어떻게 하면 개인을 전체 속에, 전체를 개인 속에 조화시킬 것인가를 모색하게 된다.[160] 이것이 타이 국민을 하나로 묶는 역할을 한다. 아시아 국가 가운데 2차 대전 전까지 식민지 통치를 받지 않는 국가는 타이뿐이다. 타이인들은 스스로 '콰한' 정신으로 위기를 극복할 수 있었다고 자부한다.

---

159) 위의 책, 40쪽.

160) Pradit Takerngrangsarit, "The Essence of Thai-Khwan" at *Theological Seminar Workshop* Ⅳ in Tao Fong Shan, Hong Kong in 1986, 3~4.쪽

프라디트 교수는, 타이인들이 기독교를 수용할 때 '콰한'이 그 통로가 되었다고 한다. '콰한'은 통전성Integrity이며, 가장 가깝게 내재해 있는 영이다. 예수의 성육신, 그리고 교회를 통한 성령의 체험이 모두 '콰한'과 같다고 지적하고 있다. 그리고, 몰지각한 몇몇 선교사들이 '콰한'을 샤머니즘이라고 배척했지만, 이는 큰 잘못이라고 했다.[161]

추리하건대, '콰한'이 타이의 북쪽 산악 지역과 미얀마의 산악 주민사이에 널리 퍼져 있는 것과 그것이 의미하는 바 내용으로 보아서, 몽고의 '칸'과 한국의 '한'은 역사적으로 밀접한 관계를 갖고 있었던 것 같다. 한국의 '한'이 '하나', '많음', '같음' 등의 의미를 포괄하고 있는 것 같이, '콰한' 역시 그러한 다양한 의미를 포괄하고 있는바, 통전적 세계관을 표시하는 타이인의 삶의 정수가 닮겨져 있는 말이다.

6. 인도네시아 문명과 「한」

인도네시아 사람들은, 우주를 하나의 의미 있는 전체Totality로 이해하기 위해 흥미 있는 신화를 가지고 있다. 인도네시아 최고신은 '커-투-한Ke-tu-Han'이다. '커'는 우리말로 유사하게 '크다Great'는 뜻이며, '투-한'은 '주 하나님Lord God'이라는 뜻이다. 예외 없이 신의 이름에 '한'을 포함하고 있다.

옛날 어느 한 때에, 자연의 큰 재앙으로 모든 인간들이 모두 다 죽고, 루

---

161) 같은 논문 9쪽 참조.

미무트Lumimuut와 카레마Karema 두 여인만 살아 남는다. 카레마는 여제 사장Priestess이며, 루미무트는 그의 몸종이다. 루미무트가 생산을 위해 임신하기를 원한다. 카레마는 루미무트에게 남쪽을 향해 기도하라고 하다. 그러나, 루미무트는 임신을 하지 못한다. 동쪽신 센단간Sendangan도 임신시키지 않는다. 북쪽신 아미안Amian도 임신시키지 않는다. 드디어 서쪽신 아와아트만이 임신시켜 토르Toar라는 아들을 낳는다. 아들 토르와 어머니 루미무트 사이에서 많은 아들을 낳는다. 이 아들들을 각 지방에 흩어져 살게 한다.

이 신화는 미나하산Minahasan 섬에 전해 내려오는 것이다. 이 신화는 모든 종족이 하나라는 일체감을 강조하고 있으며, 강한 모계사회와 여성 주도권적 원시 사회를 반영하는 신화라고 할 수 있다.

인도네시아 정부는 수많은 섬에 살고 있는 종족을 하나의 정신으로 묶고, 힌두교, 불교, 기독교 같은 외래 종교를 하나의 정신으로 묶기 위해서, 1983년에 '판차실라Pancasila'를 선포하였다. '판차실라'란, 하나의 국가 정신인 동시에 인도네시아인들 이면 누구나 승복하지 않을 수 없는 민족 종교이다. '판차'는 '다섯Five'을, '실라'는 원칙Principle을 의미하는데, ①신, 최고 존재 ②인간애 ③국가적 단합 ④민주주의 ⑤사회 정의이다. 최고 존재자 신은 커-투-한이며, 인간애와 국가적인 단합을 묶는 신화는 루미무트-토르 신호라고 할 수 있다. 파클티스 신학교Fakultas Seminary의 리처드 시위Richard A. D. Siwu 박사는 'Oposim : The Inclusive Way of life of Minahasans'란 논문을 통해서, 판차실라 정신은 바로 인도네시아의 원시 신화에서 나왔다고 했다.[162] 시위 교수는 필자와의 대화를 통하여, 한국의 '한'

---

162) Richard A. D. Siwu, "Opoism : The Inclusive Way of Life of Minahasan" at

사상이 인도네시아 신화와 많은 점에서 서로 대화해볼 필요성이 있음을 발견하게 되었다. 만약 '마고'를 '카레마'에 비교하고, '커-투-한'을 '하나님'에 비교한다면, 그 음운에 있어서나 뜻에 있어서 거의 일치하고 있음을 발견하게 된다. 인도네시아의 원주민은 인도에서 아리안족에 의해 쫓겨난 드라바디아인이 배를 타고 가 정착했을 것으로 보는 견해가 있다. 그렇다면, 동남아시아 문명을 결코 아시아 대륙 문명과 별개의 것으로 이해할 수는 없을 것이다. 난생신화, 고인돌의 분포, 석상들의 비교, 특히 제주도의 돌하루방과 유사한 것이 남태평양 지역 등지에서도 발견되어지는 것으로 보아서, 문명의 유기적 관계성은 더욱 가깝게만 느껴진다.[163]

7. 필리핀 문명과 「한」

필리핀 루손섬 북단에 위치한 산악 지방에 이고로트Igorot라는 원주민이 있다는 사실은 결코 많이 알려지지 않다. 밀려 오는 문명 생활을 거부하고, 고산 지대에서 원시적 생활 전통을 그대로 지켜오고 있는 이고로트족은, 스페인 300년 통치에 가장 치열하게 저항해온 종족이다. 최근에는 마르코스에 대항하여 치열한 투쟁을 했다.[164] 이고로트족의 외형은 아메리칸 인디언과 유사하며, 그들의 예술 작품도 인디언들의 것과 매우 유사하다. 필리핀 사람이 스페

Theological Seminar - Workshop Ⅵ in Tao Fong Shan, Hong Kong in 1986, 5~7쪽.

163) 金集榠, 『韓國人의 발자취』, (서울, 정읍사, 1985), 182~193쪽.

164) P. B. Zafarella, *IGOROT ART*, Philippines Quaterly, Sep. 1974, vol. 6, No 3, 4쪽.

인계, 중국계가 주축을 이루고 있는 가운데, 이고로트족은 필리핀의 가장 오래 된 원주민으로 여겨진다.

이고르트말의 최고신은 '카후니안Kafunian'이다. 카후니안은 아버지Father 선으로서 인격신적 존재이다.[165] 이고로트 신관은 유일신 관적Monotheistic이다. '카후니안'은 쉽게 '카한', 혹은 '칸'으로 줄여질 수 있다고 보며, 반대로 '한' 혹은 '칸'이 '카후니안'으로 풀어질 수도 있다. 아무튼 '카후니안'은 '칸' 혹은 '한'과 과히 멀지 않은 말임이 분명하다. 유일신적 아버지로서의 카후니안은 칸 혹은 한과 그 성격에 있어서도 유사하다.

카후니안은 여러 아들을 가지고 있으나, 그 가운데 가장 총애를 받는 아들이 루마위그Lumawig이다. 루마위그는 아버지신과 거의 동일시될 수 있는 신이다. 루마위그는 지상에 내려와 카라위탄Kalawitan이라는 산 위에 머문다. 그는 자기의 아내가 될 만한 여인을 찾아 다니다 후칸Fukan이란 여인을 만나서 결혼한다. 루마위그는 여러 가지 기적도 행하고, 농사짓는 법, 가축기르는 법도 가르친다. 루마위그는 아버지 하나님 카후니안에게,

'아버지시여, 저의 백성들을 보십시오! 제가 그들에게 먹을 것을 많이 주었더니 게을러졌습니다. 제가 그들을 친절히 대해 주었더니, 그들은 저의 친절을 잘못 이용하고 있습니다. 저는 그들에게 한 가지 교훈을 내리겠습니다.'[166]

---

165) Ernesto T. Bhagwani, ed., *The culture of the Bontoc Igorot* (Bontoc : MP, 1980),p. 65.
166) 위의 책, 75쪽.

라고 말한다. 그리고, 루마위그는 재앙을 쏟는다. 쥐, 메뚜기, 새들이 쏟아져 나와 온갖 식물을 다 먹어 버린다. 백성들과 장로들이 모여 회개하고, 카후니안과 인간을 중매하는 아니토스Anitos라는 영을 인−이나In-Ina를 통해 부른다. 그 때에 아니토스는 사람들에게 흠 없는 젊은 사람을 희생으로 바쳐야 루마위그의 진노를 진정시킬 수 있다고 권한다.

우리는 여기서, 이고로트의 신화를 통해 단군 신화의 일면을 볼 수 있다. 즉, 카후니안을 환인, 루마위그를 환웅, 카라위탄 산을 태백산, 후칸을 웅녀로 비교해 보면, 양자 사이에는 놀라울 정도의 유사성이 있음을 발견하게 된다. 우리의 단군 신화는, 문명이 오래 된 전통 속에서는 어디서나 거의 찾아볼 수 있을 만큼 풍부한 신화소神話素를 간직하고 있다고 할 수 있다.

이제, 이고로트 원주민이 현재 사용하고 있는 언어 속에서 '한'Han의 어원을 찾아보면, 더욱 문명의 상호 연관성을 깊이 파악할 수 있게 된다. 이고로트어의 '아마Ama'와 '이나Ina'는 '아버지'와 '어머니'이다. 여기에다 '한Han'을 붙이면 '할아버지'(한아버지), '할머니'(한어머니)가 되는 것과 완전히 같다고 할 수 있다. '한'은 '크다'는 뜻이기 때문에 '할아버지'는 '크신 아버지'란 뜻이다. 이고로트어에서도 명사에 '한'을 붙이면 '큰 것'을 의미하게 된다. 같은 예로, '카리붓−한Kalibut-han'하면, '세계World'라는 뜻이되고, '카타우−한Kataw-han' 하면 '인류Humanity'가 된다. 여기서 '한'은 모두 큰 전체를 의미할 때 붙는 접미사이다. 우리말에 '한'이 '크다大', '넓다廣'는 뜻이 포함되어져 있는 것이나 마찬가지이다. 예를 들어, '한길'은 '큰 길', '넓은 길'을 의미한다. '한'은 또한 명사를 집합 명사로 만들 때에도 사용되어진다. '마누Manu'는 '병아리'이고 '마누칸Manukan'은 '병아리 무리 Group of Chicken'이며, '바카Baka'는 '소'이고 '바카-한Baka-han'은 '소 의 무리Group of Cow'이며, '카라라크Kalalak'는 '인간', '카라라크-한 Kalalak-han'은 '인간들의 무리'를 의미한다. 우리말의 '한'은 '많다多' 는 뜻도 포함하고 있어, '하도하도'는 '너무 많다'는 뜻이고, '여름하 니'는 '열마 많다'는 뜻이다. 이것도 역시 이고로트의 '한'과 같다고 할 수 있다. 이고로트의 '한'은 형용사를 최상급으로 만들 때에도 사 용되어진다. '다쿠Daku'는 '크다大'는 뜻인데, '다쿠 한Daku-han'은 '가 장 큰Biggest'을 의미한다. 몽고나 한국에서 '한', '챤', '칸'은 항상 가 장 높은 지위에 있는 사람에 붙여지는 접미사이다. '징기스 칸', '각 간', '이벌찬' 등, 모두 최상급적 존재 혹은 신의 이름에나 붙여질 수 있다.

이와 같이 '한'은 필리핀의 원주민 언어 속에서, 현재 우리가 사용 하고 있는 '한'과 거의 완벽하게 같은 의미로 그 원형을 보존하면서 씌어지고 있다는 사실에 놀라지 않을 수 없다. '한'은 인류 문명의 그 시원과 같이하는 언어이고, 세계 원시 문명이 남아 있는 곳에서 는 어디서나 예외 없이 발견할 수 있다는 확신을 갖게 된다. '한국' 에 살고 있는 우리 '한민족'은 '한글'을 사용하고, '한복'을 입고, '한 식'을 먹고, '하나님'께 예배하고 사니, 세계 한 문명의 종주국이라 자처해 부족함이 없을 것이다.

8. 결 론

아시아 문명 속에서 '한'의 기원을 찾아보았다. 여기에서 몇 가지

공통된 현상을 발견하였다. '한'이 나타나는 곳은 거의가 고산高山, 그리고 거기에 살고 있는 종족에게서 이며, 그 종족이 북동쪽 아시아 문명과 관계된다는 것이다. 즉, 그들은 몽골계에 매우 가깝다는 것이다.

'한'은 가장 특징적으로 신의 이름들 속에 남아 있다. 왜냐하면, 신의 이름은 가장 오래 된 말 가운데 하나이고, 가장 널리 사용되어, 그 변화가 쉽지 않기 때문이다.

'한'의 문명적 특징은 모계母系 사회와 일치하고 있다. 이 점은 거의 예외가 없다. 홍수Flood 등 자연의 재앙에 의한 인간의 멸망감은 신화소도 공통적이다. '한'이 신의 이름으로 불려지는 곳에서는 유일신관과 삼위 일체적 신관이 공통적이다. 유일 최고신과 이를 지상에 매개해 주는 아들Son이 공통적이다.

위의 '한' 문명적 특징은 후대에 문명이 내려올수록 사라져 간다. 그 대표적인 예가 미얀마이다. 가장 북쪽 산에 치우쳐져 있는 친Chin족으로부터 그 밑으로 카친Kachin, 카린Karen, 미얀마Burmese로 내려올수록 '한'의 특징은 사라져 간다. 특히 미얀마족의 경우는, '한'의 특징이 사라지고 차축시대車軸時代의 종교인 불교가 완전 지배하게 된다. 한 나라 안에서 '한'의 강약 정도를 쉽게 파악할 수 있는 좋은 예가 미얀마라 할 수 있다. 우리 나라의 경우에도 원시 '한' 문명이 유교, 불교 같은 차축 시대의 종교가 들어오면서 한때 기울어져 가는 듯했지만, 그 뿌리에는 이상이 없다. 앞으로 '한' 문명권을 더 확장시켜, '한' 문명권 속에 특징적으로 나타나는 요소들을 중심하여 그 연구 범위를 넓혀 나가야 할 것이다.

찾아보기